Hamza Hamdi
Paul Richard

Plate-forme multimodale pour la reconnaissance d'émotions

Hamza Hamdi
Paul Richard

Plate-forme multimodale pour la reconnaissance d'émotions

Application à la simulation d'entretiens d'embauche

Presses Académiques Francophones

Impressum / Mentions légales

Bibliografische Information der Deutschen Nationalbibliothek: Die Deutsche Nationalbibliothek verzeichnet diese Publikation in der Deutschen Nationalbibliografie; detaillierte bibliografische Daten sind im Internet über http://dnb.d-nb.de abrufbar.

Alle in diesem Buch genannten Marken und Produktnamen unterliegen warenzeichen-, marken- oder patentrechtlichem Schutz bzw. sind Warenzeichen oder eingetragene Warenzeichen der jeweiligen Inhaber. Die Wiedergabe von Marken, Produktnamen, Gebrauchsnamen, Handelsnamen, Warenbezeichnungen u.s.w. in diesem Werk berechtigt auch ohne besondere Kennzeichnung nicht zu der Annahme, dass solche Namen im Sinne der Warenzeichen- und Markenschutzgesetzgebung als frei zu betrachten wären und daher von jedermann benutzt werden dürften.

Information bibliographique publiée par la Deutsche Nationalbibliothek: La Deutsche Nationalbibliothek inscrit cette publication à la Deutsche Nationalbibliografie; des données bibliographiques détaillées sont disponibles sur internet à l'adresse http://dnb.d-nb.de.

Toutes marques et noms de produits mentionnés dans ce livre demeurent sous la protection des marques, des marques déposées et des brevets, et sont des marques ou des marques déposées de leurs détenteurs respectifs. L'utilisation des marques, noms de produits, noms communs, noms commerciaux, descriptions de produits, etc, même sans qu'ils soient mentionnés de façon particulière dans ce livre ne signifie en aucune façon que ces noms peuvent être utilisés sans restriction à l'égard de la législation pour la protection des marques et des marques déposées et pourraient donc être utilisés par quiconque.

Coverbild / Photo de couverture: www.ingimage.com

Verlag / Editeur:
Presses Académiques Francophones
ist ein Imprint der / est une marque déposée de
OmniScriptum GmbH & Co. KG
Heinrich-Böcking-Str. 6-8, 66121 Saarbrücken, Deutschland / Allemagne
Email: info@presses-academiques.com

Herstellung: siehe letzte Seite /
Impression: voir la dernière page
ISBN: 978-3-8416-2520-5

Copyright / Droit d'auteur © 2013 OmniScriptum GmbH & Co. KG
Alle Rechte vorbehalten. / Tous droits réservés. Saarbrücken 2013

Thèse de Doctorat

Hamza Hamdi

Mémoire présenté en vue de l'obtention du
grade de Docteur de l'Université d'Angers
sous le label de l'Université de Nantes Angers Le Mans

Discipline : Informatique
Spécialité :
Laboratoire : Laboratoire d'Ingénierie des Systèmes Automatisés (LISA)

Soutenue le 03 décembre 2012

École doctorale : 503 (STIM)
Thèse n° : 1272

Plate-forme multimodale pour la reconnaissance d'émotions via l'analyse de signaux physiologiques :
Application à la simulation d'entretiens d'embauche

JURY

Rapporteurs :	**Mme Christine LISETTI**, Professeur, Université Internationale de Floride
	M. Cédric BUCHE, Maître de Conférences HDR, Université Européenne de Bretagne
Examinateurs :	**M. Nicolas SABOURET**, Professeur, Université Paris Sud
	M. Ryad CHELLALI, Professeur, Italian Institute of Technology
Directeur de thèse :	**M. Paul RICHARD**, Maître de Conférences HDR, Université d'Angers
Co-directeur de thèse :	**M. Philippe ALLAIN**, Professeur, Université d'Angers

Remerciements

Tout d'abord, je tiens à remercier Monsieur Paul RICHARD, mon directeur de thèse et Monsieur Philippe ALLAIN, pour m'avoir co-encadré pendant ces trois années. Merci pour leur patience et leurs conseils avisés tout au long de cette thèse.

Je remercie chaleureusement Madame Christine LISETTI, Professeur à l'Université Internationale de Floride et Monsieur Cédric BUCHE, Maître de Conférences HDR à l'université Européenne de Bretagne pour avoir accepté d'examiner ce travail en qualité de rapporteurs.

Je tiens également à remercier Messieurs Nicolas SABOURET, Professeur à l'Université Paris Sud et Ryad CHELLALI, Professeur de l'Institut Italien de Technologie pour avoir accepté de faire partie du jury en qualité d'examinateurs.

Mes remerciements vont également à tous les membres de l'entreprise I-Maginer, Philippe PERES, Claire LEBIHAIN, Jean-François VERDON et Bastien BOURINEAU pour leur enthousiasme, leur bonne humeur quotidienne et leur disponibilité.

J'adresse mes plus chaleureux remerciements à l'ensemble des membres du LISA pour leur soutien : Madame Valérie BILLAUDEAU, Aymeric SUTEAU, Damien CHAMARET, Takehiko YAMAGUCHI, Ludovic HAMON. Je remercie également Monsieur Jean-Louis BOIMOND, Professeur à l'Université d'Angers, pour m'avoir accueilli au sein du Laboratoire LISA.

Ma reconnaissance et ma gratitude vont, au même titre, à mes amis : Marouene KEFI, Maher ZARAI, Aymen AHMADI, Anouare BELTIFA, Idriss RABAAOUI et Kais DARWICH pour leur soutien et la bonne ambiance qu'ils ont sû instaurer. Je remercie également Sami LAROUM de m'avoir aidé pendant les six mois de rédaction.

Je remercie également très chaleureusement mes parents, ma sœur et mes frères pour le soutien considérable qu'ils m'ont apporté et la confiance dont ils m'ont toujours témoigné. Je tiens plus particulièrement à exprimer ma profonde gratitude à mon épouse Dhouha pour son soutien. Elle a toujours été là pour m'encourager à aller de l'avant.

Enfin, j'adresse mes sincères remerciements à tous ceux qui ont participé de près ou de loin à l'accomplissement de ce travail.

1

Introduction Générale

Contexte et motivation

Depuis une vingtaine d'années, la modélisation informatique des émotions constitue une thématique de plus en plus reconnue, en particulier dans le domaine de l'interaction homme-machine [187, 151, 152]. Les découvertes issues de la neurophysiologie et de la neuropsychologie [46], qui établissent un lien fort entre émotion, rationalité et prise de décision, ont accentué cet intérêt pour la prise en compte des émotions dans les interactions multimodales humaines. Ainsi, de nombreux domaines comme l'informatique affective (affective computing) s'intéressent aux dimensions émotionnelles.

Les psychologues, physiologistes, anthropologues, sociologues, philosophes et éthologues ont étudié les émotions dans différents contextes. La composante émotionnelle a également été prise en compte et développée de manière significative dans des contextes technologiques comme la robotique, la télémédecine, l'interaction homme-machine, la réalité virtuelle, et plus particulièrement pour la modélisation et l'interaction avec des agents conversationnels animés (ACAs).

L'informatique affective a pour objectif de traiter, simuler, et influencer les émotions ou d'autres phénomènes affectifs [152]. Rosalind Picard décrit les premières recherches sur l'utilisation des émotions en interaction homme-machine, et fournit des critères pour l'élaboration de systèmes émotionnels. Ces recherches ont donné naissance à des verrous scientifiques et technologiques spécifiques, liés (i) à la modélisation et la restitution des émotions, (ii) à l'acquisition et au traitement de signaux physiologiques, et à (iii) la reconnaissance et l'identification d'états émotionnels.

Nos travaux s'inscrivent dans le cadre du projet *PISE* qui vise au développement d'une Plate-forme Immersive de Simulation d'Entretiens d'embauche, et dans laquelle un candidat (étudiant, chercheur d'emplois, etc.) est confronté à un agent conversationnel animé (le recruteur virtuel) dans un environnement 3D. L'objectif est de permettre au candidat, bénéficiant d'un suivi pédagogique, d'améliorer ses compétences comportementales et de s'entraîner à gérer son état émotionnel.

Problématiques et objectifs

La reconnaissance d'émotions est un élément principal de l'informatique affective, dont l'objectif ultime est de permettre une interaction comportementale et émotionnelle entre un humain et une machine (ACA). Ainsi, lors de la conception d'un système de reconnaissance émotionnelle, l'une des étapes cruciales est de définir les émotions qui seront détectées. Cette question est directement liée aux aspects fondamentaux : qu'est ce qu'une émotion, combien d'émotions peuvent être identifiées, comment représenter et modéliser les émotions ? Ces questions ont motivé de nombreux travaux dans lesquels la représentation et la modélisation des émotions est un sujet qui fait encore débat. En effet, plusieurs modèles représentant les différentes composantes des émotions ont été développés. Dans ce contexte, nos objectifs sont liés à l'identification et la modélisation d'états émotionnels, afin de permettre une simulation comportementale entre un humain et un agent conversationnel animé (ACA).

Une étape également importante concerne le choix des dispositifs d'acquisition et les outils de traitement des signaux issus de ces capteurs. En effet, les nombreux systèmes développés ces dix dernières années pour la reconnaissance d'émotions ont été basés sur divers canaux de communication (en commençant par les expressions faciales et vocales, en passant par la reconnaissance gestuelle des émotions, pour arriver aux réactions physiologiques) [28, 224]. Ces systèmes diffèrent sur plusieurs critères d'évaluation : les types d'émotions reconnues, les capteurs utilisés, et les méthodes utilisées pour interpréter les signaux considérés et les traduire en états émotionnels.

Nos travaux sont fondés sur la reconnaissance des émotions, via l'analyse de signaux physiologiques. L'utilisation de tels signaux soulève plusieurs problématiques. Quel types de signaux physiologiques, méthodes et outils d'évaluation doivent être utilisés ? En outre, il est important de définir une méthodologie permettant de traduire les signaux acquis en une émotion spécifique. Cette problématique a motivé nos travaux sur l'acquisition et le traitement de signaux dans le contexte de la reconnaissance d'états émotionnels (méthodes d'analyses statistiques et de classification).

La mesure simultanée de différents signaux physiologiques nécessite l'utilisation de différents capteurs qui sont parfois intrusifs et peuvent modifier l'état émotionnel de l'utilisateur. Ainsi, les capteurs doivent être choisis soigneusement pour qu'ils ne perturbent pas l'utilisateur. Ils ne doivent en particulier pas être inconfortables (douleur, lourdeur, gêne). De plus, il est nécessaire de mettre en place des dispositifs d'acquisition permettant une identification de l'état affectif de l'utilisateur en temps réel.

Dand ce contexte l'approche multimodale occupe une place importante. Ainsi, de nombreux systèmes de reconnaissances d'émotions se sont orientés vers cette approche [112, 146, 24, 181, 216, 142, 208], qui repose sur la capacité d'analyser plusieurs canaux de communication (visage, geste, voix, réactions physiologiques), de manière simultanée. L'objectif est alors de reconnaître l'état émotionnel à partir des signaux issus des différents capteurs, en mettant en œuvre des mécanismes permettant d'exploiter conjointement les informations recueillies. L'approche multimodale a aussi motivé nos travaux concernant le développement d'une plate-forme d'analyse comportementale et émotionnelle (PACE). L'objectif étant le développement d'un composant logiciel modulaire, générique, extensible et facilement intégrable, permettant d'automatiser la reconnaissance d'émotions en temps réel, via l'estimation d'un vecteur d'état. Pour atteindre notre objectif, notre travail s'est s'appuyé sur les résultats d'expérimentations.

La plate-forme développée (PACE) s'inscrit dans le cadre du simulateur PISE. L'objectif principal du projet est le développement d'un simulateur innovant permettant une interaction multimodale et comportementale entre un utilisateur humain et un agent conversationnel animé (ACA). Cet objectif soulève trois verrous scientifiques et technologiques : (i) la détection et l'identification des états émotionnels de l'utilisateur à partir des signaux issus de différents capteurs, (ii) la modélisation d'émotions complexes (expressivité des gestes et du visage) de l'ACA et son profil comportemental, et (iii) la prise en compte, en temps réel, de l'état émotionnel du candidat dans la simulation. Nos travaux ont pris en compte deux aspects : (i) identification de l'état émotionnel de l'utilisateur et (ii) la modélisation comportementale de l'ACA.

Contribution

L'objectif principal de notre contribution est d'étudier la pertinence de signaux physiologiques pour évaluer l'état émotionnel d'un utilisateur dans le contexte général de l'informatique affective et en particulier de l'entretien d'embauche. L'approche méthodologique proposée est la suivante :

1. La première étape consiste à sélectionner (i) une théorie pertinente pour l'analyse comportementale et émotionnelle, et (ii) les canaux de communication émotionnels (analyse et traitement des signaux physiologiques). Il est pour cela nécessaire d'étudier la représentation et la modélisation d'émotions ainsi que les différents canaux de communications utilisés dans la littérature.

2. La seconde étape de notre démarche consiste à proposer un protocole d'évaluation émotionnelle, en utilisant différentes techniques d'induction de stimuli (images IAPS et séquences de films). Cette étape consiste à déterminer la corrélation entre un état émotionnel et les signaux recueillis. Pour cela, nous proposons des outils et méthodes pour l'évaluation d'émotions : méthodes d'analyse statistique descriptives (ANOVA) et algorithmes de classification (SVM, naïve bayésienne, régression logistique).

3. La troisième étape consiste à proposer une méthodologie qui permet d'extraire les émotions à partir des signaux acquis, via les différents capteurs, en temps réel. Cette méthodologie est basée sur la définition de modèles mathématiques émotionnels, extraits à partir de nos résultats expérimentaux.

4. La quatrième étape de notre contribution consiste à développer une plate-forme logicielle d'analyse comportementale et émotionnelle (PACE). Cette réalisation logicielle constitue un middleware modulaire, générique, adaptable à de nouvelles configurations (modification possible des différents paramètres).

5. La dernière étape consiste à intégrer dans le simulateur PISE le middleware PACE et valider notre approche à travers l'évaluation de l'état émotionnel du candidat durant différentes phases de l'entretien d'embauche.

Cette approche itérative a bénéficié de plusieurs collaborations dans le domaine des ressources humaines (PerfermanSe), de la modélisation et animation 3D (Enozone), de la psychologie expérimentale (LPPL). En outre, nous avons travaillé, dans le cadre d'un contrat CIFRE, en collaboration avec des ingénieurs de la société I-maginer, et acquis des connaissances sur le développement d'applications 3D et l'intégration de périphériques d'interaction sous OpenSpace3D [1].

Organisation du mémoire

La structure du mémoire reflète trois facettes : expérimentale (recueil et traitement de données), conceptuelle (modélisation), et intégration/évaluation (mise en application). Après une première partie qui définit notre cadre de recherche, en détaillant le concept d'émotion et d'expression émotionnelle (chapitres 1 et 2), la seconde partie de thèse est divisée entre trois chapitres : l'expérimentation (chapitre 3), la conception et la modélisation d'un composant logiciel (middleware) (chapitre 4), et la description et l'évaluation de simulateur PISE (chapitre 5).

Le premier chapitre explore l'état de l'art sur les émotions, et aborde les différentes notions et théories sur lesquelles reposent nos travaux. Dans ce chapitre, nous mettons l'accent sur les notions de base concernant les émotions, ainsi que les différentes théories et modèles de représentation des émotions utilisées dans le domaine de l'informatique affective. Ensuite, nous proposons un état de l'art concernant la reconnaissance d'émotions à partir des canaux de communications émotionnels (gestes, voix, etc.). Nous présentons les différentes caractéristiques observées pour chacun de ces canaux, et examinons les différentes problématiques et choix conceptuels effectués en fonction de chaque canal. Nous clôturons le chapitre par une revue des approches multimodales, en décrivant quelques modèles de la littérature concernant la fusion de données. Dans cette partie, nous présentons et analysons quelques plate-formes multimodales pour la reconnaissance des émotions.

Le deuxième chapitre "Enregistrement et traitement de signaux physiologiques" décrit l'approche proposée pour la reconnaissance automatique des émotions, fondée sur le traitement de signaux physiologiques. Nous nous focalisons en particulier sur l'acquisition et le traitement des signaux (EEG, EMG, ECG, et VR). Nous présentons par la suite, les méthodes et outils d'acquisition et de traitements des données, et en particulier les méthodes de classification des signaux (SVM, Naïve Bayésienne, Régression Logistique). Enfin, nous abordons les critères d'évaluation et les techniques d'induction d'émotions classiquement utilisées (images IAPS, séquences vidéos).

Le troisième chapitre présente une approche originale pour la reconnaissance des émotions, fondée sur l'analyse des signaux physiologiques. Nous décrivons tout d'abord les différents capteurs utilisés pour la reconnaissance des émotions (casque EEG, capteur biofeedback, ceinture de respiration), ainsi que leurs relations avec les processus émotionnels. Puis, nous décrivons les expérimentations réalisées, en détaillant les différentes étapes de traitement effectuées. Nous analysons par la suite les résultats obtenus en utilisant les différents outils de classifications (ANOVA, méthodes de classification). Enfin, nous proposons une méthodologie qui permet d'extraire les émotions, en temps réel, à partir des signaux acquis via les différentes modalités utilisées.

---

1. I-Maginer. http ://www.openspace3d.com/

Le quatrième chapitre, "Plate-forme d'analyse comportementale et émotionnelle" décrit le système d'acquisition multimodal temps réel, basé sur les modèles mathématiques proposés. Cette plate-forme est un middleware (composant logiciel) intégrant différents types de capteurs. Nous décrivons tout d'abord l'architecture détaillée de la plate-forme, et en particulier les différents modules développés (*Sensors, Human et Analyser*). Puis, nous décrivons les résultats obtenus en utilisant les différents outils d'acquisition et de traitement des données, afin de valider le fonctionnement de la plate-forme proposée.

Le cinquième chapitre, "Description et évaluation du simulateur d'entretien d'embauche" présente dans un premier temps l'intégration de la plate-forme d'analyse émotionnelle et comportementale (PACE) au simulateur d'entretien d'embauche (PISE). Puis, nous décrivons l'architecture générale et les modules du simulateur PISE. Enfin, nous présentons le protocole développé pour la validation du simulateur, ainsi que les résultats concernant les dimensions objectives et subjectives.

2

Etat de l'art sur la modélisation et la reconnaissance des émotions

2.1 Introduction

Le terme "émotion", fréquemment utilisé dans la littérature, est relativement difficile à définir d'un point de vue scientifique. En effet, le phénomène d'émotion repose à la fois sur des considérations physiques, physiologiques, mentales et comportementales. Depuis une dizaine d'année, la composante émotionnelle a été prise en compte et dévelopée de manière significative dans les domaines de la robotique, de l'interaction homme-machine, et plus particulièrement dans le contexte de l'interaction avec des agents conversationnels animés (ACAs).

L'informatique émotionnelle (affective computing) a donné naissance à des verrous scientifiques et technologiques spécifiques, liés à la modélisation et à la restitution des émotions, mais également à (i) l'acquisition et au traitement de signaux (expressions faciales et vocales, EEG, EMG, ECG, etc.), et à (ii) la reconnaissance et l'identification d'états émotionnels à partir de ces signaux. Ce processus implique généralement la fusion de signaux, qui dans la grande majorité des cas, sont des images (expressions faciales) et des sons (signaux vocaux). Comme nous le verrons par la suite, la prise en compte de signaux physiologiques est quelquefois pertinente, voire indispensable.

Dans ce contexte, une difficulté supplémentaire que nous traitons dans notre travail, concerne l'aspect temps réel du processus d'acquisition et de fusion des informations. Il s'agit en effet d'identifier l'état émotionel de l'utilisateur afin de faire évoluer, en temps réel, l'environnement virtuel ou plus spécifiquement, pour ce qui nous concerne, le comportement d'un ACA. Cet aspect est indispensable au réalisme de la simulation comportementale et affective dans laquelle s'inscrit notre travail.

La majeure partie des travaux présentés dans ce manuscrit concerne la reconnaissance d'états émotionnels, ainsi que la modélisation et l'interaction entre un humain et un ACA. Il s'agit dans un premier temps de déterminer les caractéristiques nécessaires à la modélisation des processus émotionnels sous-jascents, en abordant plus particulièrement les problématiques liées à la classification et à la modélisation des différentes émotions.

Ce chapitre constitue un état de l'art sur les émotions, et aborde les différentes notions et théories sur lesquelles reposent nos travaux. Nous présentons, dans un premier temps plusieurs définitions issues de la psychologie, de la philosophie et de la neurologie, ainsi que le rôle des émotions dans les interactions inter-personnelles ou avec l'environnement ambiant. Puis, nous décrivons deux approches permettant de représenter les émotions : l'approche *discrète* et l'approche *continue*. Nous abordons ensuite les théories utilisées pour la modélisation de processus émotionnels. Celles-ci proposent un système de gestion et de fonctionnement des émotions pour un individu, décrivant les éléments qui le caractérisent ou influence celui-ci. Nous présentons par la suite un état de l'art concernant la reconnaissance d'émotions à partir des canaux de communication émotionnels. Enfin, nous concluons par une synthèse de l'approche multimodale, en menant une analyse critique et constructive des systèmes multimodaux existants.

2.2 Notions sur les émotions

2.2.1 Définition

Un grand nombre de travaux a été réalisé dans le but de définir et de classifier les émotions humaines. Ainsi, les psychologues, physiologistes, anthropologues, sociologues, philosophes et éthologues ont étudié les émotions depuis la nuit des temps. Chacun d'entre eux en a proposé une définition différente. Certains travaux ont montré (Tab. 2.1), en particulier que l'émotion avait une influence sur l'attention, la perception, la mémorisation, le raisonnement et les réponses motrices.

Une émotion peut être considérée comme une « construction hypothétique indiquant un processus de réaction d'un organisme à des événements significatifs » [176]. Historiquement limitées à la notion de sentiment subjectif (*feeling* en anglais), les émotions sont maintenant reconnues comme faisant intervenir d'autres composantes : traitement cognitif, changements physiologiques, tendance à l'action. Chacune de ces composantes ayant différentes fonctions. Darwin avait postulé l'existence d'un nombre fini d'émotions présentes dans toutes les cultures, et ayant une fonction d'adaptation [49]. Le Tableau 2.1 (inspiré de [169] et CSLI, Stanford University [1]) présente une synthèse de quelques travaux philosophiques et psychologiques qui ont proposé une définition des émotions, sur lesquelles se basent les travaux de recherche actuels. On remarque que la notion d'émotion n'est pas unanime et apparaît comme polysémique.

Dans le contexte de nos travaux, il nous semble pertinent d'identifier les émotions selon la classification proposée par Ekman et Friesen [59] (joie, colère, surprise, dégoût, peur, et tristesse). Cette classification des émotions est largement utilisée pour l'étude des états émotionnels humains. Dans le domaine de l'informatique émotionnelle (affective computing), d'autres états affectifs sont également étudiés : concentration, méditation, stress et engagement.

---

1. http://plato.stanford.edu/entries/emotion/

Auteur	Année	Définition	Dans la relation avec
Descartes [162]	1649	Il défend que toutes émotions se constituent d'émotions de base et sont mesurées en fonction d'un nombre restreint de dimensions finies (par ex. niveau d'éveil, intensité, plaisir ou aversion, intention)	Typologie de l'esprit.
Darwin [49]	1872	Darwin a postulé l'existence d'un nombre fini d'émotions présentes dans toutes les cultures et ayant une fonction d'adaptation. Il met l'accent sur l'expression de l'émotion.	Biologie évolutionnaire.
Ekman [59]	1972	Inspiré par l'approche de Darwin, Ekman a étudié l'expression des émotions. En demandant à un ensemble de personnes venant de peuplades très diverses de reconnaître des expressions du visage ainsi que d'en produire, il a déterminé qu'il existait une expression prototypique pour six émotions dites universelles. Celles-ci sont : la colère, le dégoût, la joie, la peur, la tristesse et la surprise.	Biologie évolutionnaire.
Westen [212]		L'émotion est une réponse d'évaluation (un sentiment positif ou négatif) qui se caractérise par une combinaison d'activations physiologiques, d'expériences subjectives et d'expressions comportementales ou émotionnelles.	Les sentiments.
Damasio [46]	1994	C'est la combinaison d'un processus mental évaluatif simple ou complexe, avec des réponses dispositionnelles à ce processus pour la plupart vers le corps, ce qui produit comme résultat un état corporel émotionnel, mais aussi vers le cerveau (noyau neurotransmetteur du tronc cérébral), ce qui produit comme résultat des changements mentaux supplémentaires.	Biologie évolutionnaire.
Arnold [8]	1960	Une émotion est une tendance vers un objet intuitivement jugé bon (bénéfique) ou s'éloignant d'un objet intuitivement jugé mauvais (nocif). Cette attraction ou aversion est accompagnée par un patron de changements physiologiques, visant l'approche ou l'évitement. Ces patrons changent en fonction des différentes émotions.	Approches psychologiques et biologie évolutionnaire.
James [90]	1884	Les émotions sont des sentiments causés par le changements de conditions physiologiques concernant les fonctions autonomes et motrice. "Nous nous sentons tristes parce que nous pleurons, en colère parce que nous frappons quelqu'un et effrayés parce que nous tremblons".	Les sentiments
Greenspan [72]	1988	L'émotion est un processus mental conscient entraînant un composant important du corps ; elle a aussi une influence importante sur la pensée et l'action de l'individu, notamment pour former des stratégies dans l'interaction sociale.	Considérer des émotions comme des processus internes.
Scherer [174]	2005	En général, l'émotion peut être vue comme un processus impliquant cinq composants différents, comprenant le sentiment subjectif, la cognition, l'expression physique, la tendance à l'action ou le désir, et les processus neurologiques.	L'émotion du point de vue fonctionnel.
Ortony et al. [138]	1988	Les émotions sont des réactions valencées aux événements, aux agents ou aux objets.	Objet intentionnel.
Lazarus [106]	1991	Il souligne que l'appraisal est nécessaire et suffisant pour l'émotion. Il ajoute aussi la notion de coping qui permet à l'individu de choisir des stratégies pour faire face aux problèmes surgis.	Approche psychologique.

TABLE 2.1 – Principales définitions des émotions.

Les modèles catégoriques discrets de type Ekman et Friesen ont été à la base de nombreux travaux empiriques. Dans ce contexte, les protocoles d'induction des émotions généralement utilisés dans les expérimentations sont basés sur les stimuli suivants : images, sons, vidéos ou jeux vidéo [111]. Ces stimuli ont été standardisés, et constituent des banques de données taguées suivants les six émotions de base proposées par Ekman et Friesen [59].

2.2.2 Théories des émotions

Dans cette section, nous présentons les théories proposées pour la modélisation des processus émotionnels. Ces théories reposent sur des processus de fonctionnement et de gestion spécifiques et font l'objet de nombreux débats, encore ouverts à ce jour. Nous présentons tout d'abord une classification des différentes théories de l'émotion proposées par Scherer [173]. Ensuite, nous traitons l'évolution temporelle des émotions.

2.2.2.1 Théories et modèles retenus

D'après Scherer, "les émotions sont les interfaces entre l'organisme et le monde extérieur", ainsi, un processus émotionnel se décompose en trois principaux aspects [173] :
1. L'évaluation de la signification des stimuli par l'organisme (aspect cognitif),
2. La préparation au niveau physiologique et psychologique d'actions adaptées (aspect physiologique),
3. La communication par l'organisme des états et des intentions de l'individu à son environnement (aspect expressif).

En 2010, Scherer [175] a proposé une nouvelle classification des modèles émotionnels suivant deux critères. Dans un premier temps, il considère les différentes phases du processus émotionnel reposant sur différentes théories. Dans un deuxième temps, il considère les différents composants émotionnels impliqués. Ces différentes approches ne sont pas exclusives, et certaines théories peuvent relever de plusieurs d'entre elles. La Figure 2.1 propose une visualisation des différentes approches en fonction des deux axes proposés par Scherer.

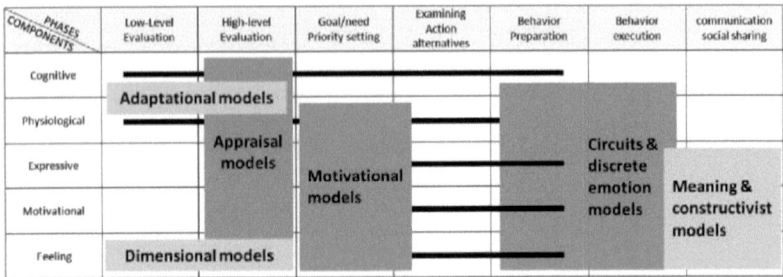

FIGURE 2.1 – Classification des approches selon les dimensions des composants émotionnels (lignes) et des phases de l'évaluation cognitive (colonnes) [175].

Les différentes approches identifiées par Scherer sont :
1. **Approche adaptative** : Cette approche est considérée comme une fonction adaptative développée lors de l'évolution, comme une capacité à détecter les événements significatifs.
2. **Approches dimensionnelles** : Scherer regroupe dans cette approche l'ensemble des théories qui considèrent que les émotions sont réparties dans un espace à plusieurs dimensions, telles que la valence (plaisant, déplaisant), le niveau d'activation ou d'éveil (actif, passif).
3. **Approche cognitive (ou appraisal)** : dans cette approche, la plupart des émotions sont générées par un processus cognitif multi-componentiel dédié. Une situation est évaluée selon un certain nombre de critères cognitifs. Cette évaluation est à l'origine des réactions physiologiques et motrices, ainsi que d'un sentiment subjectif.
4. **Approche motivationnelle / tendance à l'action** : cette approche s'inscrit également dans une vision évolutionnaire des émotions. Elle considère plus précisément le lien entre les émotions et les motivations de l'individu. Les émotions sont considérées alors comme un facteur motivationnel.

5. **Approche des circuits mentaux** : les théories de cette approche considèrent qu'il existe un nombre fini d'émotions, causées et différenciées par des circuits neuronaux génétiquement pré-codés.

6. **Approche des émotions de bases** : cette approche suppose l'existence d'un certain nombre d'émotions de base, prédéfinies génétiquement. Ces émotions sont distinguées par des programmes neuronaux distincts qui reproduisent les réactions physiologiques et expressives prototypiques associées, et en particulier les expressions faciales.

7. **Approches par constructions sociales** : les théories de constructions sociales considèrent que l'émotion est un produit dont les manifestations sont construites selon des règles sociales. L'émotion a un rôle communicatif, et le sentiment subjectif associé à l'émotion joue un rôle central.

Gross et Feldman-Barrett (2011) [73] proposent une autre classification des différentes théories de l'émotion. La Figure 2.2 (extraite de Gross [73]) illustre une visualisation des quatre approches psychologiques des émotions sur un continuum unique, en utilisant une échelle monodimensionnelle simplifiée. Chaque zone représente certaines hypothèses sur la nature de l'émotion. Ces différences ont des conséquences importantes pour la régulation de l'émotion. Ces quatre approches sont les suivantes :

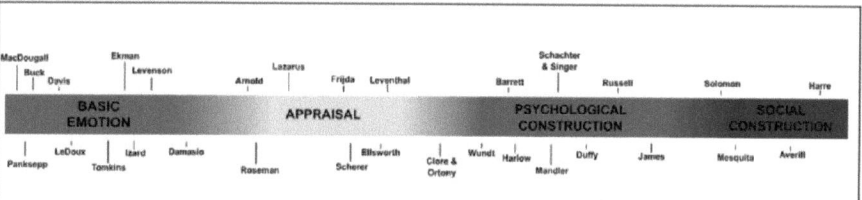

Perspectives on emotion can be loosely arranged along a continuum. We have populated this continuum with representative theorists/researchers drawn from the field of psychology. We distinguish four "zones": (1) basic emotion, in red, e.g., MacDougall (1908/1921), Panksepp (1998), Buck (1999), Davis (1992), LeDoux (2000), Tomkins (1962, 1963), Ekman (1972), Izard (1993), Levenson (1994), and Damasio (1999); (2) appraisal, in yellow, e.g., Arnold (1960a, 1960b), Roseman (1991), Lazarus (1991), Frijda (1986), Scherer (1984), Smith and Ellsworth (1985), Leventhal (1984), and Clore and Ortony (2008); (3) psychological construction, in green, e.g., Wundt (1897/1998), Barrett (2009), Harlow and Stagner (1933), Mandler (1975), Schachter and Singer (1962), Duffy (1941); Russell (2003), and James (1884); (4) social construction, in blue, e.g., Solomon (2003), Mesquita (2010), Averill (1980), and Harré (1986). Given space constraints, as well as the goals of this article, we have limited ourselves to a subset of the many theorists/researchers who might have been included on this continuum (e.g., those who only study one aspect of emotion were not included in this figure).

FIGURE 2.2 – Continuum proposé des théories relatives à la classification des émotions (Gross et Feldman-Barrett 2011 [73]).

1. **Modèles de base** : ces modèles représentent un ensemble d'émotions comme une liste finie ayant une caractéristique épisodique et universelle. Chaque émotion est provoquée par un mécanisme mental dédié, responsable de l'apparition de l'état émotionnel, qui produit des comportements expressifs (par exemple, les expressions faciales) et des réponses physiologiques.

2. **Modèles Appraisals** : dans la partie claire du continuum (Fig. 2.2), on trouve la zone occupée par les modèles d'évaluation. Dans ces modèles de l'appraisal, les émotions sont des états mentaux uniques dans leur forme et leurs fonctionnements. Cependant, avec cette théorie, le mécanisme mental dédié ne provoque pas les émotions. Certains modèles d'évaluation [107, 8] considèrent les appraisals comme

des causes cognitives de l'émotion qui donnent du sens aux événements et à leur contexte. Comme la zone d'évaluation se trouve vers le milieu du continuum, ces théories sont considérées non pas comme des causes, mais comme des constituants de l'émotion.

3. **Modèles de construction psychologique :** dans la zone à plus gauche (Fig. 2.2), Gross et Feldman-Barrett identifient les émotions comme une des approches de construction psychologique. Dans cette partie, les émotions ne sont considérées ni comme des états mentaux, ni comme une forme unique, ni comme une fonction, ou une cause. Les modèles de construction psychologique traitent les émotions comme des catégories populaires, où chacune de ces catégories est associée à un ensemble de résultats mesurables.

4. **Modèles de construction sociale :** la zone la plus à droite de la Figure 2.2 est occupée par des modèles de construction sociale. Les émotions sont alors considérées comme des phénomènes sociaux ou des représentations culturellement prescrites. Elles sont constituées par des facteurs socio-culturels limités par des rôles de participants ainsi que par le contexte social. Certains modèles de construction sociale traitent la situation sociale comme le déclencheur des réactions émotionnelles. Les émotions sont alors envisagées comme des représentations de la culture, plutôt que comme des états mentaux internes.

2.2.2.2 Evolution temporelle des émotions

Dans notre travail, nous nous focalisons sur la reconnaissance d'émotions à un instant ou sur une période de temps donnés. Picard [152] a proposé la métaphore de la cloche, pour illustrer les propriétés d'un système émotionnel et en particulier l'évolution temporelle des émotions. Ces propriétés sont les suivantes :

– **Affaiblissement de la réponse** : une cloche est déclenchée par un choc et génère un son qui peut augmenter brusquement en intensité avant de s'affaiblir progressivement. D'une manière identique, une émotion est provoquée par un stimulus (vidéo ou image). La Figure 2.3 montre l'évolution temporelle de la réponse émotionnelle. Cette réponse est de courte durée ; elle monte rapidement en puissance avant de s'affaiblir progressivement jusqu'à un niveau imperceptible.

– **Coups répétés** : une série de chocs, d'importance moyenne peut provoquer un son plus fort qu'un unique choc. Ainsi, le son produit augmente en intensité si on frappe une cloche de façon répétée. Par conséquent, un sujet subissant des stimuli répétés provoquant la même émotion, verra l'intensité de cette émotion augmenter (Fig. 2.3).

– **Activation et saturation** : un choc ne fera sonner la cloche que s'il est supérieur une certaine intensité, et inferieur à un certain seuil. De la même manière, des stimuli émotionnels de trop faible intensité ne pourront pas provoquer de réaction émotionnelle chez un individu, et un stimulus de forte intensité ne provoquera pas de réponses émotionnelles d'intensité supérieure à un seuil.

– **Influence de la personnalité et du tempérament** : la personnalité d'un individu et son tempérament influencent ses réactions émotionnelles, ainsi que les transitions entre celles-ci. Les réponses émotionnelles varient donc d'une personne à l'autre.

- **Linéarité** : le système émotionnel humain est non-linéaire. Cependant, Picard suppose la possibilité de trouver des relations de linéarité entre certaines informations d'entrée (caractéristiques de stimuli émotionnels) et informations de sortie (caractéristiques de l'expression émotionnelle).

- **Impact de l'humeur** : l'ensemble des paramètres internes ou externes, perçus par l'individu, influent également sur son humeur. L'humeur est un état affectif de durée moyenne, influencé par le tempérament et la personnalité du sujet.

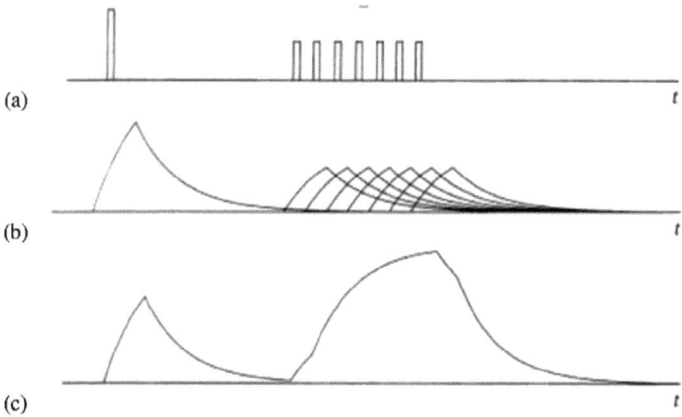

FIGURE 2.3 – Métaphore de la cloche. (a) : stimuli émotionnels de différentes intensités. (b) : réponses émotionnelles résultantes, et (c) : somme des réponses émotionnelles [152].

La courbe ci-après (Fig. 2.4) illustre les différentes propriétés évoquées précédement. En effet, Picard propose une équation de type "non-linéarité sigmoïdale" pour illustrer la transition vers une réponse émotionnelle. En particulier, la sigmoïde élimine les réponses aux stimuli de trop faible intensité et sature les réponses aux stimuli de trop forte intensité. La zone de la courbe entre activation et saturation est dite zone de transition.

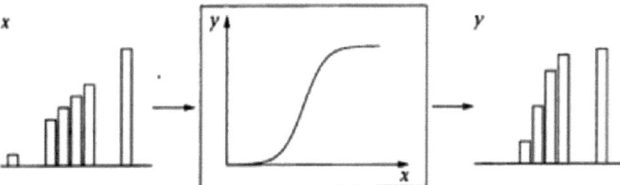

FIGURE 2.4 – Sigmoïde représentant la génération d'une émotion et son intensité en fonction de l'intensité du stimulus [152].

2.2.3 Représentation des émotions

La reconnaissance automatique des émotions soulève de nombreuses problématiques. D'abord au niveau de leurs représentations : il s'agit de proposer un formalisme qui soit en accord avec les résultats psychologiques existants, tout en permettant une manipulation simple. Ensuite, pour un événement donné, il faut pouvoir déterminer le potentiel émotionnel qui lui est associé. Dans ce contexte, Scherer [176] propose une description des différents modèles de représentation de l'émotion. Nous décrivons ici les trois types de représentations d'émotions, soit (i) par des catégories discrètes représentées par une étiquette verbale (par exemple "Colère"), soit (ii) par une position, ou un ensemble de positions, dans un espace défini par des dimensions continues, et soit (iii) par des modèles de représentation basés composantes. Nous allons donc présenter chacune de ces trois approches en détail, et pour chacune d'entres-elles, mettre en lumière les différentes utilisations qui en ont été proposées.

2.2.3.1 Approche catégorielle (discrète)

Les approches discrètes représentent une groupe d'émotions comme un ensemble discret dans lequel chaque type d'émotion est désigné par une étiquette spécifique. Cette étiquette est considérée comme une caractéristique épisodique et universelle de l'émotion. Le caractère universel des émotions entraîne la définition d'un nombre fini et restreint d'émotions (émotions primaires) qui peuvent être observées chez tout individu. Le nombre et l'identité des catégories proposées ne sont généralement pas définis de la même manière.

Suivant plusieurs psychologues, une émotion est considérée comme basique, dans le cas où elle est "primaire", et peut être utilisée pour construire, en combinaison avec d'autres émotions de base, un grand nombre d'émotions secondaires [139]. Le mot "primaire" signifie qu'une émotion de base ne peut pas être décomposée en une combinaison d'autres émotions. L'un des avantages principaux de cette définition est qu'elle permet de construire toute émotion comme une combinaison d'émotions de base.

Comme nous l'avons vu, Ekman [54] a divisé les émotions en deux classes : (1) les émotions primaires (joie, tristesse, colère, peur, dégoût, et surprise) qui sont des réponses naturelles à des stimuli donnés et assurent la survie de l'espèce, et (2) les émotions secondaires : celles qu'éprouve un individu en évoquant une image mentale créé qui entre en corrélation avec le souvenir d'une émotion primaire.

Ainsi, les émotions secondaires résultent d'un processus d'évaluation mentale lié à l'expérience et le souvenir. De plus, elles suscitent les mêmes réactions corporelles que les émotions primaires, qu'elles nuancent fortement (ainsi la peur, par exemple, peut connaître toute une gamme de variations, allant de la timidité à la panique).

Mowrer [129] propose deux dimensions supplémentaires : la douleur et le plaisir. Ortony et al. [138] présentent dans une liste plus complète, les différentes dimensions proposées pour caractériser les émotions.

Le Tableau 2.2 présente plusieurs catégories d'émotions de base. Dans ce tableau, la longueur des listes proposées ne dépasse pas 10 émotions, tandis que les listes générales de termes émotionnels peuvent contenir des centaines de catégories [213].

Auteur	Emotions basiques
Ekman et al. [58]	Colère, dégoût, peur, joie, tristesse, surprise.
Izard [87]	Colère, mépris, dégoût, détresse, peur, culpabilité, intérêt, joie, honte, surprise.
Plutchik [155]	Acceptation, colère, anticipation, dégoût, peur, joie, tristesse, surprise.
Gray [71]	Rage et terreur, anxiété, joie.
Panksepp [144]	Espérance, peur, joie, panique.
McDougall [123]	Colère, dégoût, exultation, peur, sujétion, tendresse, étonnement.
Mower [128]	Peine, plaisir.
James [90]	Peur, chagrin, amour, rage.
Oatley, Johnson-Laird [137]	Colère, dégoût, anxiété, bonheur, tristesse.

TABLE 2.2 – Liste des émotions basiques selon différents auteurs.

Les modèles discrets comportent cependant plusieurs avantages. L'avantage principal étant qu'une fois les émotions à traiter clairement identifiées, elles deviennent simple à manipuler. Le deuxième avantage de ces modèles est qu'ils se prêtent particulièrement bien à la reconnaissance automatique. Ils sont donc largement utilisés dans le domaine de l'informatique émotionnelle [176, 224].

Malgré ces avantages, la représentation des émotions par étiquettes comportent des défauts. En effet, les étiquettes sont discrètes et ne peuvent représenter pleinement certains aspects émotionnels [221]. Par exemple, une émotion peut être vue comme un processus dynamique plutôt que comme un état statique. C'est pourquoi plusieurs travaux se sont concentés sur la recherche d'espaces continus pour mieux représenter les émotions.

2.2.3.2 Approche dimensionnelle (ou continue)

L'approche dimensionnelle est une approche théorique très populaire en psychologie. Les émotions sont représentées par une position, ou un ensemble de positions définies par des dimensions continues. Les dimensions obtenues les plus utilisées sont bidirectionnelles (plan) ou tridimensionnelles (volume). Parmi le modèle bidimensionnel, le plus connu est celui de Russell [168]. Il représente l'émotion par deux dimensions (Fig. 2.5) : la Valence (V) et l'Activation (A) (valence-arousal space). La Valence décrit les caractères d'émotion positifs comme la joie et les caractères d'émotions négatifs comme la colère. L'Activation correspond au degré de l'expression corporelle ou gestuelle qui se traduit par des réactions physiologiques (transpiration, accélération du rythme cardiaque, etc.).

Les émotions sont donc distribuées dans cet espace bidimensionnel dans lequel on peut distinguer quatre quadrants : les émotions à valence négative et faible activation (par exemple la tristesse et l'ennui), les émotions à valence négative et forte activation (par exemple la colère et la peur), les émotions à valence positive et faible activation (par exemple la relaxation et le contentement) et les émotions à valence positive et forte activation (par exemple l'excitation et la joie).

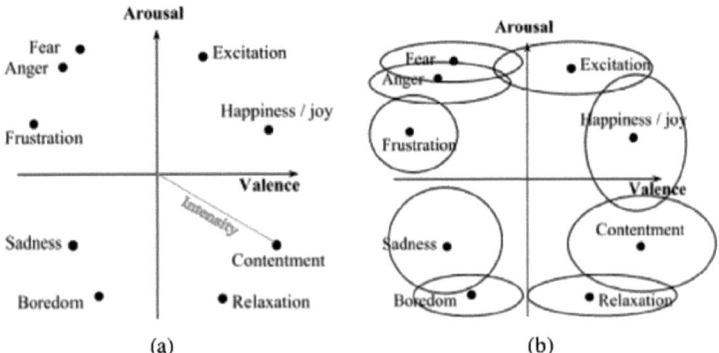

FIGURE 2.5 – Modèle bidimensionnel de valence-activation [168] : (a) étiquettes avec des points, (b) étiquettes avec des zones.

Le modèle bidimensionnel de valence-activation présente plusieurs avantages. Tout d'abord, il est possible de représenter les émotions sans l'utilisation d'étiquettes, mais à l'aide d'un système de coordonnées incluant une signification émotionnelle. En conséquence, toute émotion peut être représentée par un point dans cet espace bidimensionnel. En second lieu, puisque cet espace a été créé à partir de l'analyse des expressions émotionnelles (verbales et non verbales), il est possible d'associer certaines zones à des étiquettes émotionnelles (Fig. 2.5(b)). La Figure 2.5 illustre la correspondance directe des expressions verbales (les émotions) sur cet espace bidimensionnel. Comme on le voit sur la Figure 2.5(b), les étiquettes émotionnelles tendent à former des ellipses dans l'espace bidimensionnel. Cependant, il est évident que cette cartographie varie d'une personne à l'autre. En conséquence, il n'y a pas de limites exactes dans l'espace de valence-excitation qui définissent les expressions émotionnelles.

Malgré ces avantages, cette approche a reçu un certain nombre de critiques. Les théoriciens soutenant l'approche catégorielle tel que Tomkins [198], Ekman [58] et Izard [87], ont constaté que la représentation des émotions dans un espace bidimensionnel ou tridimensionnel impliquait une perte d'informations. En outre, certaines émotions peuvent se trouver en dehors de l'espace à deux ou trois dimensions (par exemple, la surprise).

2.2.3.3 Modèles de représentation basés composantes

Cette approche, plus complexe, ne propose pas de représentation directement applicable à la reconnaissance automatique d'émotions. Les émotions sont caractérisées par un ensemble de composantes qui représentent les phases d'appréciation des émotions elles-mêmes (par exemple, le bonheur est l'émotion résultante d'un événement inattendu et agréable).

2.2.4 Modélisation d'émotions

2.2.4.1 Modèle OCC (Ortony, Clore and Collins)

Le modèle OCC [138] définit les émotions comme des réactions à des événements intra-personnels, des actions d'autres personnes ou d'objets de l'environnement. Ce modèle considère que l'émotion est le résultat de l'évaluation cognitive de trois aspects différents : (i) les conséquences d'un évènement sur les buts, (ii) les actions entreprises, et (iii) la perception.

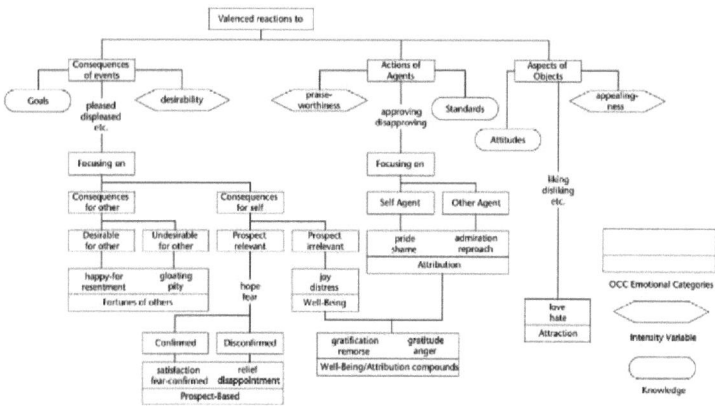

FIGURE 2.6 – Typologie de la théorie d'Ortony et al. [138] (OCC).

Ce modèle spécifie les conditions de 22 types d'émotions différents (Fig. 2.6). Le processus de génération d'émotions est décomposé en 5 phases selon Bartneck [11] : classification, quantification, interaction, mapping et expression. La détermination des émotions à déclencher, ainsi que leur intensité chez les agents virtuels se font à partir de leurs buts, plans, principes et préférences. Plusieurs travaux sont basés sur ce modèle pour définir d'autres modèles émotionnels comme celui de Reilly et Bates [161], ou pour implémenter des systèmes à base d'agents autonomes et émotionnels [70, 185, 120].

2.2.4.2 Modèle de composants de Scherer

Scherer [176] a proposé le modèle de composants qui définit l'émotion comme une séquence de changements d'états, en réponse à un stimulus interne ou externe, et par rapport à l'intérêt de l'individu. Ces changements interviennent dans cinq ensembles de fonctionnement impliqués, dans les processus émotionnels :

– Un sous-ensemble de traitement de l'information qui évalue le stimulus par la perception, la mémoire, la prévision et l'évaluation d'informations disponibles,
– Un sous-ensemble de support qui ajuste l'état interne par la commande des états de neuroendocrine, somatiques et autonomes,
– Un sous-ensemble principal qui projette, prépare des actions et choisit entre les motifs concurrentiels,
– Un sous-ensemble temporaire qui gère le moteur d'expressions et le comportement visible,

– Enfin, un sous-ensemble de moniteurs qui contrôle l'attention qui est assignée aux états actuels, et passe la rétroaction résultante aux autres sous-ensembles.

Scherer est particulièrement intéressé par le sous-ensemble de traitement de l'information basé sur les évaluations qu'il appelle Stimulus Evaluation Checks (SECs). Le résultat de ces SECs induit des changements des autres sous-ensembles. Scherer propose cinq SECs substantiels, dont quatre possèdent des subchecks.

- **Le contrôle de nouveauté** décide si les stimuli externes ou internes ont changé. Ses subchecks sont : la précipitation, la confiance et la prévisibilité,
- **Le contrôle intrinsèque** d'agrément indique si l'attraction est plaisante ou désagréable et cause des tendances appropriées d'approximations ou d'actions d'évitement,
- **Le contrôle de signification** de but décide si l'événement soutient ou empêche les buts de la personne. Ses subchecks sont : la pertinence de but, la probabilité de résultat, l'espérance, le caractère de soutien et l'urgence,
- **Le contrôle potentiel** de faire face (potential coping) détermine dans quelle mesure la personne considère avoir des événements sous la commande. Ses subchecks sont : l'agent, le motif, la commande, la puissance et l'adaptabilité,
- **Le contrôle de compatibilité** compare finalement l'événement aux normes internes et externes. Ses subchecks sont : l'extériorité et l'intériorité.

2.2.4.3 Modèle de Roseman

Le modèle de Roseman [164] a été développé en se basant sur une série de rapports d'expériences sur les émotions et sur les théories de l'évaluation cognitive. Ce modèle (Fig. 2.7) comprend cinq critères d'évaluation qui permettent de représenter les états mentaux correspondant à 17 émotions distinctes :

1. Motivation positive ou négative,
2. Situation correspondant ou non aux objectifs,
3. L'évènement est une possibilité ou une certitude,
4. L'évènement est perçu mérité ou pas,
5. Source de l'évènement : circonstances, autres, soi-même.

2.2.4.4 Modèle de Lazarus

Lazarus [106] a introduit une théorie dans laquelle il considère que le processus émotionnel humain est constitué de deux processus séparés (Fig. 2.8) permettant à l'individu de stabiliser sa relation avec l'environnement : l'évaluation cognitive (appraisal) et l'adaptation (faire face - coping en anglais). Lazarus a défini l'évaluation cognitive comme un processus adaptatif permettant de conserver ou de modifier la relation entre l'individu (sa croyance, ses buts) et le monde (ses modifications, ses contraintes) de manière à maintenir un équilibre. On distingue deux types d'évaluations : l'évaluation primaire pour représenter la pertinence d'un événement et sa congruence, et l'évaluation secondaire pour ce qui devrait être fait en réponse à l'événement. Quand une situation est évaluée comme stressante, l'individu doit s'adapter, d'où le rôle du coping. Le concept de coping inclus « l'ensemble des efforts cognitifs et comportementaux destinés à maîtriser, réduire ou tolérer les exigences internes ou externes qui menacent ou dépassent les ressources de

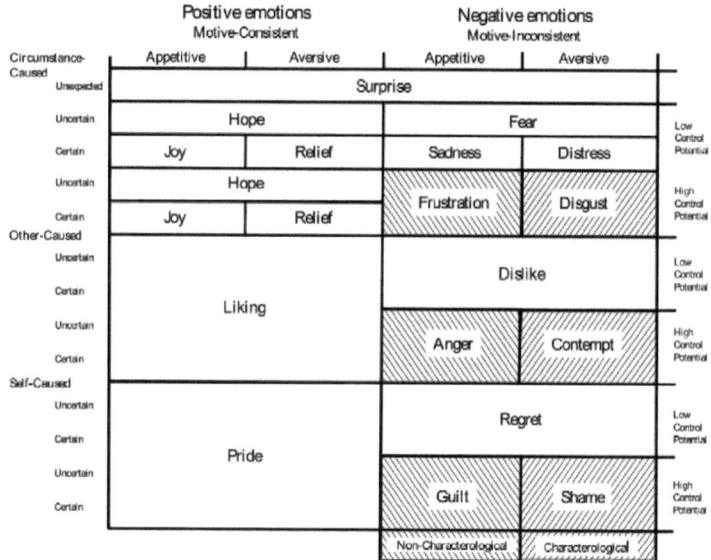

FIGURE 2.7 – Structure du système d'émotions proposé par Roseman [165].

l'individu » [107]. En d'autres termes, le coping est la façon de s'adapter aux situations difficiles. On note deux types de coping :

– L'aspect de Problème-focalisé essayera de résoudre le problème (approche classique), mais peut également nier le problème pour réduire au minimum son effet.
– L'aspect d'Emotion-focalisée, c'est la réflexion : on ne nie pas les évènements, mais on fait un effort afin de répondre émotionnellement au problème.

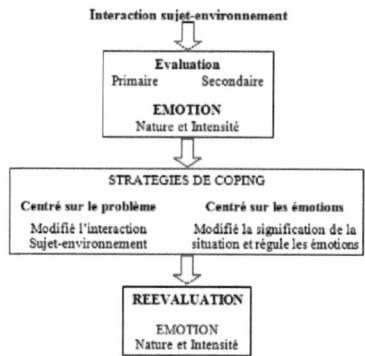

FIGURE 2.8 – Modèle du Coping selon Lazarus [106].

2.3 Systèmes de reconnaissance d'émotions

2.3.1 Introduction

La maturité croissante du domaine de la reconnaissance d'émotions en informatique affective a fait émerger de nouveaux besoins en termes d'ingénierie et en particulier en termes de modèles de conception. En effet, la reconnaissance des émotions est l'élément principal de l'informatique affective dont l'objectif est de permettre une interaction comportementale et affective entre un humain et une machine. Dans ce contexte, de nombreux travaux ont proposé des systèmes de reconnaissance d'émotions [89, 147, 224] et en particulier dans domaine de l'interaction avec des agents conversationnels animés ACAs (Embodied Conversational Agents - ECAs) [23, 95, 149]. Les ACAs sont généralement des personnages virtuels capables d'exprimer des émotions selon différents canaux de communication (gestuelle, verbal, etc.).

Il y a trois domaines principaux où les systèmes de reconnaissance d'émotions se sont développés :

1. la reconnaissance d'émotions à partir d'images fixes ou de vidéos (analyse d'expressions faciales),
2. la reconnaissance d'émotions à partir de la parole (langage parlé),
3. la reconnaissance d'émotions à partir de signaux du système nerveux (EEG).

Chacune de ces approches a des avantages et des inconvénients, liés au canal (unique) de détection des émotions. En outre, Certains facteurs influent la valeur de chaque capteur :
- la validité du signal comme façon naturelle d'identifier un état affectif,
- la fiabilité des signaux dans un environnement naturel,
- la résolution temporelle des signaux,
- le coût et l'intrusivité des capteurs.

Picard fournit dés 1997 une série d'étapes à suivre pour la reconnaissance d'émotions [152] :

1. **Acquisition du signal d'entrée** : mettre en place de dispositifs d'acquisition ou de capture de données. Par exemple, une caméra pour les expressions faciales, ou un microphone pour les signaux vocaux.
2. **Traitement des signaux** : extraire les caractéristiques ou les variations typiques d'un état affectif, depuis les différentes données acquises.
3. **Raisonner** : après les étapes de traitements et de reconnaissances, cette étape permet d'inférer l'émotion la plus probablement exprimée par l'utilisateur.
4. **Apprendre** : entraîner la machine à reconnaître et identifier une émotion.
5. **Délivrer** : l'émotion est finalement interprétée.

2.3.2 Canaux de communication émotionnels

Depuis les travaux de Picard [152] en 1997, de nombreux systèmes ont été développés pour la reconnaissance d'émotions. Ils sont basés sur divers canaux de communication (visage, voix, geste, réactions physiologiques et nerveuses) [224, 89, 147]. Les systèmes de reconnaissance ont donc au fil des années, considéré les différents vecteurs de communication émotionnelle, en commençant par le visage et la voix, pour ensuite s'intéresser à la gestuelle et enfin aux réactions physiologiques (Fig. 2.9).

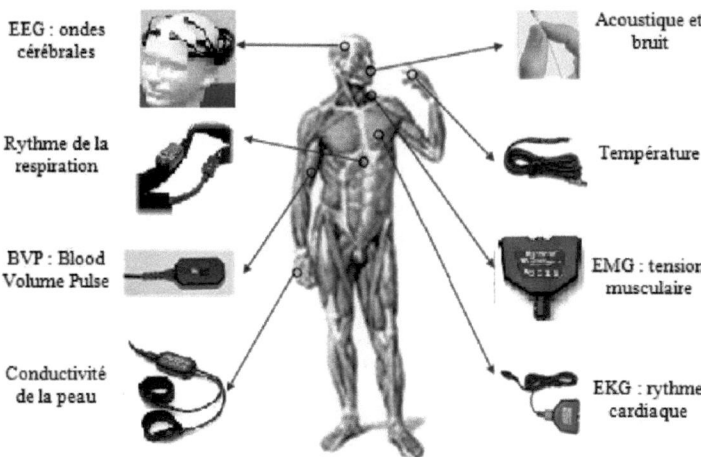

FIGURE 2.9 – Canaux de communication émotionnelle et capteurs associés

Dans les paragraphes suivants, nous allons présenter les travaux concernant la reconnaissance d'émotions à travers chaque canal de communication. Il est à noter que les résultats de ces travaux ont été obtenus dans des conditions précises et avec des capteurs spécifiques. Ils ne peuvent donc pas être généralisés sans précaution. D'une manière générale, les systèmes de reconnaissance d'émotions sont testés en prenant pour référence un groupe de sujets humains observant les mêmes stimuli.

2.3.2.1 Reconnaissance d'émotions par expressions faciales

L'analyse d'expressions faciales a joué un rôle majeur dans la recherche sur les émotions depuis les travaux de Tomkins [197] dans les années 1960. Ce canal de communication occupe un place de premier plan dans la communication non-verbale [1]. Les visages véhiculent des informations riches qui constituent des expressions de communication (attitude, opinion, humeur, etc.). Elles résultent d'un mouvement ou d'un positionnement des muscles du visage. Celui-ci dispose de 44 muscles différents et le nombre d'expressions faciales est supérieur à 250 000 [1].

La reconnaissance des expressions faciales consiste à classer des déformations faciales en classes abstraites, basées sur l'information visuelle (Fig. 2.10).

Les expressions faciales sont utilisées dans le contexte de l'informatique émotionnelle et plus spécifiquement pour l'expressivité des agents conversationnels animés (ACA). Plusieurs approches mathématiques ont été proposées pour modéliser et animer les expressions faciales des ACAs : les modèles paramétriques [148] qui manipulent directement les formes et la géométrie du visage en modifiant le maillage tridimensionnel du visage de l'ACA et les modèles fondés sur des enregistrements [63] d'expressions faciales spécifiques, sur lesquelles on applique un processus demorphing. Des modèles physiques [93]

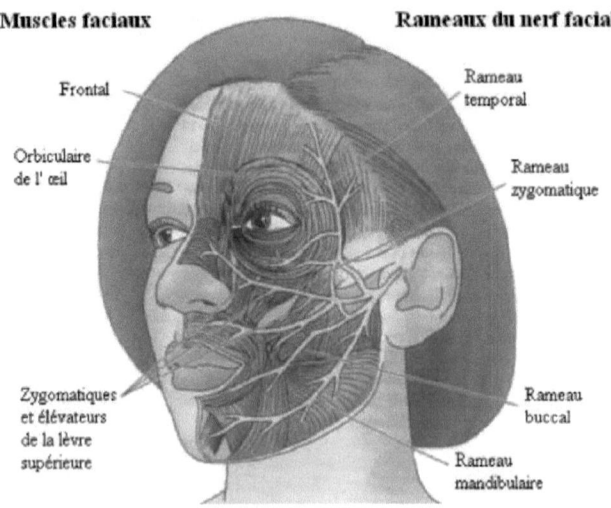

FIGURE 2.10 – Muscles faciaux et leur contrôle nerveux [2].

peuvent également être utilisés pour reproduire fidèlement l'anatomie humaine, souvent en plusieurs couches (structure osseuse, tissu musculaire, peau) et simulent la contraction des muscles.

Etudes de reconnaissance d'expressions faciales :

Ekman et Friesen [57] ont développé le système Facial Action Coding System (FACS) pour mesurer l'activité du visage, en utilisant des mouvements faciaux ou "des actions faciales" comme méthode standard d'identification d'émotions. Ce système est un guide technique qui explique la façon de classer les comportements faciaux, fondés sur les muscles, et comment l'action musculaire est liée à l'apparence d'expressions faciales. Il s'agit d'associer un code à chaque activation musculaire du visage qui peut être distinguée visuellement. Ces éléments sont appelés Action Units (AU). Le manuel du codeur FACS contient la description visuelle des changements du visage lors de l'occurrence de chaque AU ou chaque combinaison d'AUs. Le système FACS repose sur la description de 46 AU (Fig. 2.11).

Mase [122] a proposé un système de reconnaissance d'émotions qui utilise les orientations principales de certains muscles du visage. Avec onze zones manuellement positionnées sur le visage, les mouvements musculaires sont extraits par l'utilisation de flux optiques. Yacoob et al. [217] ont proposé une méthode similaire, et ont construit un dictionnaire pour convertir les mouvements associés de la bouche, des yeux et des sourcils. Ce système a donné de bons résultats sur les six émotions de base proposées par Ekman (joie, peur, dégoût, tristesse, surprise, et colère) (88% de reconnaissance pour toutes les émotions).

Black et al. [16] ont utilisé des modèles paramétriques pour extraire la forme et les mouvements de la bouche, des yeux et des sourcils. Tian et al. ont tenté de reconnaître les

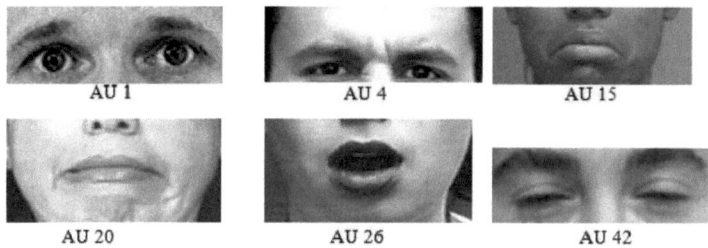

FIGURE 2.11 – Exemples d'Action Units [57]

unités actions (UA), développées par Ekman et Friesen [57], en utilisant les traits permanents et transitoires du visage comme les lèvres, le sillon naso-génien et les rides [196]. Des modèles géométriques ont été utilisés pour localiser les formes et les apparences de ces caractéristiques. Ils ont atteint un taux de reconnaissance de 96%.

Essa et al. [62] ont développé un système qui quantifie les mouvements du visage, basés sur des modèles paramétriques de groupes indépendants de muscles faciaux. Ils ont modélisé le visage par l'utilisation d'une méthode de flux optique, basée sur le mouvement de modèles dynamiques. Ils ont obtenu un taux de reconnaissance de 98%.

Hammal [80] a proposé une approche basée sur la combinaison de deux modèles pour la segmentation des émotions et la reconnaissance dynamique des expressions faciales. Le modèle développé est une évolution d'un modèle déjà proposé pour la reconnaissance des expressions faciales statiques [79].

Le Tableau 2.3 (inspiré de [224, 28]) présente une synthèse des pricipaux travaux concernant la reconnaissance et la classification d'expressions faciales. Malgré des résultats significatifs, la plupart de ces travaux sont basés sur une reconnaissance des émotions non temps réel et impliquant des processus d'apprentissage conséquents. En outre, ces résultats ne prennent en compte que les six émotions d'Ekman (les émotions primaires) et ne permettent pas d'obtenir des informations sur l'état mental (stress, concentration, etc.) du sujet. De plus, ces approches ne fonctionnent que dans un environnement contrôlé et dans des conditions spécifiques (luminosité, distance par rapport à la caméra). Enfin, ces méthodes (unimodale) ne sont pas toujours pertinentes dans la mesure où les expressions faciales peuvent ne pas refléter l'état émotionnel réel du sujet (expression masquée, appartenance culturelle).

2.3.2.2 Reconnaissance d'émotions par analyse vocale

La reconnaissance d'états émotionnels est également un domaine d'application de plus en plus important de l'analyse automatique de la parole. La voix et l'expression verbale est en effet un moyen de communication qui contient des informations de première importance sur le plan émotionnel. Ainsi, la voix véhicule non seulement des messages référentiels (prosodique, lexical, etc.) mais aussi des informations sur l'état émotionnel et comportemental du locuteur [40].

La recherche sur la reconnaissance des émotions, basée sur l'analyse vocale se concentre

Étude	Année	caractéristiques	Part.	Classifieurs	#classes	S&E	Résultat
[3]	2011	expressions faciales	97	SVM	7	IAPS	90%
[114]	2007	Ondelettes de Gabor	26	SVM	2	Vi	72%
[201]	2007	20 points faciaux	52	SVM	2	Vi	83%
[199]	2007	Ondelettes de Gabor	OD : 10, CK : 100	Adaboost & RBD	14 AUs	Vi	93.3% (CK), 93.2% (OD)
[210]	2006	Labels de la surface 3D	60	LDA	6	Im	83%
[222]	2006	Texture avec LPP	2	SVDD	2	Im	femme :87%, homme :79%
[119]	2006	visage	12	SVM, LDA	20 AU	self	–
[145]	2006	visage	26	temporal rules	27 AUs	self	87%
[108]	2005	Intensité des pixels dans la région du visage	OD :16, CK :8	Modèle décomposable	6	Vi/Im	CK :61%, OD :39%
[74]	2005	Caratéristiques de forme & flux optique	4	BN	8	Im	80%
[41]	2004	Ondelettes de Gabor & modèle de forme	21	LDC	3 AUs	Im	76%
[65]	2004	Intensité des niveau de gris	–	NN	7	Im	39%
[61]	2004	expressions faciales et mouvement de tête	29	DBN (temps réel)	6	Vi	–

Classifieurs : Support Vector Machine (SVM) ; Bayesian Network (BN) ; Linear Discriminant Analysis (LDA) ; Nearest Neighbours (NN) ; Support Vector Data Description (SVDD) ; Dynamic Bayesian Networks (DBN). **Autres abréviations** : Nombre de (#) ; Participants (part.) ; Stimuli et Evaluation (S&E) ; reconnaissance basée sur l'image (Im) ; reconnaissance basée sur la vidéo (Vi).

TABLE 2.3 – Comparaison des méthodes de reconnaissance d'expressions faciales, (inspiré de [224, 28]).

principalement sur deux mesures : linguistiques et paralinguistiques [43]. Le niveau linguistique est conforme aux règles de la langue, alors que le niveau paralinguistique est lié à la façon dont les mots sont prononcés (les variations de hauteur et l'intensité du signal vocal). Ces caractéristiques sont indépendantes de l'identité des mots contenus dans le discours. La décision concernant l'utilité relative de ces deux niveaux dans la reconnaissance des émotions est peu concluante [224]. Par conséquent, afin d'obtenir un ensemble de fonctionnalités optimales, les travaux de Schuller [178] ont combiné les caractéristiques acoustiques de l'information en utilisant une architecture basée sur un réseau de neurones.

Dans la suite, nous nous concentrons uniquement sur les méthodes paralinguistiques, puisqu'elles peuvent être généralisées à toute bases de données linguistiques.

Cinq aspects concernent les caractéristiques paralinguistiques : la vitesse du discours, la hauteur moyenne, l'intervalle de hauteur, l'intensité et la qualité du signal [43]. Une relation globale entre les propriétés statistiques des caractéristiques paralinguistiques et des classes d'émotions est obtenue à partir de travaux de Murray [132], et présentée dans le Tableau 2.4.

Etudes de reconnaissance par analyse vocale

Depuis quelques années, de nombreuses études sur la parole ont été réalisées, notamment dans le domaine du traitement du signal [146, 177, 12, 43, 196]. Ces travaux ont été consacrés à l'analyse des manifestations vocales des différents états émotionnels, pour développer des systèmes de classification automatique d'émotions.

	Colère	Joie	Tristesse	Peur	Dégoût
Débit de parole	légèrement rapide	rapide ou lent	légèrement lent	plus rapide	très lent
Variation de ton	plus large	très large	légèrement étroite	plus large	un peu large
Intensité	élevée	élevée	réduite	normale	réduite
Qualité	haletante	tonitruante	résonnant	irrégulière	grommela

TABLE 2.4 – Reconnaissance des émotions à partir d'expressions vocales [132].

La plupart des chercheurs ont employé des dispositifs prosodiques globaux afin d'assurer la sélection acoustique de la reconnaissance émotionnelle. Des statistiques de niveau d'expression peuvent être calculées, par exemple, la moyenne, l'écart-type, les maximum et minimum de contour de la hauteur, et l'énergie. Douglas-Cowie et al. [53] ont tenté de classer quatre émotions via l'utilisation de caractéristiques liées à la variation de ton. Ils ont choisi trois classifieurs différents : Maximum Likelihood Bayes classifier (MLB), Kernel Regression (KR), et K-nearest Neighbors (KNN). Roy et Pentland [167] ont classé les émotions en utilisant un classifieur linéaire de Fisher. Utilisant des phrases courtes, ils ont reconnu deux sortes d'émotions : l'approbation et la désapprobation. Ils ont mené plusieurs expériences avec des caractéristiques extraites à partir de mesures de la hauteur et de l'énergie, avec l'obtention d'une précision allant de 65% à 88%.

Le Tableau 2.5 (inspiré de [224, 28]) montre une synthèse des pricipaux travaux sur la reconnaissance des émotions via l'analyse vocale. Ces travaux sont dépendants de l'usage et de l'application, et sont largement influencés par la théorie utilisée. En outre, ils sont basés sur des modèles discrets d'émotions. Cependant, même si certaines approches permettent la reconnaissance d'états affectifs tels que le stress ou la frustration, ces informations ne sont pas obtenues en temps réel [224]. Notons que ces approches nécessitent des processus d'apprentissage conséquents. Enfin, comme pour le cas de l'analyse des expressions faciales, ces méthodes (unimodales) ne sont pas toujours pertinentes dans la mesure où la voix peut être volontairement modifiée par le locuteur et ainsi ne pas reflèter l'état émotionnel réel du sujet.

2.3.2.3 Reconnaissance d'émotions par analyse gestuelle

Le geste peut à la fois être considéré d'un point vue physiologique (résultat de contractions ou détractions musculaires visibles, réflexes ou volontaires), ou d'un point de vue de l'interaction interpersonnelle (forme de communication non verbale, sémiotique). On peut par exemple classer les gestes en fonction des parties du corps impliquées. On distingue généralement trois types de gestes :

– *Les gestes de la tête et du visage* (expressions faciales) : il existe quelques travaux sur la reconnaissance des émotions via l'orientation de la tête. Cependant, les recherches dans ce domaine s'intéressent plutôt, comme nous l'avons vu précédemment, à la reconnaissance d'expressions faciales.

– *Les gestes de la main et des bras* : ils forment la principale catégorie de gestes in-

Étude	Année	Part.	Classifieurs	#classes	S&E	Résultat
[66]	2003	–	DBN, M-HMM	stress	self elicitations	61% et 51% separate testing set
[113]	2004	10	DT	3 Es.	ITS Spoken dialogue	19-36%
[180]	2005	13+	SVM, NB, ANN, DT	7 Es.	Car-user dialogues	76.4%, 94.8%
[108]	2005	–	LDC, KNN	2Es.	3rd-call-center	H : 89.50%, F : 92.1%
[179]	2006	–	ANN, HMM, SVM	2 Es.	self elicitations	–
[52]	2006	7	SVM	4 Es.	Emergency Call Center	60%
[200]	2007	6	GMM, SVM	2 Es.	self elicitations	TE : 2.9-7.5

Classifieurs : Mixture of Hidden Markov Models (M-HMM) ; Decision Tree (DT) ; Artificial Neural (ANN) ; Naive Bayes (NB) ; Support Vector Machine (SVM) ; Dynamic Bayesian Networks (DBN) ; Gaussian Mixture Models (GMM). **Autres abréviations** : Nombre de (#) ; Participants (part.) ; Stimuli et Évaluation (S&E) ; Taux d'Erreur (TE) ; F : Femme ; H : Homme.

TABLE 2.5 – Comparaison des algorithmes de reconnaissance des émotions concernant l'analyse vocale.

teractifs (fonction sémiotique), la main permettant de réaliser des gestes complexes et précis. Les principaux travaux de recherche dans ce domaine concernent la reconnaissance de positions de la main, l'interprétation du langage des signes et le développement d'interactions homme-machine.

- *Les gestes impliquant tout le corps* : les recherches dans ce domaine s'intéressent à tout le corps en interaction avec l'environnement (par exemple, analyse de gestion d'un athlète afin d'améliorer ses performances, analyse des gestes d'un danseur pour générer de la musique, etc.).

Dés 1872, Darwin [49] a proposé une liste de mouvements et de gestes corporels liés à certaines émotions (Tab. 2.6).

Joie	Sauter, danser, applaudir, faire oui de la tête, garder le corps droit
Tristesse	Pas de mouvements, passif
Fierté	Tête et dos droits
Honte	Tourner le corps, plus particulièrement le visage, mouvements nerveux
Peur / horreur	Pas de mouvements, ou mouvements convulsifs, mouvements larges des bras (au dessus de la tête), épaules relevées, bras ramenés contre soi
Colère/rage	Tremblement du corps entier, intention de pousser ou frapper violement, gestes chaotiques, secouer le poing, tête droite, torse ouvert, pieds ancrés fermement dans le sol, coudes fermement relevés sur les cotés
Dégoût	Gestes de répulsion ou de protection, bras serrés contre soi, épaules relevées
Mépris	Tourner le dos

TABLE 2.6 – Mouvements corporels liés à des états émotionnels [49].

Il existe plusieurs systèmes de reconnaissance d'émotions basés sur l'analyse gestuelle. Par exemple, le système BEAT (Behavior Expression Animation Toolkit) [33] produit une communication non verbale à partir d'une phrase et de règles fondées sur une analyse linguistique et contextuelle. Le système Gesture Engine [81] s'intéresse particulièrement aux mouvements des bras et des mains. A partir de positions clés ("keyframes"), il génère automatiquement, à partir de la transcription d'une conversation, une gestuelle adaptée pour le haut du corps.

2.3.2.4 Reconnaissance d'émotions à partir de signaux physiologiques

Inspiré par les théories qui mettent en valeur la forme de réalisation de l'émotion, plusieurs applications en informatique affective ont mis l'accent sur la détection d'émotions à partir des signaux physiologiques. Les chercheurs ont essayé d'analyser les tendances de l'activité physiologique pour identifier les émotions. Une grande partie de ces travaux a été guidée par les traditions fortes de la psychologie, physiologie et psychophysiologie [154].

Depuis la fin des années 1990, l'analyse de signaux physiologiques a été ainsi proposée comme une approche alternative et complémentaire pour la reconnaissance des émotions [82, 153]. Picard [153] a été l'une des première à démontrer la pertinence de tels signaux pour la reconnaissance d'émotions.

Les signes les plus nets de la provocation émotionnelle concernent les changements dans l'activité du système nerveux végétatif. Selon les émotions, on peut observer des variations de température et la conductivité électrique de la peau, des augmentations ou des diminutions de la fréquence cardiaque, du volume respiratoire, etc.

Plusieurs indices physiologiques sont actuellement utilisés pour caractériser et mesurer les émotions. Chaque signal n'est pas analysé seul mais en corrélation avec d'autres signaux du système nerveux central ou périphérique. On trouve par exemple le rythme cardiaque (Heart Rate : HR), la conductivité de la peau (Skin Conductance : SKC), l'activité musculaire (Electromyogram : EMG), les variations de température de la peau (Skin Temperature : SKT), les variations de pression sanguine (Blood Volume Pulse : BVP), les signaux électroencéphalogrammes (EEG) et le volume respiratoire (VR). La fréquence cardiaque et la conductivité électrique de la peau sont les deux signaux le plus souvent pris en compte dans les systèmes de Kapoor et Ashish [94], Lisetti et Nasoz [111], et Villon et Olivier [205].

Le Tableau 2.7 résume les méthodes de classification utilisées pour l'analyse de signaux physiologiques dans la reconnaissance des émotions. Certaines études visent à identifier les émotions avec des capteurs différents, chacune avec des avantages et des inconvénients. Les techniques de sélection des caractéristiques et le modèle utilisé (catégorique ou dimensions) pour chaque étude sont également inclus dans le Tableau. En général, les performances varient en fonction de la base de données utilisée, du nombre de personnes et des types d'émotions traités.

La reconnaissance d'émotions à l'aide de signaux physiologiques est le coeur de notre travail. Nous avons donc dédié un chapitre aux travaux relatifs à ce domaine (voir chapitre 3).

Étude	Année	Signal	Part.	Classifieurs	#classes	S&E	Résultats
[153]	2001	CA, EA, R, M	1	LDA, KNN	8 Es.	Self elicited	81.25%
[133]	2004	EA, HRV, ST	14	KNN, DFA, MBP	6 Es.	Movie clips selected by panel	KNN : 71%, DFA : 74%, MBP : 83%
[77]	2004	EKG, EMG, EA, ST, BVP, RESP	1	MLP	Dimensional model	IAPS	V : 90-97%, A : 63-90%
[101]	2004	EKG, ST, EA	50	SVM	3&4 Es.	Audio-bisual, self evaluation	78% for 3 and 62% for 4
[194]	2004	EEG, HRV, ST	50	SVM	5 Es.	audio-video self evaluation	41.7%
[38]	2005	EA	1	MPL	4 Es.	Self elicited	75%
[83]	2005	CA, EA, R, M	9	LDA	3 stress levels	Self elicited	97%
[88]	2005	CA, EA, R, M	1	kNN, LDA, MLP	4 Es.	Self-selected songs	92%
[219]	2005	CA, EA	6	MPL	4 Es.	video clips	80%
[160]	2006	CA, EA, M, ST, P	15	KNN, SVM, FT, BN	3 Es.	Self elicited	86%
[116]	2006	CA, EA, M, ST	14	FT	3 anxiety levels	basketball game	70%
[225]	2006	CA, EA, ST, P	32	SVM	2 stress levels	Self elicited	90%
[84]	2007	EEG	17	NN, DT, Bagging	3 dimensions	IAPS	75%
[109]	2007	CA, EA	8	ANN	3 Es.	IAPS	71%
[170]	2007	EEG	8	multi-way	2 dimensions	Self elicited	29%
[9]	2008	ECG, SC, Face	151	Chi-square/SVM	2 Es.	3rd & Films	–
[96]	2008	CA, EA, R, M	10	SVM, ANFIS	4 affect states	Self elicited	79%
[100]	2008	CA, EA, R, M	3	LDA, DC	4 Es.	musical induction	70/95%
[115]	2008	ECG, EA, EMG, ST	6	SVM	3 Es.	Pong game and anagram	83%
[218]	2008	CA, EA	72	SVM, MLP	2 fun levels	Physical Game	70%
[5]	2009	EEG	3	SVM, NB, KNN	10 Es.	Self elicited	33-55%
[27]	2009	EKG, EA, EMG	3	NB, FT, BN, MLP, LLR, SVM	8 Es.	Self elicited	one subject :68-80%, all subjects :42%
[36]	2009	CA, EA, R	13	ANN	3 Es.	Self elicited	51%
[97]	2009	EEG, GSR, ST, R, M	13	QFA	Dimensional model	Self elicited	–
[98]	2010	EEG	26	KNN	4 Es.	IAPS	84.5%
[150]	2010	EEG	16	SVM, QDA, KNN	6 Es.	60 pictures	QDA : 62%, SVM : 83%
[188]	2011	EEG, GSR, ECG, ST	30	HMMs, SVM	Dimensional model	Movie clip [166]	73.2% to 75%
[130, 131]	2011	EEG, ECG, HRV	24	ANOVA	2 dimensions	IAPS and IADS [18]	–
[134]	2011	EEG, EMG	100 ; 50	SVM	2 dimensions	Movie clip	89% and 84%

Signaux : EKG ; Electrodermal activity (EA), Skin Temperature (ST) ; Cardiovascular activity (CA) ; Respiration (R) ; electromyogram (M) ; Pupil diameter (P) ; Heart Rate Variability (HRV) ; galvanic skin response (GSR). **Classifieurs** : Naive Bayes (NB), Function Trees (FT), BNs, Multilayer Perceptron (MLP), Linear Logistic Regression (LLR), Support Vector Machine (SVM), Discriminant Function Analysis (DFA), and Marquardt Backpropagation (MBP) ; BN : Bayesian Network ; ANN : Artificial Neural Network ; Linear Discriminant Analysis (LDA) ; quadratic Discriminant Analysis (QDA) ; k-Nearest Neighbors (kNN) ; Adaptive Neuro-Fuzzy Inference System (ANFIS) ; Dichotomous Classification (DC) ; Nearest Neighbours (NN) ; Decision tree (DT) ; Hidden Markov Models (HMMs). **Autres abréviations** : Nombre de (#) ; Participants (part.) ; Stimuli et Évaluation (S&E) ; Émotions (Es.).

TABLE 2.7 – Comparaison des algorithmes de reconnaissance des signaux physiologiques (inspiré de Picard et al. [153] et Egon et al. [202]).

2.4 Approche multimodale et reconnaissance d'émotions

2.4.1 Introduction

Depuis un certain nombre d'années, l'approche multimodale a pris une place de plus en plus importante dans l'informatique émotionnelle, en particulier dans le contexte de l'interaction avec des agents conversationnels animés (ACAs), ou d'une manière plus générale, lorsque l'utilisateur est confronté à des sources d'informations multiples et hétérogènes (gestes, sons, images, etc.) qui succitent chez lui différents états émotionnels. L'objectif est alors de reconnaître ces états à partir de signaux issus des différents capteurs. Ceux-ci sont bien sûr de différentes natures, et il est donc nécessaire de mettre en œuvre des mécanismes permettant d'exploiter conjointement les informations recueillies de manière efficace. L'intérêt de l'approche multimodale réside dans la possibilité d'améliorer et de fiabiliser la reconnaissance des d'émotions et de lever des ambigüités qui peuvent survenir lors de l'utilisation d'un canal unique.

La Figure 2.12 montre un exemple d'addition de deux capteurs dans une application de détection d'émotions. Dans ce cas, la détection de l'émotion est effectuée à l'aide de plusieurs capteurs. Chaque capteur va donner son propre vecteur représentant les émotions détectées. Par exemple on va avoir un vecteur E1 relatif aux expressions faciales, et un vecteur E2 représentant les émotions identifiées en utilisant les signaux physiologiques. Le vecteur d'émotions global sera la fusion de ces deux vecteurs.

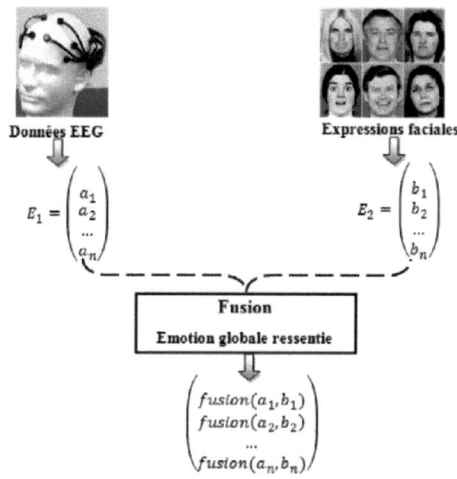

FIGURE 2.12 – Illustration de la détection multimodale des émotions.

La fusion de données consiste en une approche essentiellement multimodale des émotions, dans le but de proposer un modèle bio-socio-affectif, en utilisant différents capteurs (caméras, biocapteurs, microphones, casques EEG). Cela permet de recueillir les signaux multimodaux associés aux émotions : signaux physiologiques (biocapteurs), expressions faciales (cameras), etc.. Ces signaux sont alors traités avec des algorithmes permettant de les classifier selon l'émotion ressentie la plus probable.

Certains travaux ont étudié les mécanismes possibles de fusion multimodale pouvant être utilisés pour la reconnaissance d'émotions [146, 24, 181, 216, 37]. Ainsi, la fusion d'informations multimodales peut prendre différentes formes selon le niveau ou elle est effectuée. Il existe trois méthodes pour fusionner les données provenant de capteurs différents [183]. La Figure 2.13 illustre ces trois possibilités de fusion à différents stades de la reconnaissance. Il est ainsi possible de fusionner (i) les données directement après l'extraction des signaux (niveau signal), (ii) les attributs provenant des différents capteurs (niveau caractéristique), ou (iii) les informations durant la phase décisionnelle (décision ou niveau conceptuel). Chaque technique de fusion de données a ses avantages et ses limites. Sa pertinence est alors toujours dépendante de l'application.

Dans les sections suivantes, nous présentons dans un premier temps, la définition du terme modalité. Ensuite, nous décrivons les principales méthodes de fusion, avec leurs principes, avantages et limites.

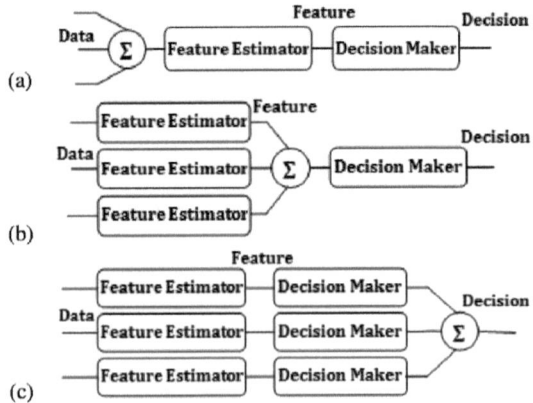

FIGURE 2.13 – Trois niveaux de fusion multimodale [183] : a) niveau signal ; b) niveau caractéristique et c) niveau décisionnel.

2.4.2 Définition d'une modalité

Une modalité est simplement assimilée à un média, parfois appelé canal. On retrouve des modalités auditive, visuelle, physiologique et textuelle. Nous reprenons la définition d'une modalité donnée par Bouchet [17] : « L'utilisateur interagit avec le système informatique pour réaliser des tâches. Les moyens d'action et de perception, appelés "modalités d'interaction", sont les médiateurs matériels et logiciels permettant à un utilisateur d'agir sur le système informatique ou de percevoir son état. Les modalités d'interaction composent le module interface du système informatique »(Fig. 2.14).

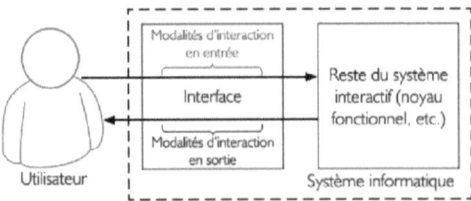

FIGURE 2.14 – Illustration de la *modalité d'interaction* proposée par Bouchet [17].

Dans le cadre qui nous intéresse, nous nous appuyons sur la définition proposée dans le domaine de l'interaction homme-machine par Nigay et Coutaz [135]. Une modalité P est définie par la relation suivante :

$$Modalité = <P, s> \qquad (2.1)$$

où :

P est un dispositif physique d'interaction : microphone, capteur biofeedback, webcam, capteur de respiration, etc.

s est un système représentationnel : c'est à dire un système conventionnel structuré de signes assurant une fonction de communication. C'est le langage d'interaction associé à chaque modalité.

Cette définition couvre les deux angles d'étude de la conception d'un système homme-machine : l'utilisateur et le système. Du côté humain, le dispositif est à un bas niveau d'abstraction. L'humain agit sur le dispositif. Du côté système, le couple $<P, s>$ renseigne sur le dispositif physique mis en œuvre et sur le format des données échangées.

2.4.3 Fusion au niveau signal

Cette fusion est le niveau le plus bas de la fusion multimodale (Fig. 2.13 (a)) [32, 143]. Elle est effectuée sur les données brutes pour chaque signal, et ne peut être appliquée que lorsque les signaux sont de même nature et ont la même résolution temporelle. Ainsi, le couplage et la synchronisation de plusieurs signaux est rarement possible car les différentes modalités ont souvent des capteurs possédant différentes caractéristiques de signal. Cette technique est donc rarement utilisée en raison de la difficulté d'intégration des signaux et de la sensibilité au bruit, produite par un mauvais fonctionnement des capteurs utilisés.

2.4.4 Fusion au niveau caractéristiques

La fusion au niveau caractéristiques est effectuée sur l'ensemble des caractéristiques extraites de chaque signal. L'objectif de cette approche (Fig. 2.13 (b)) est d'obtenir, à partir de vecteurs de caractéristiques extraits de chacune des modalités impliquées, un vecteur multimodal. Les caractéristiques de chaque signal (ECG, EMG, etc.) sont la moyenne, le médiane, l'écart-type, le maximum et le minimum, ainsi que certaines caractéristiques particulières de chaque capteur. Cette fusion est la plus utilisée pour la reconnaissance des émotions.

Plusieurs solutions ont été proposées dans la littérature [92, 227]. La plus simple et la plus largement utilisée consiste à concaténer les vecteurs unimodaux [86]. Cette approche est basée d'une part sur l'analyse vidéo (confusion entre la colère, la surprise et la tristesse) et d'autre part sur la parole (confusion entre la tristesse et l'aversion). Huang et al. ont comparé les résultats de reconnaissance des émotions en utilisant trois tests (vidéo seul, audio seul, audio et vidéo combinés). Ils ont constaté en utilisant la méthode des plus proches voisins (KNN), que l'approche multimodale était plus performante. Ils ont ainsi montré qu'il était possible d'atteindre un taux de reconnaissances de 97.2% contre 75% pour l'audio et 69.4% pour la vidéo.

D'autres méthodes, comme l'analyse en composantes principales (ACP) ou l'analyse linéaire discriminante, permettent de sélectionner les caractéristiques les plus pertinentes, ou encore les méthodes utilisées pour la sélection de caractéristiques (SFFS,

SFBS, etc.) [189].

Exemples sur la transformation des caractéristiques pour la reconnaissance des émotions

Dans ce contexte, divers classifieurs ont été utilisés, basés sur des descripteurs multimodaux. Par exemple, l'ACP, appelée aussi "analyse géométrique des données" ou "analyse des corrélations" [214, 215], est une méthode projective non supervisée dont le critère à maximiser est la variance originale dans les données projetées. Cette méthode permet d'analyser des données multivariées et de les visualiser sous forme de nuages de points dans des espaces géométriques. L'ACP est calculée à partir de la matrice de covariance des données et du tri du vecteur des valeurs propres. Ensuite, toutes les données sont projetées sur cette nouvelle base. Pour réduire la dimensionnalité des données obtenues, les paramètres qui correspondent à une assez grande valeur propre sont conservés. Cela se fait par la fixation d'un seuil à la valeur propre. L'ACP est la meilleure transformée linéaire pour la réduction des dimensions des données [75]. Cette méthode a notamment été utilisée pour la reconnaissance audiovisuelle de la parole [92, 227]. Deng et al. [51] ont utilisé la méthode ACP pour sélectionner et compresser la fonction de Gabor. Les résultats obtenus pour la classification des expressions faciales ont atteint un bon taux de reconnaissance (de l'ordre de 97.33%).

Chuang et al. [39] ont présenté un système pour la reconnaissance des émotions à partir de signaux de vocaux et de contenus textuels. Ils ont proposé un système multimodal basée sur l'ACP. Leur système traite six émotions : la joie, la tristesse, la colère, la peur, la surprise et le dégoût. Pour évaluer l'information acoustique, ils ont extrait 33 paramètres et sont passés à 14 composantes qui ont été classées par la suite avec les SVM. Ce système de reconnaissance est basée sur deux modalités (analyse linguistique et contextuelle).

La fusion au niveau caractéristiques a ainsi l'avantage de nécessiter une seule phase d'apprentissage pour l'ensemble des modalités. De plus, le vecteur obtenu est intrinsèquement multimodal. Cependant, une des limites des algorithmes de fusion au niveau caractéristiques est le traitement individuel de chaque paramètre sans tenir compte de leur interaction. Cette méthode de fusion suppose en outre que les descripteurs de chaque modalité soient de nature similaire. De plus, pour que cette fusion ait un sens, il est nécessaire que les flux, et donc les descripteurs qui leur sont associés, soient synchronisés. Ceci est particulièrement évident dans le cas des flux audiovisuels. Enfin, les bénéfices d'une fusion au niveau caractéristiques ne sont pas clairement établis.

2.4.5 Fusion au niveau décisionnel

Cette fusion est effectuée à la sortie du classifieur de chaque signal. Par conséquent, les états affectifs sont d'abord classés pour chaque modalité et sont ensuite intégrés pour obtenir une vision globale de l'état émotionnel [146, 183]. Ainsi, cette approche consiste à fusionner les décisions prises séparément pour chacune des modalités. Cette technique, par opposition à la fusion au niveau caractéristiques, s'affranchit de la nature des caractéristiques de bas niveau utilisées pour la prise de décision. Les décisions partielles sont ainsi prises séparément pour chacune des modalités.

Plusieurs stratégies de fusion au niveau décisionnel ont été testées (produit, somme, minimum, maximum, etc.). Elles montrent toutes une nette amélioration des résultats par rapport à la prise en compte d'une seule modalité.

2.4.5.1 Méthode du vote

La méthode du vote est la méthode de fusion d'informations la plus simple à mettre en œuvre et bien adaptée à la prise de décision. Cette méthode non paramétrique, ne nécessite pas d'apprentissage et présente l'avantage d'être simple et naturelle. En outre, elle ne nécessite aucune connaissances à priori. Plus qu'une approche de fusion, le principe du vote est une méthode de combinaison particulièrement adaptée aux décisions de type symbolique [121].
Pour la formulation, posons $S_j(x) = i$, le fait que la source S_j décide d_i. De plus, nous supposons que les décisions d_i sont exclusives.

Ainsi, à chaque source, est associée la fonction indicatrice :

$$M_i^j(x) = \begin{cases} 1 & \text{si} \quad S_j(x) = i, \\ 0 & \text{sinon} \end{cases} \quad (2.2)$$

La combinaison des sources est exprimée par la relation suivante :

$$M_k^E(x) = \sum_{j=1}^{m} M_k^j(x), \quad (2.3)$$

Pour tout k, l'operateur de combinaison est associatif et commutatif. La règle du vote majoritaire consiste à choisir la décision prise par le maximum de sources, c'est-à-dire le maximum de M_k^E. Cependant, cette règle n'admet pas toujours de solutions dans l'ensemble des décisions $d_1, ... d_n$ comme dans le cas où le nombre de sources m est paire ou encore dans le cas où chaque source affecte à x une classe différente. Dans cette situation, il est nécessaire d'ajouter une classe d_{n+1} qui représente l'incertitude totale dans un monde fermé $d_{n+1} = d_1, ... d_n$. La décision finale de l'expert prise par cette règle s'écrit donc par :

$$E(x) = \begin{cases} k & \text{si} \quad \max_k M_k^E(x), \\ n+1 & \text{sinon} \end{cases} \quad (2.4)$$

Cette règle est cependant peu satisfaisante dans les cas où les sources donnent un maximum de points pour des classes différentes. La règle la plus employée est alors la règle du vote majoritaire absolu. Elle s'écrit :

$$E(x) = \begin{cases} k & \text{si} \quad \max_k M_k^E(x) > \frac{m}{2}, \\ n+1 & \text{sinon} \end{cases} \quad (2.5)$$

La méthode du vote est appliquée lorsque l'information s'exprime de façon symbolique, sous forme d'hypothèses. C'est pourquoi elle est davantage adaptée à la fusion au niveau décisionnel, pour des applications de reconnaissances, de détection, de classifications et d'identification. En effet, Zeng et al. [223] ont utilisé cette méthode pour combiner des résultats de classification à partir les deux canaux audio-visuelle (des mouvements du front du visage, le pitch et l'énergie de la prosodie). Le résultat montre une amélioration de 7.5% par rapport à l'approche unimodale.

2.4.5.2 Méthodes empiriques

Yoshitomi et al. [220] ont proposé un système multimodal en considérant la parole, l'information visuelle et la distribution de signaux thermiques acquis par une caméra infrarouge. L'utilisation des images infrarouges surmonte le problème des conditions d'éclairage qui est posé par l'acquisition des expressions faciales avec des caméras classiques. Yoshitomi et al. ont utilisé une base de données, enregistrée à partir d'une locutrice qui lit en actant les cinq émotions de base proposées par Ekman. Ils ont intégré ces trois modalités avec la fusion de décisions en utilisant des poids déterminés d'une façon empirique. Les performances du système ont été meilleures en considérant les trois modalités.

2.4.6 Travaux sur la reconnaissance multimodale des émotions

Dans cette section, nous énonçons les travaux existants en architecture multimodale. Le système *MAUI* proposé par Liselli [112] (Multimodal Affective User Interface) est une approche d'architecture pour l'informatique bio-affective-sociale. Il prend en compte la nature essentiellement multimodale des émotions (Fig. 2.15). Le système *MAUI* décrit une architecture pour des agents sociaux capables de reconnaître les émotions par l'utilisateur. Ce système est un outil de recherche en informatique bio-affective-sociale, qui utilise différentes modalités pour récupérer les signaux multimodaux correspondant aux émotions déclenchées (caméra, microphone, biocapteurs). Ces signaux sont analysés et traités avec des algorithmes différents pour extraire l'état émotionnel. Le système *MAUI* est basé sur la théorie de l'évaluation cognitive et en particulier sur le modèle à composants de Scherer [176]. Ce système se fonde principalement sur les réponses aux critères d'évaluation (SECs) pour représenter une émotion.

Concernant la multimodalité, Paleari et Lisetti ont proposé un cadre architectural pour la fusion des données dans le contexte de la reconnaissance des émotions. Ils ont utilisé la fusion au trois niveaux : signal, caractéristiques et décisionnel. Cette fusion est basée sur une synchronisation des différentes données. L'une des particularités les plus intéressantes de cette méthode de fusion multimodale est qu'elle propose plusieurs algorithmes de fusion. Ce système permet de reconnaître différents états émotionnels en temps réel [143].

Paleari et al. [142] proposent la plate-forme *SAMMI* (Semantic Affect-enhanced MultiMedia Indexing). L'approche *SAMMI* est un modèle distiné à l'indexation automatique des films et d'autres éléments multimédia via les émotions contenues dans les médias. Elle est fondée sur un système multimodal affectif en temps réel qui utilise la multimodalité pour améliorer la précision de la reconnaissance des émotions.
SAMMI estime les émotions à travers un paradigme de fusion multimodale basée sur les expression faciale et la parole à travers ces caractéristiques paralinguistiques qui sont extrapolées : la vitesse du discours, la hauteur moyenne, l'intervalle de hauteur, l'intensité et la qualité de la voix. Ces ensembles de fonctionnalités sont introduites dans les différents systèmes de classification (HMM, SVM). Le visage de l'utilisateur est enregistré et l'expression faciale est analysée par les flux de mouvement et la position des point caractéristiques. Ces caractéristiques ont également alimenté les différents systèmes de classifications. La caractéristique de la fusion multimodale sera expérimentée pour donner des estimations supplémentaires sur les émotions. Le résultat est un tableau des évaluations de différentes émotions qui sont donc fusionnées sur l'extrapolation d'une seule émotion estimée caractérisé par l'excitation et la valence (Fig. 2.16).

SAMMI couple les émotions et d'autres informations sémantiques : l'information émotionnelle sera ensuite couplée avec d'autres informations sémantiques extrapolées à

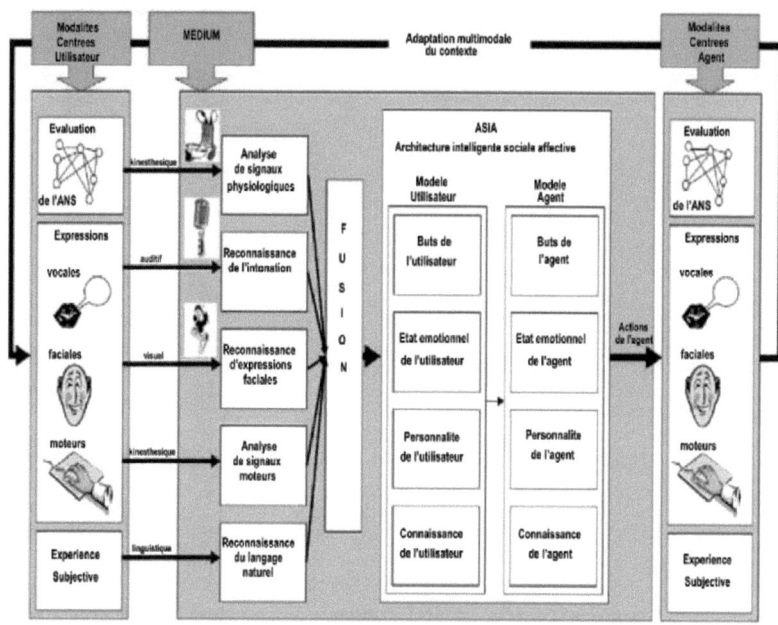

FIGURE 2.15 – Le paradigme *MAUI* proposé par Lisetti [112].

partir de différents algorithmes (Fig 2.16(b)). Le composant "commande dynamique" est utilisé pour adapter la fusion multimodale en fonction des qualités des différentes modalités disponibles.

Le système *SSI* [208] offre un outil pour enregistrer, analyser et reconnaître le comportement humain en temps réel (Fig. 2.17). Il permet de regrouper plusieurs signaux d'entée et propose une interface graphique permettant de soumettre les utilisateurs à une série de stimuli audiovisuels (images, vidéos, etc.) afin de susciter des réactions émotionnelles. Par défaut, le système *SSI* gère un certain nombre de dispositifs de détection, tels que le microphone, la caméra et des capteurs physiologiques, mais permet également l'intégration des nouveaux capteurs. Les signaux enregistrés peuvent être analysés automatiquement en temps réel à l'aide d'algorithmes définis dans une librairie. Le système *SSI* propose également plusieurs types de classifieurs (HMMs, KNNs, etc.) pour entraîner des modèles sur les données annotées. Il prend en charge le pipeline d'apprentissage automatique et offre une interface graphique qui aide l'utilisateur à obtenir des modèles personnalisés. Il permet également la fusion d'informations multimodales à des différents stades.

Eyesweb [29] est un logiciel développé à l'Université de Gênes en Italie et fonctionne sous l'environnement Windows. Il constitue un environnement de programmation modulaire spécialisé dans l'analyse de mouvement à partir de vidéos et l'analyse de signaux audio. L'application *EyesWeb* comporte ainsi des librairies basées sur des blocs regroupés en sept catégories : algorithmes d'analyse d'images, capture de l'information, analyse

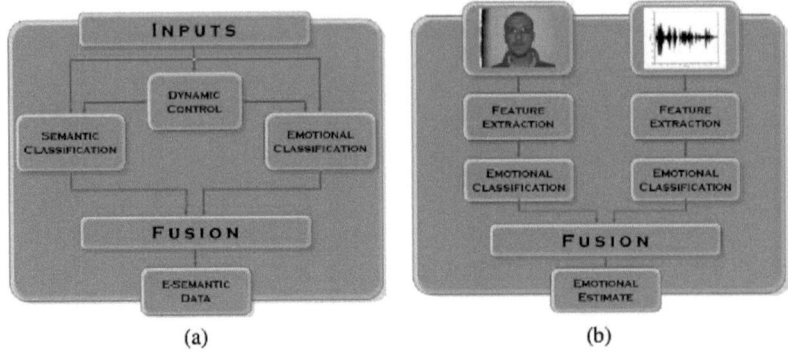

FIGURE 2.16 – Architecture du système SAMMI [142]

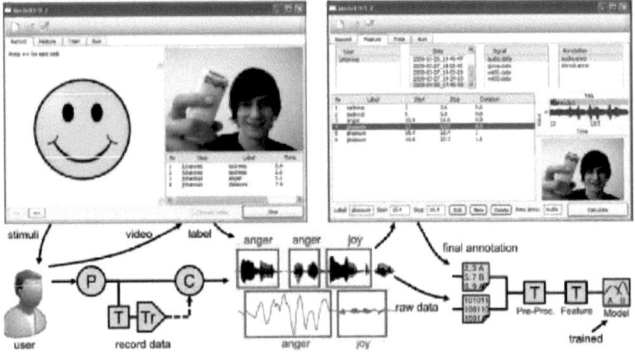

FIGURE 2.17 – Le paradigme SSI [208].

du mouvement, génération audio et visuelle, filtres et opérations mathématiques, son et MIDI, et canaux de sortie. *Eyesweb* propose une large collection de blocs permettant d'extraire des gestes expressifs, et est extensible à d'autres canaux de communication émotionnels.

Nous retenons de ce logiciel sa capacité d'ouverture par la création de nouveaux composants, et son environnement d'assemblage et d'exécution. Cependant, son format propriétaire empêche une analyse approfondie du logiciel. De plus, cette plate-forme est limitée à deux canaux de communications (gestuel et vocal).

2.4.7 Synthèse

Différentes méthodes ou niveaux de fusion ont été présentées dans ce chapitre. Ils ont été appliqués à des signaux acquis lors de phases expériementales dans divers contextes applicatifs. Nous avons remarqué qu'aucune méthode de fusion n'était idéale et que la reconnaissance multimodale des émotions, basée sur l'une des trois méthodes de fusion de données, était toujours associée à un contexte applicatif particulier. Ainsi, l'utilisation d'une méthode de fusion semble liée à un domaine d'application particulier. Cependant, Busso et al. [24] ont comparé les niveaux caractéristiques et conceptuels de la fusion. Ils ont conclu que le rendement global des deux approches était le même. Dans ce contexte, Lisetti et al. ont proposé un système incluant plusieurs mécanismes de fusion impliquant les trois niveaux : signal, caractéristiques et décisionnel. Ils ont observé que cette approche offrait de meilleurs résultats [112].

2.5 Conclusion

Dans ce chapitre, nous avons présenté un état de l'art concernant les aspects théoriques et applicatifs de la modélisation et la reconnaissance des émotions. Nous avons abordé dans un premier temps la terminologie des émotions ainsi que les différentes études et théories proposées pour la modélisation et la classification des émotions. Ensuite, nous avons présenté les approches permettant de représenter les émotions (approches *discrète* et *continue*). Nous avons passé en revue les diverses approches proposées pour la modélisation de processus émotionnels. D'après ces études, nous avons choisit d'identifier les émotions à partir du modèle discrèt proposé par Ekman (joie, dégoût, tristesse, colère, surprise et peur). Ce modèle présente un intérêt certain de par son universalité. Dans la suite de nos travaux, nous ferons appel à l'approche catégorielle discrète (chapitres 3, 4 et 5) comme modèle émotionnel.

D'après les différentes études et théories des émotions, la définition de ce qu'est une émotion, leur nature exacte, ou le processus responsable de nos réactions émotionnelles, ne fait pas consensus. Cependant, il est possible de reconnaître et de mesurer différentes manifestations émotionnelles. Cette reconnaissance est imparfaite et n'est pas totalement exclusive, ainsi certaines théories relèvent de plusieurs approches, du fait d'une part, de la variabilité entre les individus, et d'autres part, de la complexité des signaux.

Après avoir vu, d'un point vue psychologique ce qu'est une émotion, comment elle est générée, et comment elle peut être représentée, plusieurs études se sont intéressées au recueil de données afin d'améliorer les modèles de reconnaissance. Nous avons étudié, dans ce chapitre, les différentes aspects des systèmes de reconnaissance d'émotions. Nous avons présenté le niveau d'analyse via différents canaux de communication émotionnels, et les caractéristiques observées pour chacun de ces canaux.

Nous avons traité dans la dernière partie l'approche multimodale. Nous avons pu constater que la multimodalité était un concept largement répendu pour l'analyse de données en général. Nous avons présenté un état de l'art concernant les trois méthodes de fusion de données affectives. Nous avons indiqué les avantages et les limites de chaque méthode et mis en évidence le fait qu'elles ne sont pas de même qualité. Dans la suite de nos travaux, nous ferons appel à l'approche multimodale avec une fusion au niveau décisionnel (chapitres 4 et 5). Enfin, nous avons présenté quelques plate-formes multimodales pour la reconnaissance des émotions. L'un des nos objectifs est de développer une plate-forme logicielle modulaire, générique, facilement intégrable et utilisable dans d'autres systèmes (chapitre 3).

Dans le chapitre suivant, nous nous focalisons sur la reconnaissance d'émotions via différents signaux physiologiques, ainsi que sur les méthodes et techniques d'évaluation des émotions.

3

Enregistrement et traitement de signaux physiologiques

3.1 Introduction

Comme nous l'avons vu, les plupart des travaux liés l'informatique émotionnelle ont été réalisés dans l'objectif d'identifier les émotions via différentes modalités comme la parole ou les expressions faciales. Cependant, il est assez facile de contenir ou cacher ses expressions faciales ou de modifier un ton de voix. En outre, ces canaux ne sont pas disponibles en permanence, car les utilisateurs ne sont pas toujours face à la caméra ou en train de parler. L'utilisation de signaux physiologiques permet de résoudre ces types de problèmes. En effet, un grand nombre d'études ont été réalisées dans le but de définir les relations entre les émotions et les signaux physiologiques. Celles-ci ont permis de mettre en évidence une corrélation significative entre ce type de signaux et certains états émotionnels.

Ce chapitre constitue un état de l'art concernant l'acquisition et le traitement des signaux physiologiques dans le contexte de la reconnaissance d'états émotionnels et comportementaux. Après une analyse de l'activité physiologique et de l'activation émotionnelle, nous passons en revue les méthodes et outils d'acquisition et de traitements des signaux physiologiques, et en particulier les méthodes de classification. Enfin, nous présentons les critères d'évaluation et les techniques d'induction d'émotions (images, vidéos).

3.2 Activité physiologique et induction émotionnelle

Le système nerveux est formé de deux sous-systèmes (Fig. 3.1) : le système nerveux central (SNC), qui se compose de l'encéphale et de la moelle épinière, et le système nerveux périphérique (SNP), qui comprend toutes les parties situées à l'extérieur du SNC. Le SNC intègre les messages sensoriels afférents (entrants) ; il est en outre le siège des émotions, des souvenirs et des pensées. La plupart des influx nerveux qui provoquent la contraction des muscles et l'activité sécrétrice des glandes proviennent du SNC. Le

SNP comprend les nerfs spinaux et les nerfs crâniens, de même que leurs ramifications respectives, les récepteurs sensoriels et les ganglions.

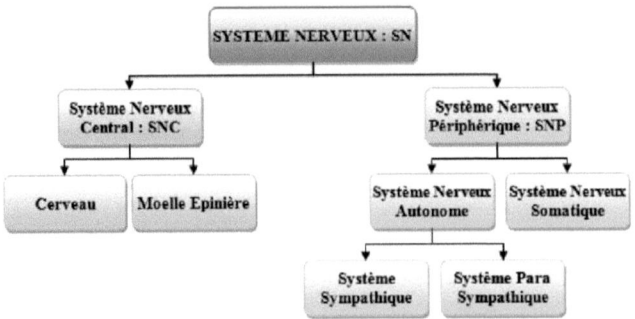

FIGURE 3.1 – Architecture du système nerveux humain.

3.2.1 Le système nerveux central

Le système nerveux central (SNC) est composé du cerveau, du cervelet, du tronc cérébral et de la moelle épinière. Dans cette partie, nous décrivons les activités cérébrales du SNC car elles jouent un rôle de premier plan dans la réconnaissance des émotions.

L'activité cérébrale est mesurée via l'acquisition et l'analyse de signaux électro encéphalographiques (EEG). Des électrodes, positionnées sur le cuir chevelu, permettent de mesurer l'activité électrique spontanée du cerveau, mais également l'activité provoquée par une stimulation émotionnelle. Cette activité représente ce que l'on appelle les potentiels évoqués (PE), signaux qui correspondent à une activité électrique suite à une stimulation particulière. Ces signaux peuvent être unipolaires ou bipolaires. Certains potentiels évoqués (par exemple, P300) sont révélateurs de l'activité électrique du cerveau, provoquée par un stimulus émotionnel. Ils sont en général de très faible amplitude par rapport à l'activité spontanée du cerveau, et il est donc nécessaire de les amplifier et les traiter de manière rigoureuse.

3.2.1.1 Électrodes et système de placement

Les capteurs EEG sont des électrodes de quelques millimètres qui enregistrent les variations des potentiels électriques. Ces électrodes peuvent être insérées dans un bonnet élastique disposé sur la tête du sujet. Elles sont réparties selon un système standard international (10-20) illustré à la Figure 3.2 [182, 91]. La localisation des électrodes est déterminée par des intervalles de 10% et 20% [42]. Dans la plupart des systèmes acquisition de signaux EEG, les points de référence sont le nasion (haut du nez) et l'inion (point saillant à la base arrière du crâne). En supposant une anatomie cérébrale normale, ce système permet de placer chez différents sujets, la même électrode au regard des aires cérébrales et permettant ainsi de réaliser des comparaisons inter-sujets.

Chaque site de localisation d'une électrode est identifié par une lettre (lobe) et un chiffre :

- F : frontal,
- T : temporal,
- C : central,
- P : pariétal,
- O : occipital.

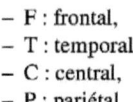

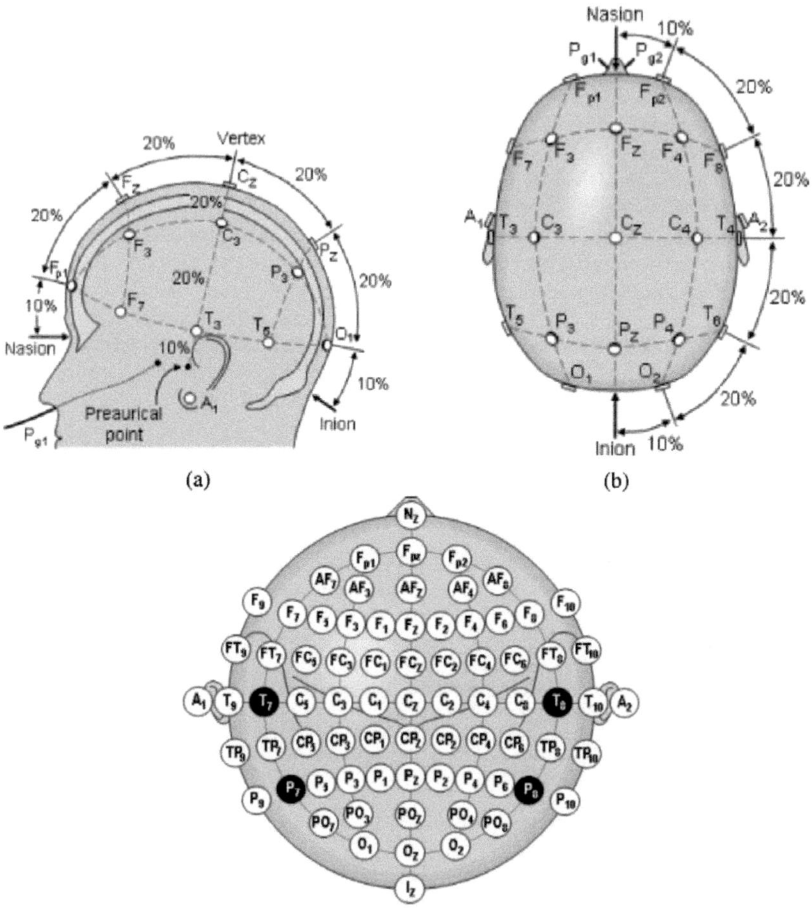

FIGURE 3.2 – Système international de placement des électrodes : a) vue de gauche, b) vue de dessus, c) localisation et nomenclature des électrodes selon la société américaine d'électro-encéphalographie [182].

3.2.1.2 Signaux EEG et émotions

L'étude des relations entre les mécanismes émotionnels et les signaux EEG a acquis un intérêt majeur au sein des sciences cognitives au cours de ces dernières années. La conception cognitive des émotions souscrit à l'idée que les structures cérébrales interviennent de manière importante dans les processus émotionnels. De nombreux chercheurs [30, 31, 10] ont validé cette hypothèse lors de travaux chez l'animal. Ces travaux ont permis en particulier d'identifier les structures qui régissent les expressions émotionnelles. L'intervention de nouvelles méthodes pour contrôler l'activité du cerveau comme l'analyse des signaux EEG et l'imagerie par résonance magnétique fonctionnelle (IRMF)[1] a également permis une identification plus précise et plus facile de ces structures, ainsi que la détermination de leurs fonctions dans les processus émotionnels.

L'une des premières structures cérébrales impliquée dans le processus émotionnel est le système limbique [21, 125] (Fig. 3.3). Les éléments qui composent ce système font partie du lobe temporal et sous-cortical. Elles comprennent l'hypothalamus, l'hippocampe, le thalamus, l'amygdale, le septum, la substance grise périaqueducale et l'insula. L'amygdale est également une structure clé dans l'étude des circuits cérébraux de la perception émotionnelle. Elle reçoit les informations sur la détection et l'évaluation affective des stimuli et des réactions émotionnelles, par des projections directes dans les cortex sensoriels [163, 206, 141].

Sander et al. [45] ont montré que l'amygdale agissait comme un détecteur de pertinence, et serait activée par les stimuli pouvant influencer, de manière positive ou négative, les buts, les besoins ou le bien-être de l'individu. Certains travaux montrent que l'attention et la conscience ont peu d'influence sur l'activité de l'amygdale en réponse à certains stimuli [206].

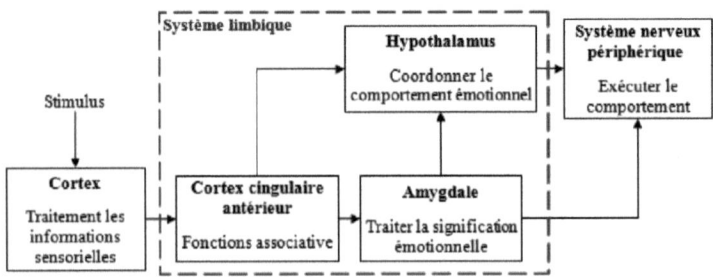

FIGURE 3.3 – Illustration de la structure principale du système limbique [34].

D'autres structures cérébrales impliquées dans le processus émotionnel, comme le gyrus cingulaire gauche, le cervelet gauche et le gyrus frontal supérieur semblent aussi intervenir dans le traitement des expressions faciales [127]. Les activations au niveau du cortex cingulaire antérieur et orbitofrontal, au niveau du gyrus frontal inférieur, du gyrus temporal médian et du gyrus cingulaire postérieur particulièrement impliquées dans la reconnaissance de la colère, alors que le dégoût paraît être associé plus spécifiquement à des activations au niveau de l'insula antérieure et du putamen [190]. Ainsi, les expressions faciales de la joie se sont révélées être associées à des augmentations de l'activité du lobe pariétal supérieur gauche, du putamen droit, du gyrus temporal médian et de la fissure calcarine [127].

---

1. IRMF est une application de l'imagerie par résonance magnétique permettant de visualiser l'activité cérébrale.

D'autres études montrent que certaines régions du cerveau sont activées lors d'événements impliquants des émotions plaisantes, et d'autres lors d'événements déplaisants [103]. Quelles que soient l'émotion et la méthode d'induction émotionnelle, l'activation de l'hypothalamus, du thalamus, du mésencéphale et du cortex préfrontal médian semble suggérer que ces structures sont des composantes fondamentales d'un réseau neural impliqué dans la réaction émotionnelle.

3.2.2 Système Nerveux Périphérique

Le Système Nerveux Périphérique (SNP), constitué par les nerfs crâniens et spinaux, est rattaché au système nerveux central (SNC). Son rôle est de conduire les informations issues des récepteurs périphériques de la sensibilité ou de la douleur jusqu'au système nerveux central, et de transmettre les ordres moteurs émis par les centres nerveux. Le SNP se subdivise en deux parties : le système nerveux somatique (SNS), qui est connecté aux muscles squelettiques et le système nerveux autonome (SNA), qui est relié aux muscles autonomes. Le SNS est associé au contrôle volontaire des mouvements à travers les muscles squelettiques, tandis que le SNA est responsable des fonctions automatiques, non soumises au contrôle volontaire. Le SNS et le SNA sont tous deux impliqués dans les réactions émotionnelles.

La partie motrice du SNA est également divisée en deux catégories : le système nerveux sympathique et le système nerveux parasympathique. Le système nerveux sympathique intervient dans l'activité physique et dans les actions d'urgence, alors que le système nerveux parasympathique intervient au cours du repos et de la digestion. Ces deux systèmes présentent également un intérêt dans l'étude des émotions.

3.2.3 Activité electro-myographique (EMG)

Lorsqu'un muscle est contracté, des potentiels électriques sont générés par les fibres musculaires impliqués. Ces potentiels électriques peuvent être mesurés par électro-myographie (EMG). L'EMG permet en particulier de mesurer l'activité électrique des muscles via des électrodes placées sur le visage. La position des électrodes est présentée sur la Figure 3.4. Plusieurs travaux ont montré que le signaux EMG fournissaient une mesure objective pour la reconnaissance d'émotions [56, 55]. Le tonus émotionnel est, dans ce contexte, définit comme une contraction musculaire involontaire, légère, modérée et permanente, entretenue par les flux nerveux. Il a été montré que cette activité musculaire augmentait durant le stress, ainsi que lors d'émotions à valence négative [25].

3.2.4 Activité électrodermale

L'activité électrodermale (AED), également nommée réponse électrodermale (RED) est un reflexe psycho-galvanique, lié à des changements de potentiels électriques et la résistance de la peau. Les premiers travaux liés à l'analyse de signaux AED ont été développés par Féré en 1888 [191]. L'AED est l'une des réponses les plus robustes et les plus étudiée dans la réaction physiologique à des stimuli émotionnels. En effet, elle constitue l'un des indices physiologiques les plus fréquemment utilisés pour la reconnaissance des émotions en psychophysiologie, psychologie et neuroscience cognitive. L'AED correspond à l'activité des glandes sudoripares eccrine, particulièrement présentes sur les paumes des mains qui sécrètent la sueur et permettent le phénomène de transpiration. Il

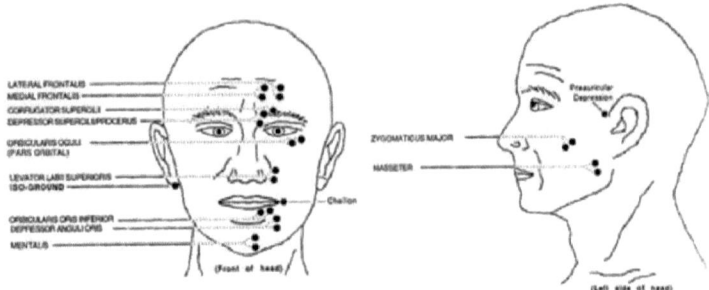

FIGURE 3.4 – Placement des électrodes pour l'enregistrement de signaux EMG des muscles du visage [6].

est donc recommandé de positionner les électrodes sur les doigts de la main et les orteils, parce que ces zones contiennent de nombreuses glandes sudoripares [67].

Il existe deux méthodes pour mesurer l'AED :

- La méthode **exosomatique** consiste à placer, sur deux doigts adjacents de la main, un capteur spécifique permettant de faire circuler un faible courant électrique (non perçu par le sujet). On mesure ainsi les variations de résistance (ou de conductance) provoquées par les changements de sudation.

- La méthode **endosomatique** consiste à mesurer la différence de potentiel électrique entre deux zones cutanées, sans appliquer de courant électrique.

Dans les deux cas, puisque la sudation est un liquide salé qui joue le rôle de conducteur, il influe sur les propriétés électriques de la peau.

La Figure 3.5 montre un enregistrement de l'AED. La mesure de l'AED peut être décomposée en deux composantes différentes [82] : niveau tonique et réponse phasique. Le niveau tonique représente la résistance générale de la peau, les effets de l'hydratation de la peau et les émissions sudoripares. La réponse phasique est due à l'accumulation de sudoripares dans les conduits et l'ouverture des pores. Cette réponse se produit durant 1 à 4 secondes, et présente des dérives lentes (latence) et des variations transitoires, consécutives ou non à une stimulation ou à une action du sujet (respiration forte, mouvement) [50]. Ces caractéristiques sont parfoit difficiles à déterminer quand il y a plusieurs réponses qui se chevauchent.

Certains travaux ont révélé que cette activité était fortement corrélée à la dimension activatrice de l'émotion : plus l'émotion est activatrice, plus la conductance de la peau est élevée. Par conséquent, cette mesure donne des résultats particulièrement clairs avec les émotions les plus activatrices que sont la colère et la peur. En outre, l'AED est considérée comme un bon indicateur de stress. Lang et al. [105] ont constaté que l'amplitude de la conductance de la peau était corrélée avec le niveau d'excitation.

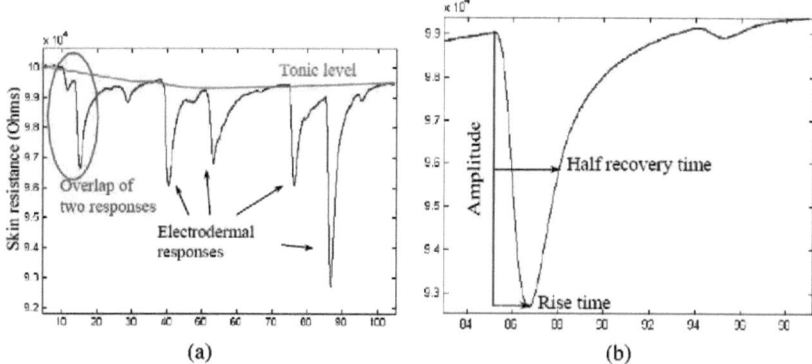

FIGURE 3.5 – Exemple de signal représentant les variations de résistance de la peau (a), caractérisation d'une réponse électrodermale (b).

3.2.5 Fréquence cardiaque (ECG)

La fréquence cardiaque (ou rythme cardiaque) est le mécanisme électrophysiologique à l'origine de la contraction des ventricules. Elle définit le nombre de battements de coeur (pulsation) par unité de temps, est généralement exprimée en battements par minute (BPM). La fréquence cardiaque est une mesure physiologique intéressante dans notre contexte, car elle fournit des informations cruciales sur l'évolution de l'état émotionnel de l'utilisateur. En outre, elle est généralement associée à l'activation du système nerveux autonome (SNA) [22] lui-même lié au traitement des émotions [219]. Par conséquent, la mesure de la fréquence cardiaque peut être utilisée avec succès pour l'analyse des émotions.

La variabilité du rythme cardiaque (VRC) est une mesure des variations de la fréquence cardiaque. Celles-ci peuvent être subdivisées en mesures temporelle, fréquentielle et de phase. Plusieurs méthodes peuvent être utilisées pour calculer les variables liées à la VRC. La méthode la plus simple considére une série chronologique d'intervalles entre les battements cardiaques comme un processus stochastique. Une autre méthode consiste à passer d'une représentation temporelle à une représentation fréquentielle du signal cardiaque. Dans ce cas, trois bandes de fréquences sont généralement considérées :

– La haute fréquence (HF) : bande de fréquences comprises entre 0.15Hz et 1Hz ;
– La basse fréquence (LF) : fréquences allant de 0,05 Hz à 0.15Hz ;
– La très basse fréquence (VLF) : fréquences allant de 0.0033Hz à 0.05Hz.

Les données expérimentales soulignent que cette activité fait apparaître trois phases lorsque l'on présente un stimulus émotionnel : une première est relatif à une décélération de l'activité, elle est suivie d'une phase d'accélération, et terminée par une seconde phase de décélération. Certaines études montrent que cette activité dépend de la valence de l'émotion : une émotion négative impliquerait une décélération de l'activité cardiaque, plus importante qu'une émotion positive ; tandis qu'une émotion positive impliquerait une accélération plus importante qu'une émotion négative [158].

En conclusion, l'augmentation et la diminution de la fréquence cardiaque peut être associée à des émotions différentes [158, 19, 20, 105]. Par exemple, Rainville et al. [140] ont observé une augmentation relative de la fréquence cardiaque pour la colère, la peur, le bonheur et la tristesse, en comparaison avec un état neutre. En outre, cette augmentation était significativement différente pour la peur et la colère, la peur et de bonheur, ainsi que pour la peur et la tristesse. Ekman et al. [60] ont montré que la fréquence cardiaque permettait de séparer les états émotionnels joie, dégoût et surprise avec les états colère, peur et tristesse.

3.2.6 Température cutanée (SKT)

La température interne du corps humain est relativement stable, tandis que la température à la surface de la peau dépend essentiellement de la température ambiante. L'organisme contrôle la température interne par une production de chaleur d'équilibrage et une perte de chaleur. La production de chaleur est obtenue par la contraction musculaire, par l'activité métabolique et par une vasoconstriction des vaisseaux sanguins de la peau. La perte de chaleur est obtenue grâce à la réduction de l'activité métabolique, la vasodilatation et la transpiration [76].

Puisque la plupart de la chaleur est perdue à travers la peau, ces mécanismes influent la température cutanée. En effet, les variations de la température de la peau sont liées à la vasodilatation des vaisseaux sanguins périphériques induite par une augmentation de l'activité du système sympathique. L'activation de cet indicateur varie en fonction de l'émotion considérée et des sujets, ce qui induit une forme de réponse complexe permettant de distinguer différentes émotions. Ekman et al. [60] ont trouvé une augmentation significative de la température de la peau pour la colère par rapport aux cinq autres émotions de base (tristesse, joie, peur, surprise et dégoût). En revanche, McFarland (1985) [124] affirme que les émotions négatives conduisent à une diminution de la température de la peau, tandis que les émotions positives provoquent une augmentation de la température de la peau.

3.2.7 Fréquence respiratoire (FR)

La fréquence respiratoire (FR) correspond au nombre de soulèvement du thorax pendant une minute. En d'autres termes, elle correspond au nombre de cycles respiratoires (inspiration/expiration) par minute. Elle peut être mesurée à l'aide d'une ceinture thoracique. Lors de l'inspiration, les muscles squelettiques (tels que le diaphragme et les muscles intercostaux) se contractent, augmentant ainsi le volume de la cage thoracique et des poumons. Lors de l'expiration, les muscles mis en jeu par l'inspiration se relâchent, ce qui diminue le volume de la cage thoracique et des poumons.

La respiration touche plusieurs organes comme les poumons, les voies respiratoires et les muscles respiratoires. Elle est quantifiée par des variables telles que le volume des poumons, la quantité d'air déplacée lors de l'inspiration et de l'expiration, la pression, le débit d'air. Le taux de respiration peut être influencé par les propriétés résistives et par la contraction des organes impliqués [193]. La respiration est exploitée par le SNA et le SNS car elle est généralement involontaire, mais il est possible de la contrôler pour de courtes périodes de temps.

Plusieurs travaux sur la reconnaissance des émotions via l'analyse de la fréquence respiratoire ont été réalisés [64, 193]. Les résultats s'accordent sur quelques points. En effet, un état de relaxation et de repos est caractérisé par une respiration lente et légère. Cet état correspond à un état de calme et de relaxation ; tandis que si la respiration est lente et peu profonde, elle correspond plutôt à un état de repli, comme pour la dépression. À l'inverse, une respiration rapide et profonde est engendrée par des excitations émotionnelles et des activités physiques importantes. Elle est associée à des émotions plus fortes comme la colère ou la peur [140, 101].

3.3 Acquisition et traitement de signaux physiologiques

3.3.1 Extraction et caractérisation de l'activité physiologique

L'activité physiologique est caractérisée par le calcul de plusieurs caractéristiques à partir des signaux enregistrés. Une fois l'acquisition des signaux physiologiques effectuée, il est important de définir une méthodologie permettant de traduire les signaux acquis vers une émotion spécifique. Cette section décrit les caractéristiques physiologiques pouvant être considérées dans les méthodes d'extraction d'indicateurs pour l'évaluation d'émotions. Plusieurs travaux dans la reconnaissance des émotions ont été réalisés en utilisant ces méthodes [111, 153, 194, 85, 82] basées sur des valeurs statistiques ainsi que sur la construction de vecteurs d'indicateurs pertinents (FIS). Chaque signal physiologique (EEG, ECG, etc.) est désigné par la variable discrète X. X_n représente la valeur du n^{eme} échantillon du signal brut, où $n = 1 \ldots N$, avec N le nombre total d'échantillons correspondant à T secondes de l'enregistrement des signaux.

En général, on utilise six paramètres définis comme suit [153] :

En supposant que chaque signal mesuré est généré par un processus Gaussien, avec des échantillons indépendants et identiquement repartis. Les deux fonctions physiologiques qui peuvent être utilisées pour caractériser un signal physiologique brut sont la moyenne et l'écart-type (Eq. 3.1 et Eq. 3.2) :

$$\mu_x = \frac{1}{T}\sum_{t=1}^{T} X(t) = \bar{X}(t) \qquad (3.1)$$

$$\sigma_x = \sqrt{\frac{1}{T}\sum_{t=1}^{T}(X(t) - \mu_x)^2} \qquad (3.2)$$

Afin d'évaluer la tendance d'un signal X sur un essai, la moyenne dérivée (Eq. 3.3), la dérivée première normalisée (Eq. 3.4), la dérivée seconde (Eq. 3.5) et la dérivée seconde normalisée du signal (Eq. 3.6) peuvent également être calculées :

$$\delta_x = \frac{1}{T-1}\sum_{t=1}^{T-1} |X(t+1) - X(t)| \qquad (3.3)$$

$$\bar{\delta}_x = \frac{1}{T-1}\sum_{t=1}^{T-1}|\bar{X}(t+1) - \bar{X}(t)| = \frac{\delta_x}{\sigma_x} \qquad (3.4)$$

$$\gamma_x = \frac{1}{T-2}\sum_{t=1}^{T-2}|X(t+2) - X(t)| \qquad (3.5)$$

$$\bar{\gamma}_x = \frac{1}{T-2}\sum_{t=1}^{T-2}|\bar{X}(t+2) - \bar{X}(t)| = \frac{\gamma_x}{\sigma_x} \qquad (3.6)$$

Enfin, le maximum (Eq. 3.7) et le minimum (Eq. 3.8) d'un signal peut également fournir des informations pertinentes.

$$\min_x = \min_x x(n) \qquad (3.7)$$

$$\max_x = \max_x x(n) \qquad (3.8)$$

Ces caractéristiques sont très générales et peuvent être appliquées à un large type de signaux physiologiques (EEG, EMG, ECG, RED, etc.). En utilisant ces caractéristiques, nous obtenons un vecteur caractéristique Y de 8 valeurs pour chaque échantillon. Ce vecteur peut couvrir et élargir une série statistiques typiquement mesurée dans la littérature [207].

$$X = [\mu_x \ \sigma_x \ \delta_x \ \bar{\delta}_x \ \gamma_x \ \bar{\gamma}_x \ \min_x \ \max_x] \qquad (3.9)$$

3.3.2 Méthodes de classification

Après l'extraction des caractéristiques souhaitées, il convient d'identifier l'émotion correspondante. Ce traitement est généralemnt effectué par un classifieur. Un classifieur est un système qui regroupe les données similaires dans une même classe. Il est capable de faire la correspondance entre les paramètres calculés et les émotions. Plusieurs méthodes de classification ont été proposées, nous les décrivons dans les sections suivantes.

3.3.2.1 Machine à vecteurs de support (SVM)

Les machines à vecteurs de support ou séparateurs à vaste marge sont parmi les méthodes les plus connues. Elles sont inspirées de la théorie statistique de l'apprentissage de Vapnik [203] et consiste en une classification linaire par apprentissage supervisé. Le principe est de séparer les données en deux classes, en construisant un hyperplan entre les points des différentes classes. Les points des données les plus proches du plan de séparation sont appelés vecteurs de support. Ce processus est illustré sur la Figure 3.6.

Etant donné les couples :

$$(x_1, c_1), (x_2, c_2), \ldots, (x_n, c_n) \quad x_j \in R^n, \ c_j \in \{+1, -1\} \ avec \qquad (3.10)$$

Ou x_i est le point qui vient d'être classé. c_i représente la classe d'appartenance. La première classe correspond à une réponse positive ($c_j = +1$), la deuxième à une réponse négative ($c_j = -1$).

Acquisition et traitement de signaux physiologiques 49

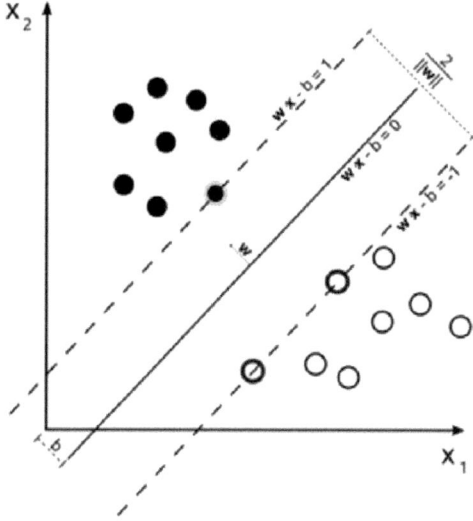

FIGURE 3.6 – Illustration du classifieur SVM : les cercles et les croix représentent respectivement les réponses positives et négatives ; les lignes représentent les surfaces de décision.

La méthode SVM sépare les vecteurs à classe positive des vecteurs à classe négative par un hyperplan défini par l'équation suivante :

$$w.x - b = 0 \quad w \in R^n, \quad b \in R \tag{3.11}$$

Le vecteur des points w est perpendiculaire à l'hyperplan de séparation et b représente une constante de décalage par rapport à l'hyperplan. Si les deux classes sont linéairement séparables, les paramètres w et b peuvent être choisis de telle sorte que :

$$c_i = sign(w.x - b) \tag{3.12}$$

Pour tous les échantillons, la méthode SVM permet de trouver l'hyperplan optimal en maximisant la marge (distance entre les vecteurs étiquetés positifs et les vecteurs étiquetés négatifs) :

$$w.x_i - b = 1 \tag{3.13}$$

$$w.x_i - b = -1 \tag{3.14}$$

Avec cette normalisation qui est de forme canonique, la marge vaut $\frac{1}{|w|}$. La recherche de l'hyperplan optimal revient donc à maximiser la marge entre l'hyperplan de séparation et les deux classes. Ainsi, cette recherche revient à minimiser $|w|$, soit à résoudre le problème suivant qui porte sur les paramètres w et b :

$$w.x_i - b > 1 \quad pour \ c_i = 1 \ et \tag{3.15}$$

$$w.x_i - b < -1 \ pour \ c_i = -1 \tag{3.16}$$

Nous pouvons réécrire le problème comme :

$$\begin{cases} Minimiser & \frac{1}{2}||w||^2 \\ sous\ les\ contraintes & l_k(w^T x_k + w_0) \geq 1 \end{cases}$$

Cette écriture du problème, appelée formulation primale porte sur les paramètres w et b. Pour résoudre ce problème on peut utiliser des algorithmes de minimisation classiques.

3.3.2.2 Classification naïve bayésienne

La classification naïve bayésienne est un type de classification probabiliste, basée sur le théorème de Bayes, avec une forte indépendance (dite naïve) des hypothèses. Elle appartient à la famille des classifieurs linéaires. Le modèle probabiliste pour un classifieur bayésien est un modèle conditionnel qui se base sur la règle de Bayes qui s'énonce de la manière suivante :

$$p(A/B_1, B_2, \ldots, B_n) \tag{3.18}$$

Où A est une variable de classe dépendante dont les instances ou classes sont peu nombreuses, et conditionnée par plusieurs variables caractéristiques $B_1, B_2, \ldots, B_n$.

Lorsque le nombre de caractéristiques n est grand, ou lorsque ces caractéristiques peuvent prendre un grand nombre de valeurs, baser ce modèle sur des tableaux de probabilités devient impossible. Par conséquent, nous le dérivons pour qu'il soit plus facilement soluble de la manière suivante :

$$p(A/B_1, B_2, \ldots, B_n) = \frac{p(B_1, B_2, \ldots, B_n/A) * p(A)}{p(B_1, B_2, \ldots, B_n)} \tag{3.19}$$

Ces probabilités peuvent également être calculées par la règle de Bayes, de façon adaptative avec l'arrivée de l'information d'une nouvelle source :

$$p(A/B_1, B_2, \ldots, B_n) = \frac{p(B_1/A) * p(B_2/B_1, A) \ldots p(B_1/A) * p(B_n/B_1, B_2, \ldots, B_{n-1}, A)}{p(B_1) p(B_1/B_2) \ldots p(B_n/B_1, \ldots, B_{n-1})} \tag{3.20}$$

Ces deux manières de calculer les probabilités sont équivalentes, mais la seconde permet d'intégrer les informations disponibles successivement alors que la première nécessite d'avoir les informations des sources simultanément.

En fait, la difficulté d'estimer les différentes probabilités dans les équations 3.19 et 3.20 (car il faut un nombre de données d'apprentissage important) pousse à faire une hypothèse d'indépendance statistique des sources conditionnelles à une décision.

Nous obtenons ainsi :

$$p(A/B_1, B_2, \ldots, B_n) = \frac{\prod_{j=1}^{n} p(B_j/A) p(A)}{\prod_{j=1}^{n} p(B_j)} \tag{3.21}$$

Cette équation montre que le type de combinaison s'exprime sous la forme d'un produit, c'est donc une combinaison conjonctive. Sous l'hypothèse d'indépendance, elle devient commutative et associative, alors qu'elle ne l'est pas dans la version donnée à l'Equation 3.20. Lorsque l'hypothèse d'indépendance est faite, l'approche bayésienne est qualifiée de naïve. Des études récentes ont montré qu'il y a des raisons théoriques à la qualité du classifieur [226].

3.3.2.3 La régression logistique

La régression logistique est une technique statistique basée sur un modèle binomial [13, 44]. Cette technique est un cas particulier du modèle linéaire généralisé. Elle permet d'étudier la relation entre une variable dépendante et plusieurs variables explicatives. Lorsque la variable dépendante possède deux catégories, on parle de régression logistique binaire (modèle logistique dichotomique). Il est possible de réaliser une régression logistique pour prédire les valeurs d'une variable catégorielle comportant $K(K > 2)$ modalités. On parle dans ce cas de régression logistique polytomique (modèle logistique multi-classe). Nous présentons, dans cette partie, le modèle logistique dichotomique ($k = 2$), applicable à une régression logistique polytomique ($k > 2$).

Dans ce qui suit, nous noterons Y la variable à prédire (variable expliquée) à deux modalités possibles $\{1, 0\}$ et $X = (x_1, x_2, \ldots, x_n)$ qui représentent les variables prédictives (variables explicatives). L'objectif de cette méthode est de modéliser la probabilité d'appartenance d'une variable prédictive à une modalité k (0 ou 1). L'équation 3.22 permet de calculer la probabilité d'appartenance.

$$\Pi(x) = p(Y = 1/X = x) \quad et \quad 1 - \Pi(x) = p(Y = 0/X = x). \qquad (3.22)$$

Même si Π n'est plus binaire, elle est toujours bornée dans l'intervalle $[0; 1]$. La régression logistique consiste donc à modéliser une certaine transformation de Π, appelée transformation *logit*, par une fonction linéaire des variables explicatives :

$$logit(\Pi(x)) = \ln(\frac{\Pi(x)}{1 - \Pi(x)}) = \beta_0 + \sum_{j=1}^{p} \beta_j x_j. \qquad (3.23)$$

Ce modèle s'écrit également :

$$logit(\Pi(x)) = \frac{exp(\beta_0 + \sum_{j=1}^{p})\beta_j x_j}{1 + exp(\beta_0 + \sum_{j=1}^{p})\beta_j x_j} \qquad (3.24)$$

Où β_0 et $\beta = (\beta_1, \ldots, \beta_p)$ sont des coefficients réels à déterminer à partir du jeu d'apprentissage. Leur estimation est généralement faite en utilisant la méthode du maximum de vraisemblance sur le jeu d'apprentissage. Les équations de vraisemblance n'ayant pas de solution analytique, il est nécessaire d'utiliser une méthode numérique de type Newton-Raphson [102]. Une fois les β estimés, il est possible d'appliquer la règle du MAP (maximum a posteriori) comme règle de décision. La règle de classification revient alors à assigner la nouvelle observation x à la classe C_1 si $\beta_0 + \beta' x > \log(\frac{\Pi_2}{\Pi_1})$ et de l'affecter à C_2 dans le cas contraire. Le principal avantage de la régression logistique est qu'elle est très générale car elle ne fait pas d'hypothèse sur la distribution des classes. De plus, elle l'estimation que d'un faible nombre de paramètres [171].

La régression logistique est considérée comme l'une des méthodes de modélisation les plus performantes, que plusieurs indicateurs statistiques permettent de contrôler. De plus, ses résultats sont très explicites.

3.3.3 Mesure d'évaluation des performances d'un classifieur

Dans cette section, nous proposons plusieurs mesures permettant de donner une évaluation globale des performances d'un classifieur. Le critère retenu pour évaluer ces performances est le taux de bonne classification, c'est-à-dire le nombre d'éléments d'une base de test correctement classés.

Taux de bonne classification

La première mesure à laquelle nous allons nous intéresser est le taux de bonne classification (tbc). Il s'agit de l'indicateur le plus naturel et le plus évident permettant d'évaluer les performances d'un système de classification. Cette valeur, simple à calculer, correspond au nombre d'éléments correctement identifiés par le système. La définition du taux de bonne classification sans la prise en compte du rejet est :

$$tbc = \frac{Nombre\ d'éléments\ correctement\ identifiés}{Nombre\ d'éléments\ total}. \quad (3.25)$$

Ce critère ne suffit donc pas à l'évaluation pertinente des performances [157, 156]. Pour remédier à cela, nous allons incorporer un facteur qui pondérera le score en prenant en compte la distribution des classes et les coûts associés aux décisions.

Matrice de confusion

Une analyse plus précise du comportement du classifieur peut être obtenue par une matrice de confusion (Fig. 3.1). Cette matrice est une représentation quantitative des performances globales de chaque classifieur en reconnaissance et en rejet, pour chacune des classes. Le Tableau 3.1 regroupe les différentes situations de classification qui permettent la différenciation des erreurs selon chaque classe, en vue d'évaluer le classifieur.

La matrice de confusion est un tableau à double entrée [26]. En ligne, s'expriment les résultats par rapport aux différentes classes définies. Les colonnes expriment les résultats par rapport aux émotions de références. La cellule de croisement indique par conséquent le nombre d'émotions appartenant à la classe i, et assignées à la classe j. Les cellules correspondant à $i = j$ expriment le nombre d'émotions correctement affectées.

	Décision Positifs	Décision Négatifs	
Étiquette Positive	**Vrais Positive, TP**	**Faux Négative, FN**	Pos^a
Étiquette Négative	**Faux Positive, FP**	**Vrais Négative, TN**	Neg^b
	$PPos^c$	$Pneg^d$	N

[a] Nombre d'éléments étiquetés positifs dans la base ; [b] Nombre d'éléments étiquetés négatifs dans la base.
[c] Nombre d'éléments classés positifs ; [d] Nombre d'éléments classés négatifs.

TABLE 3.1 – Matrice de confusion

Précision

La troisième mesure la plus couramment utilisée pour comparer deux classifieurs est la mesure *précision*, obtenue sur un jeu de validation. La *précision* (Eq. 3.26) est la proportion de vrais positifs parmi les étiquettes positives. Cette notion est souvent utilisée, car elle reflète le point de vue de l'utilisateur : si la *précision* est faible, l'utilisateur sera insatisfait, car il devra lire les informations qui ne l'intéressent pas.

La *précision* est définie par :

$$précision = \frac{TP}{PPos} = \frac{TP}{TP + FP} \qquad (3.26)$$

3.4 Évaluation de l'émotion via les signaux physiologiques

3.4.1 Critères d'évaluations

En analysant la littérature dédiée à la reconnaissance d'émotions, nous avons identifié un type d'expérimentation généralement utilisé. Ce type d'expérimentation implique une évaluation basée sur les performances humaines. L'objectif consiste à trouver un modèle mathématique capable de décrire et de formaliser un état émotionnel donné. Dans ce contexte, il est nécessaire pour l'évaluation de confronter les capacités de reconnaissance du système à une référence comme l'humain.

Le Tableau 2.7 présente une liste non exhaustive des études pertinentes relatives à l'évaluation de l'état émotionnel d'un sujet humain à partir de signaux physiologiques. Malgré ces nombreux travaux, il est difficile de tirer des conclusions sur la généricité des résultats, parce qu'ils diffèrent selon plusieurs critères. Nous présentons dans cette partie six critères d'évaluation de l'émotion à partir de signaux physiologiques que nous allons considérer.

Modalités / capteurs : comme décrit dans la section 3.2, différents capteurs peuvent être utilisés pour mesurer l'activité physiologique liée à des processus émotionnels. Cependant, les modalités utilisées doivent être choisies soigneusement pour qu'elles ne perturbent pas l'utilisateur. Les capteurs ne doivent pas être inconfortables pour l'utilisateur afin d'éviter les émotions parasites comme la douleur. En outre, il est nécessaire de mettre en place des dispositifs d'acquisition permettant une identification de l'état affectif de l'utilisateur en temps réel. Lorsque les capteurs physiologiques sont utilisés pour détecter une émotion, ils passent d'un caractère technologique à la notion de modalité, qui permet de communiquer des informations sur l'état émotionnel de l'utilisateur. Il est alors nécessaire de fusionner ces modalités pour effectuer une évaluation des émotions, d'une manière fiable, et en tenant compte des informations redondantes ou complémentaires.

Modèles d'émotion : Plusieurs modèles ont été présentés dans la section 2.2.3 pour décrire l'ensemble des émotions. Ces modèles permettent de créer une corrélation entre les réactions physiologiques et les états affectifs, afin d'enregistrer l'ensemble de l'activité physiologique correspond aux états émotionnels, et ceci en temps réel. Cependant, la construction d'états émotionnels est une tâche difficile à cause de l'influence de plusieurs composants, comme expliqué dans le modèle de Scherer (Section 2.2.4.2). Plusieurs méthodes peuvent être utilisées pour construire un état émotionnel, par exemple en définissant l'état émotionnel a priori (généralement basé sur des études préalables ou l'évaluation des stimuli).

Nombre de participants : dans une étude qui comprend un nombre élevé de participants, les résultats peuvent être considérés plus significatifs. Ce critère est sensible à la variabilité inter-participant qui représente les différences de réponses physiologiques d'une personne à l'autre. Ces différences sont dues à plusieurs facteurs tels que les caractéristiques physiologiques, les traits personnels et les comportements individuels. Par exemple l'indice de masse corporelle, l'âge et le sexe influencent les réponses physiologiques, tandis que les fumeurs et les non-fumeurs peuvent avoir des modèles de respiration différents.

Induction de l'émotion : l'induction d'émotions a pour objectif de créer des stimuli émotionnels, permettant d'étudier et de caractériser les émotions ressenties par un individu. Différentes techniques peuvent être utilisées pour induire une émotion, elles sont basées sur une représentation visuelle ou auditive de stimuli standardisés (images, sons, vidéos).

Temps : les aspects temporels sont pertinents pour la reconnaissance d'émotions. Cowie [43] utilise le terme d'états émotionnels auquel il donne un sens large, en incluant les états reliés à des émotions tels que les humeurs. Il distingue ensuite les différents états émotionnels en fonction de leur description temporelle. La détermination de la longueur de la fenêtre temporelle pour la reconnaissance d'émotions est basée sur la modalité utilisée et l'émotion cible. Une étude publiée par Levenson [110] a montré que la durée des émotions variait de 0.5 à 4 secondes. Cependant, certains chercheurs ont proposé d'utiliser une taille de fenêtre différente, qui dépend de la modalité, par exemple 2-6 secondes pour la parole, et 3-15 secondes pour les bio-signaux. Dans une interface affective idéale, l'émotion de l'utilisateur devrait être détectée dès que possible pour prendre la décision appropriée.

Méthodes utilisées : plusieurs méthodes ont été utilisées pour déduire les états affectifs d'un sujet humain. La plupart de ces méthodes sont basées sur l'apprentissage automatique et des techniques de reconnaissance de formes. Les classifieurs comme les SVM, régression logistique, classification naïve bayésienne et d'autres sont utilisés pour détecter des classes émotionnelles d'intérêt [15, 159]. Des techniques de régressions peuvent également être utilisées pour obtenir une évaluation d'émotions contenues, par exemple dans l'espace de Valence/Arousal. Avant de déduire les états émotionnels, il est important de définir certaines caractéristiques des signaux physiologiques pour permettre au système de traduire ces signaux en une émotion spécifique. Ces méthodes sont basées sur des valeurs statistiques ainsi que sur la construction de vecteurs de caractéristiques pertinentes.

3.4.2 Techniques d'induction standardisées

Un des sujets majeurs dans l'étude des émotions est de savoir comment différentes émotions peuvent être induites de manière standardisée. Dans ce contexte, des nombreuses techniques et méthodes ont été proposées. L'induction d'émotions a pour objectif de créer des stimuli émotionnels permettant d'étudier et de caractériser les émotions ressenties. Celles-ci sont basées sur la construction des bases des données visuelles ou auditives de stimuli standardisés (images, sons, vidéos). Elles ont été largement utilisées pour la reconnaissance d'émotions à partir des signaux physiologiques [85].

3.4.2.1 Les images IAPS

Le système IAPS (international affective picture system) est une base de données d'images, développée en 2005 par Lang et al. [104]. Cette base de données contient 956 images extrêmement variées (végétation, cadavres, nourriture, animaux, etc.). Chaque image a été évaluée par des hommes et des femmes en termes de dimension émotionnelle (valence et excitation), ainsi qu'en termes d'émotions discrètes ressenties [126] (Fig. 3.7). Les images IAPS ont été adoptées dans de nombreuses études sur les émotions [35, 78, 77, 130]. L'utilisation de cette base offre un meilleur contrôle des stimuli émotionnels et simplifie la conception d'études expérimentales.

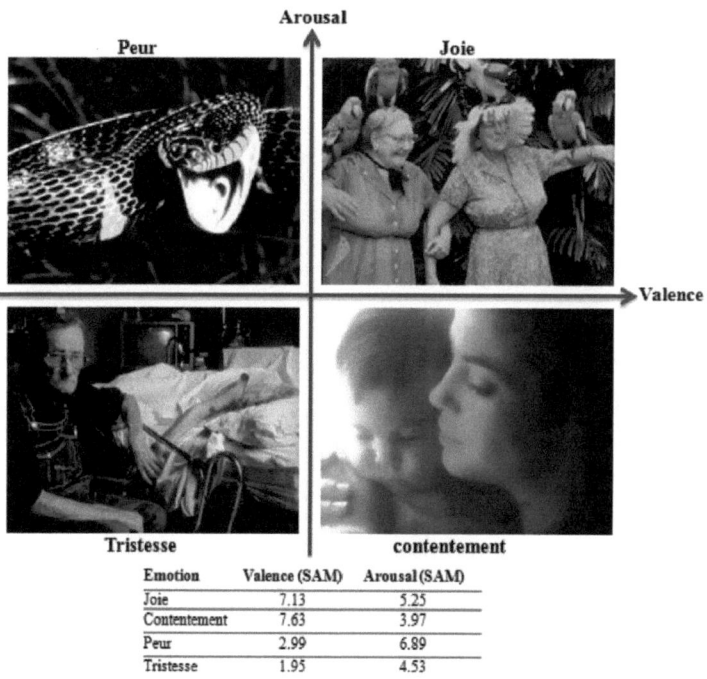

Emotion	Valence (SAM)	Arousal (SAM)
Joie	7.13	5.25
Contentement	7.63	3.97
Peur	2.99	6.89
Tristesse	1.95	4.53

FIGURE 3.7 – Exemples d'images IAPS et de manifestations émotionnelles associées.

3.4.2.2 Séquences vidéos

De nombreuses études sur l'induction d'émotions utilisent des séquences vidéo ou la projection de films. Aussi, certains chercheurs ont eu l'idée d'évaluer ces films de façon à créer, comme pour les images, une liste de séquences dont les propriétés émotionnelles sont spécifiques chez une majorité de sujets. Par exemple, Schaefer, el al. [136] ont élaboré une liste de 70 séquences vidéos à partir de films français. Plus récemment, Allain et François [4] ont élaboré une liste 33 séquences vidéos évaluées émotionnellement par une population française.

Toutes ces bases de données ont l'avantage de regrouper des enregistrements d'émotions vécues, mais ont souvent l'inconvénient de présenter des données hétérogènes (différents locuteurs, différentes conditions d'enregistrement, etc.). les avatars sont également utilisés pour des évaluations et l'identification d'émotion véhiculées par les expressions faciales.

3.5 Conclusion

Dans ce chapitre, nous avons présenté l'approche de reconnaissance automatique des émotions, proposée sur le traitement des signaux physiologiques. Nous avons abordé tout d'abord le niveau analyse, par les signaux physiologiques, et les caractéristiques observées pour chacun des signaux proposé (EEG, EMG, ECG, VR). Ensuite, nous avons présenté les méthodes et outils d'acquisition et de traitement des signaux physiologiques. Enfin, nous avons traité dans la dernière section les critères d'évaluation et les techniques d'induction d'émotions.

Ce chapitre conclut la première partie de ce mémoire, dans laquelle nous avons présenté le contexte de notre recherche. Dans le premier chapitre nous avons présenté les définitions, théories et modèles pour l'émotion. Nous avons également présenté le domaine de la reconnaissance automatique d'émotions, avant de se focaliser sur la reconnaissance d'états émotionnels par les signaux physiologiques. Dans la partie suivante, nous présentons des études expérimentales qui permettent d'extraire des émotions à partir des signaux physiologiques acquis par les différentes modalités utilisées. Ces études nous permettront de déterminer une corrélation entre les réactions physiologiques et les états émotionnels ressentis.

4

Reconnaissance d'émotions à partir de signaux physiologiques

4.1 Introduction

Dans le chapitre précédent, nous avons décrit les différentes modalités utilisées dans l'acquisition et le traitement de signaux physiologiques, ainsi que les méthodes et outils d'acquisition. Dans ce chapitre, nous allons utiliser ces outils et méthodes dans différentes expérimentations. Les objectifs sont (i) de détecter et identifier les états émotionnels de l'utilisateur à partir des signaux issus de différents capteurs (EEG, ECG, etc.), et (ii) de proposer une méthodologie qui permet d'extraire, en temps réel, les émotions à partir de ces signaux. Dans ce contexte, nous décrivons différents protocoles d'expérimentations, et définissons les indicateurs proposés pour la validation des modalités utilisées. Dans cette perspective, nous cherchons à déterminer une correspondance entre un état émotionnel ressenti par les sujets et les signaux recueillis.

Tout d'abord, nous nous intéressons aux différentes modalités et capteurs utilisés pour la reconnaissance des émotions (signaux EEG, EMG, ECG, volume respiratoire). Ensuite, nous présentons les expérimentations et détaillons les différentes étapes de traitement effectuées pour la reconnaissance des émotions. Nous décrivons par la suite les résultats obtenus en utilisant les différents outils d'acquisition et de traitements de données (analyses statistique descriptives, méthodes de classification : séparateurs à vastes marges, naïve bayésienne et régression logistique). Enfin, nous proposons une méthodologie qui permet d'extraire, en temps réel, les émotions à partir des signaux acquis (extraction des modèles mathématiques). La Figure 4.1 illustre les différentes étapes suivies.

4.2 Acquisition et traitement de signaux physiologiques

L'acquisition et le traitement de signaux physiologiques nécessitent l'utilisation de capteurs positionnés sur le sujet (capteurs physiologiques) ou dans son environnement proche (caméra, microphone, etc.). En ce qui concerne les signaux EEG, la plupart des travaux utilisent des casques généralement développés pour des études médicales concernant

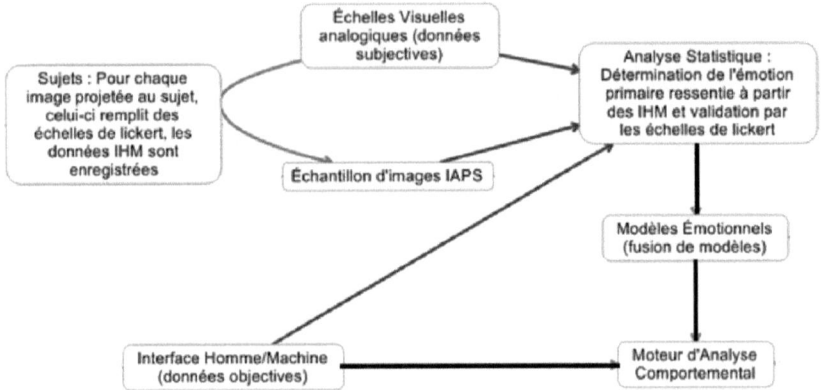

FIGURE 4.1 – Processus d'extration et de traitement des signaux et des émotions.

le cerveau humain ou le handicap. Plus récemment, différents casques ont été développés pour des applications "grand public" (jeux vidéo, multimédia). Ces casques sont relativement simples à calibrer et à utiliser. De plus, ils sont relativement abordables en terme de prix et facilement intégrables, grâce à leurs kit de développement logiciel. D'autres capteurs physiologiques ont également été développés pour des applications liées à la santé (rythme cardiaque, volume respiratoire, etc.). Certains capteurs physiologiques ont été spécifiquement développés pour l'étude d'états affectifs et émotionnels. Dans cette partie, nous décrivons les différents capteurs que nous avons choisi et intégré dans notre simulateur. Ce choix était guidé par les aspects relatifs au coûts, à l'intrusivité (capteur sans fil) et la facilité d'utilisation et d'intégration logicielle.

4.2.1 Casque EEG

L'activité EEG est généralement enregistrée par l'intermédiaire d'un casque qui réparti uniformément les capteurs sur le scalp en respectant le système 10-20 étendu. Les signaux EEG sont sauvegardés de manière continue à une fréquence d'échantillonnage de 1024 Hz. Le casque utilisé dans nos expérimentations est l'Epoc développé, par la société Emotiv [1]. Il transfert les données en temps réel (deux échantillons par seconde) via une technologie sans fil. Ce casque est doté de 14 électrodes : AF3, F7, F3, FC5, T7, P7, O1, O2, P8, T8, FC6, F4, F8, AF4, avec deux électrodes de références placées sur les lobes d'oreilles (Fig. 4.2). Avant leur utilisation, les tampons de feutre de chaque électrode doivent être hydratés avec une solution salée. La qualité de la connexion doit être vérifiée pour chaque électrode individuellement à partir d'un panneau de configuration. La Figure 4.3 illustre les 14 signaux EEG enregistrés.

Capacités de détection du casque :

- Le casque Epoc est capable de détecter plus de 30 expressions, émotions et actions telles que : immersion, excitation, méditation, tension, frustration.
- Les expressions faciales suivantes sont également détectées : le sourire (*smile*), le

---

1. Emotiv EPOC - Brain Computer Interface Technology. http://www.emotiv.com/

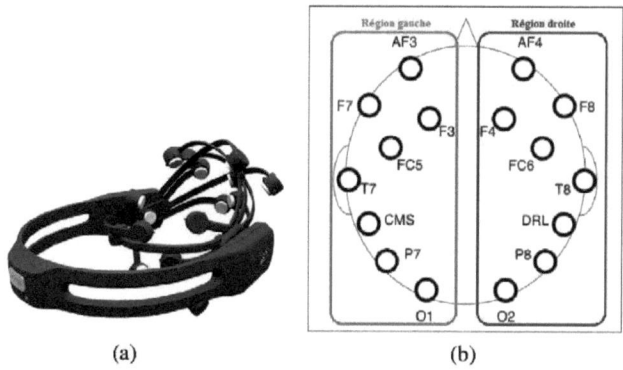

FIGURE 4.2 – (a) Casque EEG Epoc de la société Emotiv, (b) Positionnement des 14 électrodes.

rire (*Laugh*), le soulèvement des sourcils (*raise brow*), la sourcils froncés (*furrow brow*), la machoire serrée (*clench*), sourire en coin gauche (*left smirk*), sourire en coin droit (*right smirk*), les mouvements horizontaux des yeux, la grimace, etc.
— Les actions suivantes sont aussi identifiées : pousser, tirer, soulever, jeter, tourner (3 dll), de même que des actions spéciales telles que faire disparaître des objets.

4.2.2 Capteur des signaux Electro-Cardiogrammes (ECG)

Le rythme cardiaque est enregistré à l'aide du capteur biofeedback WristOx2 de la société Nonin[2] (Fig. 4.4). Ce capteur se place sur le côté palmaire du doigt, à l'aide d'une sangle élastique. Il transfert les données via la technologie Bluetooth. Ce capteur comprend deux dispositifs optoélectroniques : (i) un détecteur photoélectrique, qui transforme l'énergie lumineuse réfléchie en énergie électrique, et (ii) une LED qui transforme l'énergie électrique en énergie lumineuse, en dispersant la lumière infrarouge.

À chaque battement de cœur, le volume sanguin dans les vaisseaux capillaire augmente. L'oxyhémoglobine, qui est la composante principale du sang (90%) absorbe la lumière infrarouge. Donc, si le volume sanguin diminue, la lumière infrarouge réfléchie augmente ; La lumière infrarouge réfléchie varie en fonction du volume sanguin (Fig. 4.5). En outre, le capteur délivre de façon brute les informations suivantes :
— SpO2 : taux de CO_2 dans le sang (valeur comprise entre 0 et 1). À partir de cette information, nous pouvons extraire la carence en Oxygène dans le sang, ce qui donne des indications relatives à la respiration du participant.
— Données pléthysmographiques (flot sanguin).

4.2.3 Capteur de respiration

Les variations du volume respiratoire (VVR) sont détectées à l'aide d'un capteur de force, positionné sur une ceinture élastique dont la tension augmente avec le volume de la cage thoracique. Ce capteur convertit les variations du volume de la cage thoracique du sujet en variations de tension électrique. La ceinture doit être placée juste au-dessous

---
2. Nonin medical WristOx2. http://www.nonin.com/

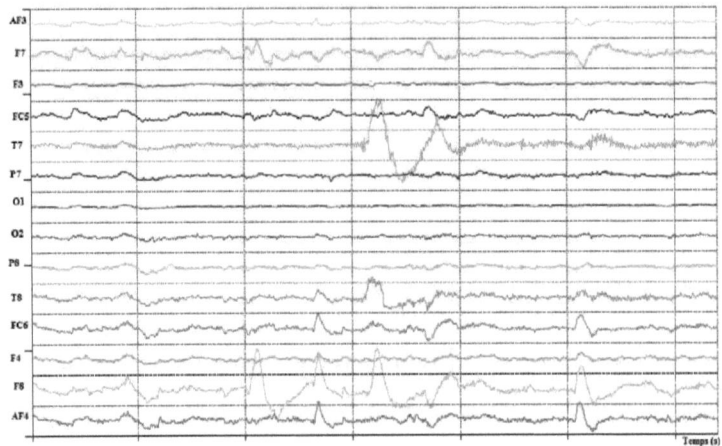

FIGURE 4.3 – Exemple d'enregistrements des signaux EEG de l'Epoc.

FIGURE 4.4 – Exemple d'implantation du capteur ECG WristOx2.

de la poitrine (Fig. 4.6). Le capteur utilisé pour l'acquisition du signal est un module à transmission sans fils développé par la société TEA [3]. Le transfert de données se fait en temps réel, via une clé T-USB, à une fréquence de 32 hz (Fig. 4.7).

Ces différents capteurs ont été intégrés et utilisés dans différentes expérimentations dont l'objectif était de calibrer leur sortie et de procéder à une corrélation entre les signaux acquis et les émotions à reconnaître.

4.3 Évaluation d'images émotionnelles (IAPS) et analyse de réponses physiologiques

4.3.1 Objectifs

L'objectif principal de cette expérimentation est d'analyser les sorties et de calibrer les différents capteurs utilisés lors d'une stimulation émotionnelle, via le système calibré d'images affectives IAPS. Notre objectif est également de valider les sorties expressives et affectives fournies par le système Emotiv (casque Epoc). Enfin, nous analysons l'évolution du rythme cardiaque (RC), à travers les données fournies par capteur biofeedback WristOx2, en fonction des différentes émotions véhiculées par les images IAPS. Un

---

3. TEA. http://www.teaergo.com/

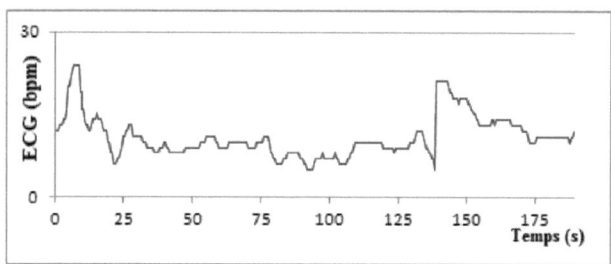

FIGURE 4.5 – Exemple d'évolution du rythme cardiaque en fonction du temps.

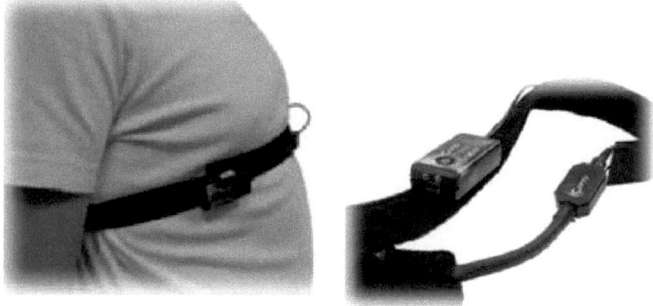

FIGURE 4.6 – Ceinture de respiration développée par la société TEA.

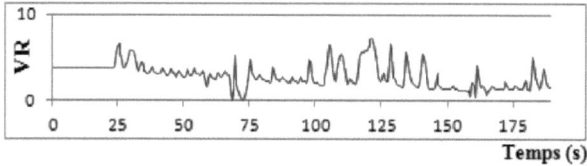

FIGURE 4.7 – Exemple d'évolution du volume respiratoire en fonction du temps.

point important concerne la validation des catégories d'images émotionnelles sélectionnées (IAPS) concernant les six émotions d'Ekman, et indirectement la corrélation entre la perception émotionnelle et les données objectives (sorties expressives et affectives de l'Epoc et RC).

4.3.2 Conception expérimentale

4.3.2.1 Participants

Nous souhaitons, dans le cadre de ces expérimentations parvenir à des résultats les plus faiblement biaisés par rapport à des contraintes liées à l'âge et au sexe des sujets. L'étude se focalise sur un échantillon d'étudiants de sexe différent. Les participants (10 hommes et 6 femmes) sont, en grande majorité, des étudiants de l'Université d'Angers. Leur âge varie entre 21 et 35 ans (âge moyen : 26.4 ans). Ils avaient une vue normale ou corrigée et aucun d'entre eux n'était pas sous traitement médical.

4.3.2.2 Stimuli utilisés

La collecte de données émotionnelles qui correspond à un état émotionnel particulier est un problème difficile. L'auto-évaluation par une personne peut varier selon différents facteurs. Par conséquent, nous avons développé un protocole d'induction cohérent et valide, avec la possibilité d'induire différents états émotionnels. Nous avons décidé d'utiliser des images du système Image International Affective (IAPS) [18, 104]. Chaque image IAPS a été évaluée en terme de dimension émotionnelle via la valence moyenne μ_V et l'arousal moyen μ_A, ainsi que leurs écarts-types σ_A et σ_V [36] (voir annexe C).

Mickels [126] s'est intéressé à la classification des images IAPS par catégories émotionnelles sur la base d'expérimentations. L'objectif était de segmenter les images de manière robuste par rapport aux émotions qu'elles induisent. Mickels a défini un sous-ensemble de 390 images. Chaque image était associée à une valeur moyenne pour chaque émotion de base (joie, colère, dégoût, peur, tristesse et surprise). Dans notre expérimentation, nous avons sélectionné un nombre total de 60 images [4] à partir de ce sous-ensemble. Ces images ont été divisées en six catégories (10 par émotion primaire). Les images retenues étant celles ayant le plus fort taux de reconnaissance pour chacune de ces catégories d'émotions. L'ordre de passage de ces catégories d'images a été proposé aux sujets de manière aléatoire. Le Tableau 4.1 présente la moyenne et l'écarts-type des données relatives à l'évaluation de chaque catégorie d'émotion.

4.3.2.3 Configuration expérimentale

Afin d'estimer l'état émotionnel de l'utilisateur, celui-ci a été équipé de plusieurs dispositifs pour l'acquisition de signaux physiologiques : casque Epoc qui permet de détecter l'état affectif et expressif, et le capteur biofeedback WristOx2 qui permet la détection du rythme cardiaque. Le système Emotiv possède des fonctionnalités qui peuvent être facilement employées dans l'évaluation (données de haut-niveau) permettant de recueillir, en temps réel, des informations sur les réactions émotionnelles d'utilisateur. Il peut également récupérer des données à partir de suites expressives et affectives. La première identifie l'expression faciale d'un utilisateur (sourire, serrer la mâchoire, sourire en coin

---

[4]. Les images suivantes ont été utilisées pour l'induction d'émotion : Joie : 7325, 1463, 2091, 2341, 1920, 2560, 2655, 1340, 2070, 2092. Tristesse : 9415, 3300, 6838, 9530, 2205, 2490, 2141, 2590, 2276, 9470. Peur : 5972, 1110, 1052, 1301, 1302, 5970, 1113, 1930, 3280, 1321. Dégoût : 7361, 9405, 2352.2, 9290, 7360, 9830, 9300, 9490, 9320, 7380. Colère : 6560, 6830, 6212, 6360, 9800, 9810, 3500, 6540, 6550, 6313. Surprise : 8192, 1726, 1022, 5920, 8475, 5940, 8160, 7640, 1114, 1931.

Emotion	Valence Mean (std)	Arousal Mean (Std)
Dégoût	2.72 (1.65)	5.40 (2.32)
Joie	7.29 (1.54)	4.34 (2.28)
Surprise	4.75 (1.89)	6.39 (1.98)
Tristesse	2.83 (1.59)	4.66 (2.00)
Peur	3.82 (1.84)	5.99 (2.14)
Colère	2.44 (1.69)	6.46 (2.31)

TABLE 4.1 – Caractéristiques des images IAPS utilisées pour l'induction d'émotions.

droit, sourire en coin gauche, et rire), alors que la deuxième analyse l'état émotionnel d'un utilisateur (l'engagement, la frustration, la méditation, l'excitation instantanée et à long terme).

Malheureusement, les algorithmes de traitements des données obtenues par le casque Epoc sont propriétaires. Par conséquent, l'utilisateur de l'Epoc doit compter sur la pertinence des sorties (suites affectives et expressives) sans preuve de leurs exactitude de la détection. Pour surmonter cette situation et valider les données de haut-niveau de l'Epoc, nous proposons de comparer les résultats de sortie du casque avec des résultats subjectifs (émotions perçues par les sujets), en utilisant un protocole d'évaluation spécifique. Ce protocole d'évaluation implique à une échelle d'auto-estimation. Il est basé sur un outil d'évaluation adapté aux émotions ciblées.

Ainsi, les participants sont invités à évaluer leur ressenti émotionnel par rapport aux six émotions d'Ekman qui sont proposées, grâce à une échelle de Likert en onze points. La configuration expérimentale proposée est illustrée sur la Figure 4.8. Le sujet, équipé des différents capteurs, est placé devant un écran plasma de grande dimension (148 cm de diagonale).

4.3.2.4 Procédure

Le protocole expérimental se décline en différentes étapes (Fig. 4.11) :

1. **Étape 1 :** le sujet est invité à lire et à signer un formulaire de consentement à participer à l'étude (5 min) (voir annexe A).

2. **Étape 2 :** le sujet est installé devant l'écran et équipé des différents systèmes d'acquisition (le casque Epoc, capteur biofeedback WristOx2). Il lis la consigne (5 min).

3. **Étape 3 :** vérification de la connexion des différents systèmes d'acquisition et calibration de l'Epoc (Fig. 4.9 (2 min).

4. **Étape 4 :** projection de 60 images (10 images par catégories d'émotions) (26 min).

    – Diapositive d'annonce (5 secondes), chaque essai inclu une période de repos de 5 secondes entre les images.

FIGURE 4.8 – Configuration expérimentale proposée.

- Projection de l'image IAPS (6 secondes). Le choix de 6 secondes pour la fenêtre temporelle est basé sur le capteur et l'émotion cible. En effet, Levenson et ses collègues [110] ont montré que la durée des émotions variait entre 0,5 et 4 secondes. Cependant, certains chercheurs ont proposé d'utiliser une fenêtre temporelle différente qui dépend de la modalité. Par exemple, 2-6 secondes pour la parole, et 3-15 secondes pour les bio-signaux [99].

- Pour chaque image, le sujet devait remplir une échelle de Likert visuelle analogique pendant 15 secondes (Fig. 4.10). L'échelle est divisée en onze points selon le degré avec lequel le sujet ressent l'émotion induite (la valeur 0 indique qu'il n'y a pas eu d'émotion ressentie, et la valeur 10 indique qu'il y a eu une grande émotion). Cette procédure permet au sujet d'indiquer la proportion de chaque composante émotionnelle dans le modèle d'Ekman, pour chaque image. Les images IAPS ont été présentées aléatoirement aux sujets.

5. **Étape 5 :** Retour à l'équilibre émotionnel (induction d'émotions neutres) à la fin de l'expérimentation (2 min).

6. **Étape 6 :** Fin de l'expérimentation. Le sujet, à l'aide du technicien, retire les interfaces et quitte l'environnement.

Durée totale de l'expérimentation pour un sujet : 40 min.

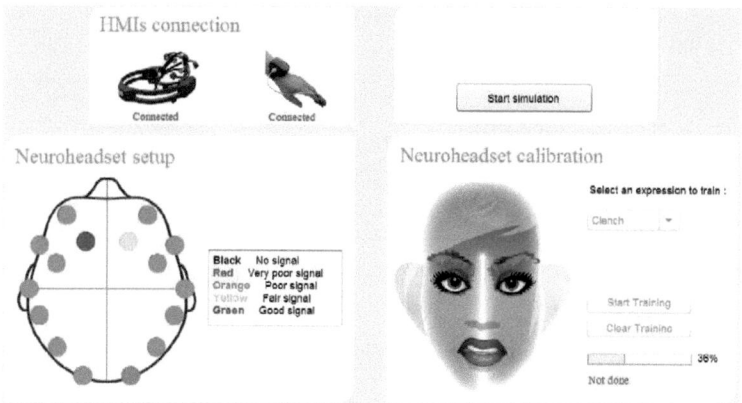

FIGURE 4.9 – Interface permettant de calibrer la suite expressive et vérifier l'acquisition des signaux par l'ensemble des électrodes du casque Epoc et la bonne connexion des différentes interfaces utilisées.

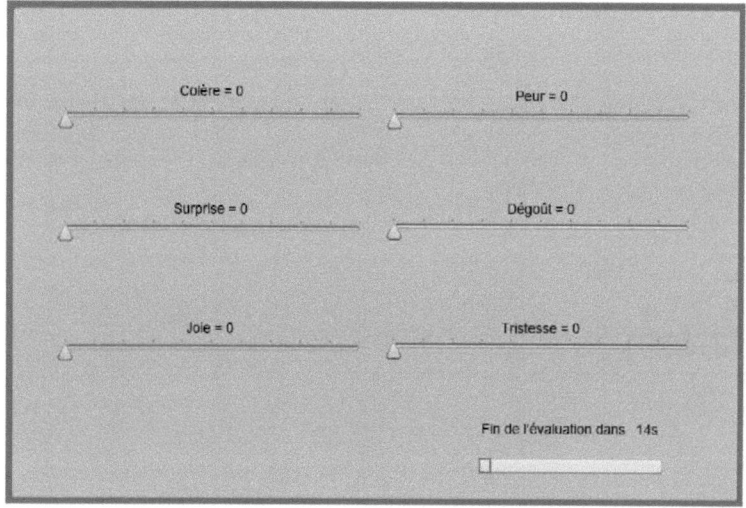

FIGURE 4.10 – Échelle de Likert pour le recueille des informations subjectives concernant l'évaluation émotionnelle des images IAPS sur l'échelle d'Ekman.

4.3.2.5 Acquisition et traitement des données

L'acquisition et le traitement des données passent par le développement d'une plateforme logicielle dont les fonctionnalités sont les suivantes :

– Recueils d'informations concernant le sujet (âge, sexe) à l'aide d'un formulaire intégré ;

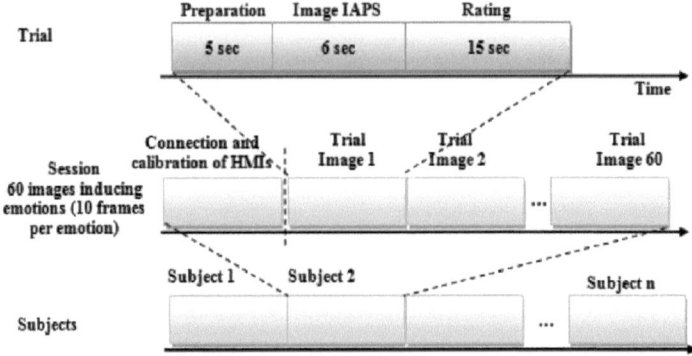

FIGURE 4.11 – Illustration de la procédure expérimentale.

- Affichage des images IAPS et des échelles de Likert ;

- Enregistrement des données au format ".csv" correspond à chaque image ;

- Configuration des IHM Epoc + WristOx2.

La plate-forme : l'expérimentation est implémenté directement dans la plate-forme logicielle OpenSpace3D, à l'aide de PlugIts (Fig. 4.12). Un PlugIt est une brique logique qui réagit à des événements, effectue un traitement spécifique, et renvoie également des évènements suite à ce traitement.

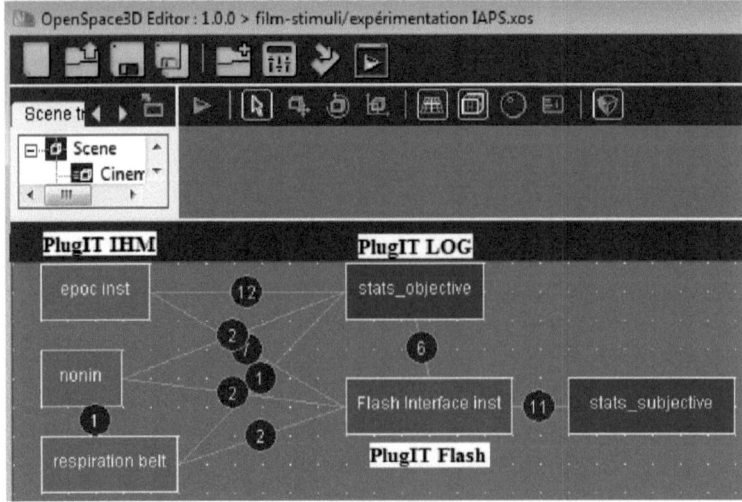

FIGURE 4.12 – Illustration de la plate-forme développée sous OpenSpace3D pour la configuration des stimuli.

PlugIT LOG : Ce plugIT se charge d'enregistrer les données sous le format .csv qui enregistre une frame de données en fonction de l'intervalle d'échantillonnage. Il gère des actions Start/Stop.

Interface Flash : Ce plugIT gère les différents événements et l'affichage des images ainsi que la collecte des informations pour chaque image.

PlugIT IHM : Ce plugIT gère l'état de connexion de chaque IHM et transfert les données vers le PlugIT LOG.

4.3.2.6 Données recueillies

Afin d'étudier l'effet des images perçues sur l'état émotionnel des participants et en particulier sur les signaux physiologiques lors de l'expérimentation, nous avons recueilli et comparé les données objectives et subjectives (évaluation des images IAPS) pour chaque type d'émotion en utilisant des analyses statistiques descriptives basées sur des vecteurs de caractéristiques pertinentes (chapitre 3.3) et l'analyse de variance à un facteur (ANOVA).

1. **Données objectives**

    (a) *Données expressives de haut-niveau (casque Epoc)* : le casque Epoc détecte cinq signaux de haut-niveau expressifs : le sourire (smile), le rire (laugh), la mâchoire serrée (clench), le sourire en coin droit (right smirk) et le sourire en coin gauche (left smirk) ;

    (b) *Données affectives de haut-niveau (casque Epoc)* : le casque Epoc détecte quatre signaux de haut-niveau : l'engagement, la frustration, la méditation et l'excitation.

    (c) *Rythme cardiaque (WristOx2)* : le rythme cardiaque est enregistré à l'aide du capteur biofeedback WristOx2. Il est exprimé en battements par minute (BPM).

2. **Données subjectives**

    (a) *Evaluation affective des images IAPS* : les participants utilisent une échelle de Likert à onze points (0 pour "émotion très faible" à 10 pour "émotion élevée") pour évaluer leur ressenti émotionnel par rapport aux six émotions d'Ekman.

Le Tableau 4.2 présente les caractéristiques extraites de chacune des données recueillies. Dans la plupart des cas, la moyenne et l'écart-type sont calculés. En ce concerne le RC, nous prenons les échantillons fournis au cours de 6 secondes que dure la stimulation. La fréquence d'acquisition étant de 2hz, la moyenne est faite sur 12 valeurs.

Données	μ_x	σ_x	$\min_x$	$\max_x$
Données expressives	×	×	×	×
Données affectives	×	×	×	×
Rythme cardiaque	×	×		
Données subjectives	×			

TABLE 4.2 – Caractéristiques extraites à partir des signaux physiologiques.

4.4 Résultats et discussion

4.4.1 Classification subjective

Les sujets ont été invités à évaluer leur ressenti émotionnel sur le modèle d'Ekman à travers une échelle de Likert à onze points. Le Tableau 4.3 présente le pourcentage des émotions ressenties par tous les sujets.

IAPS \ Ressentis	Joie	Tristesse	Dégoût	Colère	Surprise	Peur
Joie	**84,61%**	2,67%	2,04%	0,68%	8,26%	1,74%
Tristesse	0,64%	**74,17%**	11,21%	11,03%	0,95%	2,00%
Dégoût	0,00%	4,31%	**64,44%**	20,58%	2,90%	7,77%
Colère	2,18%	14,48%	12,01%	**63,93%**	1,50%	5,89%
Surprise	10,13%	11,08%	13,44%	4,41%	**36,95%**	23,98%
Peur	0,00%	8,18%	10,70%	14,36%	28,60%	**38,15%**

TABLE 4.3 – Matrice de confusion obtenue après la classification des données subjectives.

Ainsi, ces résultats montrent que les images IAPS catégorisées sur l'émotion joie ont été les mieux identifiées par les sujets (84.61%). De même, les images liées à la colère ont été identifiées à 64%, et le dégoût à 64%. Cependant, nous avons observé que les sujets étaient incapables d'évaluer correctement les images liées à la surprise. Cependant, ces résultats ont partiellement validé les images IAPS utilisées dans notre expérimentation, et les résultats sont compatibles avec les résultats trouvés par les travaux de Mikels [126].

4.4.2 Données objectives

Après l'analyse des résultats de l'évaluation subjective, nous avons porté notre attention sur la capacité d'appréciation correcte de l'état émotionnel de l'utilisateur. Les réactions émotionnelles, mesurées par le casque Epoc et le capteur biofeedback WristOx2, ont été comparées avec les résultats de l'évaluation subjective. Si les résultats de l'évaluation affective des images IAPS sont similaires aux données objectives enregistrées via les capteurs (*clench, smile, laugh, left smirk et right smirk*), alors nous pourrons affirmer que ces capteurs et en particulier l'Epoc est une alternative viable dans l'évaluation de l'émotion.

Effet	Smile	Clench	Laugh	Right smirk	Left smirk
E	$F_{5,15} = 6.1$ $P < 0.05$	$F_{5,15} = 21.50$ $P < 0.05$	$F_{5,15} = 12.65$ $P < 0.05$	$F_{5,15} = 17.31$ $P < 0.05$	$F_{5,15} = 0.4$ $P > 0.05$

TABLE 4.4 – Effet de l'émotion (E) sur les signaux expressifs fournis par l'Epoc.

4.4.2.1 Données expressives de haut-niveau

Une analyse de variance à un facteur (ANOVA) a été réalisée afin d'évaluer l'effet de la variable indépendante (catégories d'appartenance des images IAPS, émotion E) sur les données expressives de haut-niveau, mesurées par le casque Epoc. Le Tableau 4.4 illustre l'effet de E (émotion) sur chacun des signaux (facteurs).

Comme indiqué dans le tableau, E affecte d'une manière significative les signaux *smile, clench, laugh et right smirk*. Cependant, quant au signal *left smirk*, les résultats ont montré qu'il n'y a pas de différence significative entre le signal *left smirk* et l'émotion.

L'histogramme (Fig. 4.13) montre un exemple des cinq signaux physiologiques EMG (correspondant au *smile, clench, laugh, left smirk et right smirk*) enregistrés pendant l'induction des six émotions. Nous avons constaté que chaque signal physiologique variait considérablement en fonction des émotions mais également en fonction des sujets. Selon l'histogramme attribué au *right smirk*, la moyenne du signal physiologique a une valeur de 19% pour la surprise et 18% pour la joie. Pour *left smirk*, la moyenne était de 25.36% pour l'émotion joie qui est plus grande que la tristesse (20.30%). Pour le signal *laugh*, la moyenne de l'émotion joie et dégoût sont respectivement 39.35% et 11.70%. Pour le signal *smile*, cette expression a un pourcentage moyen de 30% pour l'émotion joie qui est le score le plus élevé en comparaison d'autres émotions. Enfin, la moyenne du signal *clench* dans l'émotion dégoût est de 27.68%, alors qu'elle est de 21.15% pour la peur et de 17.18% pour la surprise.

Comme prévu, nos résultats sont conformes avec ceux trouvés par Ekman, à l'exception du signal left smirk qui a échoué à donner une signification acceptable.

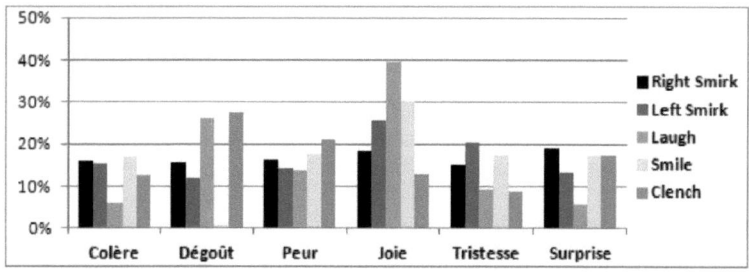

FIGURE 4.13 – Histogramme de corrélation de données expressives de haut-niveau du casque Epoc (suite Emotive).

4.4.2.2 Données affectives de haut-niveau

Les données de haut-niveau, liées à l'excitation et à la frustration ont été recueillies à l'aide de l'Epoc et analysées en utilisant la méthode ANOVA. Pour les deux états affectifs de haut-niveau, aucune différence significative parmi les six émotions n'a été observée

(Fig. 4.14(a) et 4.14(b)). La méthode ANOVA a donné $F(5,15) = 0.47$ ($P > 0.05$) pour l'excitation et $F(5,15) = 0.13$ ($P > 0.05$) pour la frustration. Ces deux signaux ne sont pas affectés par les images IAPS. Ce résultat peut être expliqué par l'engagement faible au niveau des participants, les images IAPS étant des stimuli statiques.

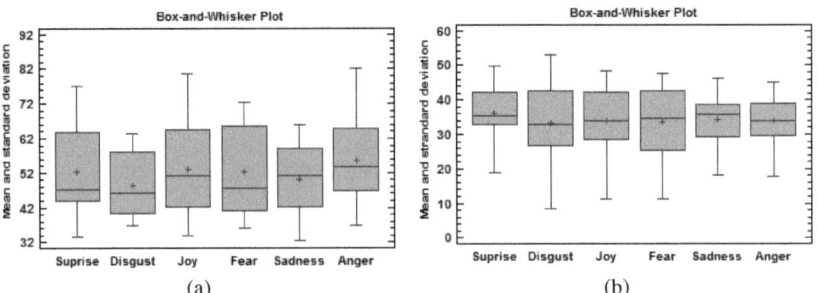

FIGURE 4.14 – Influence des différents catégories d'images IAPS sur (a) la frustration et (b) l'excitation.

4.4.2.3 Fréquence cardiaque

Nous avons utilisé le capteur biofeedback WristOx2 pour enregistrer le rythme cardiaque au cours de la présentation des images IAPS. Une analyse de variance à un facteur (ANOVA) a été réalisée pour analyser l'impact de la variable indépendante (émotion E) sur les variations du rythme cardiaque du participant. L'ANOVA a révélé une variation significative de la fréquence cardiaque en fonction des catégories d'images IAPS ($F_{5,15} = 32.30\ P < 0.05$).

En général, la réponse de la fréquence cardiaque (FC) à la stimulation émotionnelle varie suivant le type de stimuli. La FC a une faible variation en réponse à une stimulation négative telle que le dégoût, la tristesse ainsi qu'une stimulation positive comme la joie et la surprise. Cependant, le changement du rythme cardiaque dans la colère ou la peur (stimulation négative) peut influencer l'état émotionnel du participant avec une forte variation.

La Figure 4.15 illustre les valeurs moyennes de la FC aux différentes stimulations émotionnelles. Les réponses moyennes aux stimuli négatifs et positifs ont été classés selon le type d'émotion (images IAPS). La Figure 4.15(a), qui correspond à la courbe de joie, révèle trois phases de variation de la fréquence cardiaque des participants : dans la première partie, la VFC augmente légèrement durant les deux premières secondes, puis elle reste constante jusqu'à 3.5 secondes. Puis, la VFC diminue légèrement. La première phase de cette variation pourrait être associée au temps de réaction, la seconde phase montre le niveau naturel de la VFC humaine dans le cas de la joie. Dans le second cas, lié à la surprise, la courbe de la VFC montre un pic à la troisième seconde (Fig. 4.15(b)). Ce pic illustre une augmentation brusque de la fréquence cardiaque. La Figure 4.15(c) (peur et colère) illustre une forte augmentation de la fréquence cardiaque. La courbe 4.15(d) illustre une légère diminution de la fréquence cardiaque qui peut être expliquée par la continuité de la réponse en fonction de la tristesse et du dégoût.

Résultats et discussion

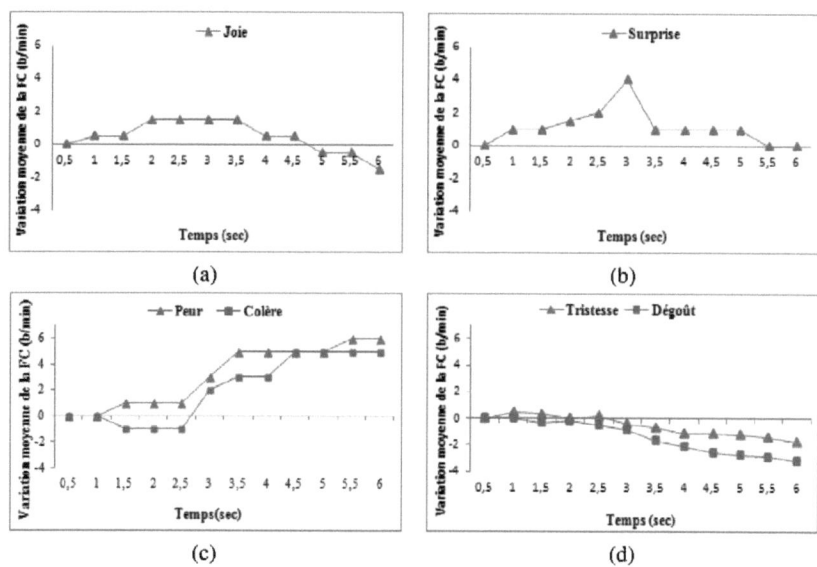

FIGURE 4.15 – Évaluation relative de la fréquence cardiaque pour (a) la joie, (b) la surprise, (c) la colère/peur et (d) le dégoût/tristesse.

Les images IAPS sélectionnées dans notre expérimentation ont été validées par les travaux de Mikels [126], et classées selon les six émotions de base (joie, surprise, colère, dégoût, peur, tristesse). Chaque image a été associée à une valeur moyenne pour chaque émotion de base. Cependant, plusieurs problèmes dans la procédure d'évaluation proposée ont été rencontrés. Tout d'abord, le principal inconvénient de la technique d'induction proposée est la difficulté pour les sujets de distinguer certains états émotionnels tels que la surprise et la peur (d'après le Tableau 4.3). Par conséquent, on peut dire que l'induction d'émotions via des images IAPS n'est pas la plus pertinente. Le deuxième problème rencontré, une même image peut avoir une influence différente selon le participant. Par exemple une image d'animaux peut avoir une influence négative sur une personne qui s'inquiète, tandis qu'une personne qui n'est pas intéressée par les animaux peut percevoir cette image comme neutre. Enfin, les images IAPS sont des stimuli statiques. Par conséquent, il est nécessaire de trouver une alternative pour l'induction d'émotions afin d'éviter ce type de problèmes.

Une analyse statistique descriptive et un test *ANOVA* ont été appliqués sur les différents types de signaux physiologiques (Epoc et le capteur biofeedback WristOx2) pour analyser la corrélation avec les états émotionnels. Dans les données expressives de haut-niveau (Epoc), nous avons observé que chaque signal physiologique associé au *clench, smile, laugh, left right et right smirk* variait considérablement en fonction des émotions et des sujets. Comme on s'y attendait, nos résultats sont congruents à ceux trouvés par Ekman, à l'exception du *left smirk* qui n'a pas donné de signification sur les expressions faciales. Concernant les données affectives (excitation et frustration) aucune différence significative n'a été observée. Ceci pourrait être en raison du ratio de signal-bruit faible. En outre, ces résultats expliquent le problème d'utiliser des stimuli statiques comme les images IAPS.

4.4.3 Synthèse

Dans cette expérimentation, nous avons présenté les résultats l'évaluation des émotions basée sur les réponses physiologiques. Les données de signaux haut-niveau ont été recueillies à l'aide du casque Epoc, et la variation de la fréquence cardiaque a été mesurée par le capteur biofeedback WristOx2. Cette expérience préliminaire, impliquant 16 sujets a été effectuée pour identifier les signaux physiologiques correspondant aux six émotions de base proposées par Ekman (joie, tristesse, peur, surprise, colère, et dégoût). Les sujets ont été invités à évaluer leur ressenti émotionnel par rapport aux six émotions d'Ekman qui lui ont été proposées. Ils ont été exposés à des ensembles de 10 images IAPS pour chaque émotion. Les images IAPS sélectionnées ont été partiellement validées par un protocole d'évaluation subjective.

Dans cette expérimentation, le stimulus utilisé a été basé sur les images IAPS. Cependant, l'analyse objective et subjective des résultats a montré des limites pour l'évaluation d'émotions. Nous avons montré en particulier que les signaux affectifs du casque Epoc ne sont pas affectés par les images IAPS. Pour surmonter ces limites, nous avons réalisé une autre expérimentation basée sur l'utilisation de séquences de films, dans le but de suivre l'évolution des émotions lors de situations les plus réalistes. De plus, nous avons décidé d'analyser les signaux EEG bruts fournis par l'Epoc et de traiter.

4.5 Évaluation de séquences de films et analyse de réponses physiologiques

L'objectif de cette expérimentation est d'analyser les sorties et de calibrer les différents capteurs utilisés via une stimulation dynamique (séquences de films, développées par Scheafer [136]). Notre objectif est également de valider les données EEG brutes et de haut-niveau de l'Epoc, ainsi que les données périphériques (ECG et VVR). Pour analyser ces données, nous avons utilisé des méthodes de classification.

4.5.1 Méthode

4.5.1.1 Participants

Nous souhaitons parvenir à des résultats plus faiblement biaisés par rapport à des contraintes liés à l'âge et au sexe des sujets. L'étude se focalise sur un échantillon d'étudiants de sexe différent. Les participants (11 hommes et 4 femmes) sont en grande majorité des étudiants (de l'Université de l'Angers. Leur âge varie entre 18 et 31 ans (âge moyen de 24.8 ans), et ils étaient sans antécédent neurologique ou psychiatrique. Nous nous sommes assurés qu'ils n'étaient pas sous traitement médical. Les données du 9 sujets ont été conservées. Les données relatives du 6 sujets n'ont pas être sauvegardées par le système à cause d'un problème technique.

4.5.1.2 Stimuli utilisés

Dans la première expérimentation, nous avons utilisé le système international IAPS dans la procédure d'évaluation. Cependant, cette expérimentation a montré que l'utilisation de la technique d'induction IAPS n'est pas très pertinente. Pour cette raison, nous avons décidé d'utiliser un ensemble de séquences de films, développées par Scheafer [136]. Ces travaux ont permis d'élaborer une liste de 70 séquences vidéo à partir de films français. Cette liste a été évaluée et classifiée par catégories émotionnelles (peur, colère, dégoût, joie) sur la base d'expérimentations. Chaque séquence vidéo est associée avec une valeur moyenne pour chaque émotion. Dans notre expérimentation, nous avons sélectionné un nombre total de 12 vidéos[5] à partir de cet ensemble. Ces vidéos ont été divisées en quatre groupes (3 par émotion). Les vidéos retenues sont celles ayant le plus fort taux de reconnaissance pour chacune des émotions. Ces vidéos ont été présentées aux sujets de manière aléatoire.

4.5.1.3 Procédure et configuration expérimentale

Nous avons suivi la procédure décrite dans l'expérimentation précédente. Seul le protocole d'induction a été modifié en utilisant cette fois des séquences vidéo à la place des images IAPS. De même, nous avons utilisé la même configuration et les outils d'acquisition de données : l'Epoc et le capteur biofeedback WristOx2, auxquels nous avons ajouté la ceinture de respiration pour mesurer le volume respiratoire.

4.5.1.4 Données recueillies

Afin, d'étudier l'effet des séquences vidéo sur les signaux physiologiques lors de l'expérimentation, nous utilisons quatre groupes d'émotions (joie, dégoût, peur et colère). Chaque groupe contient environ 380 enregistrements. Nous avons utilisé aussi des méthodes de classification pour évaluer la pertinence des outils d'acquisition proposés. Les méthodes de classification utilisées permettent d'obtenir une évaluation globale et locale via différents critères d'évaluations : taux de classification, matrice de confusion et précision.

Nous avons comparé les données enregistrées par les différentes modalités et les données subjectives (évaluation des séquences vidéo) pour chaque type d'émotion, en utilisant les trois méthodes de classifications (SVM, naïve bayésienne et régression logistique, voir chapitre 3.3).

Le tableau 4.5 présente les caractéristiques extraites de chacune des données recueillies.

1. **Données objectives**

    (a) *Données expressives de haut-niveau (casque Epoc).*

    (b) *Données EEG (bas-niveau)* : le casque Epoc détecte 14 signaux EEG. Pour mesurer ces signaux, des électrodes sont positionnées à la tête du participant (AF3, F7, F3, FC5, T7, P7, O1, O2, P8, T8, FC6, F4, F8, AF4).

    (c) *Rythme cardiaque (WristOx2)* : le rythme cardiaque est enregistré à l'aide du capteur biofeedback WristOx2. Il est exprimé en battements par minute (BPM).

---

5. Les séquences vidéos suivantes ont été utilisées pour l'induction d'émotion : Joie : 8, 12, 67. Peur : 7, 46, 50. Dégoût : 35, 57, 69. Colère : 2, 5, 25.

(d) *Volume respiratoire* : le volume respiratoire était enregistré à l'aide du capteur de force positionnée sur un ceinture élastique.

2. **Données subjectives**

    (a) *Evaluation affective des séquences vidéo* : en utilisant une échelle de Likert à onze points (1 pour "émotion faible" à 10 pour "émotion élevée"). Les participants devaient évaluer leur ressenti émotionnel par rapport aux quatre émotions proposées.

Données	μ_x	σ_x	$\min_x$	$\max_x$
Signaux EEG	×	×		
Données expressives	×	×	×	×
Fréquence cardiaque	×	×		
Volume respiratoire	×	×		
Données subjectives	×			

TABLE 4.5 – Caractéristiques extraites à partir des données recueillies.

Films \ Ressentis	Joie	Dégoût	Colère	Peur
Joie	**99,12%**	0,00%	0,88%	0,00%
Dégoût	1,14%	**88,64%**	0,00%	10,23%
Colère	0,00%	13,31%	**72,35%**	14,35%
Peur	3,64%	23,46%	0,00%	**72,89%**

TABLE 4.6 – Matrice de confusion obtenue suite à une classification des séquences vidéo.

4.6 Résultats

4.6.1 Classification subjective des vidéos

Les sujets ont été invités à évaluer leur ressenti émotionnel par rapport aux quatre émotions (joie, dégoût, colère et peur) induites par les séquences vidéo. L'évaluation est effectuée selon une échelle de Likert à onze points, pour toutes les séquences vidéo proposées. Le Tableau 4.6 présente le niveau d'émotion de tous les sujets, perçu à partir des séquences vidéo. Nous observons que les sujets identifient plus facilement la joie (taux de classification de 99.12%) que les autres émotions. Nous obtenons aussi un taux de 88.64% pour le dégoût. Par contre, la colère et la peur sont identifiées avec seulement un taux de 72%. Par conséquent, l'analyse de classification subjective des vidéos de Schaefer a révélée une corrélation moyenne entre les émotions ressenties par les sujets et les stimuli utilisés. Les résultats obtenus sont compatibles avec les résultats présentés par les travaux de Schaefer [136].

4.6.2 Données objectives

Les Figures 4.16, 4.17 et 4.18 présentent un exemple de deux signaux physiologiques périphériques (fréquence cardiaque et volume respiratoire), et des signaux EEG, acquis pendant l'induction des émotions pour deux sujets. Nous constatons que ces signaux varient considérablement en fonction des émotions induites, et également selon les sujets.

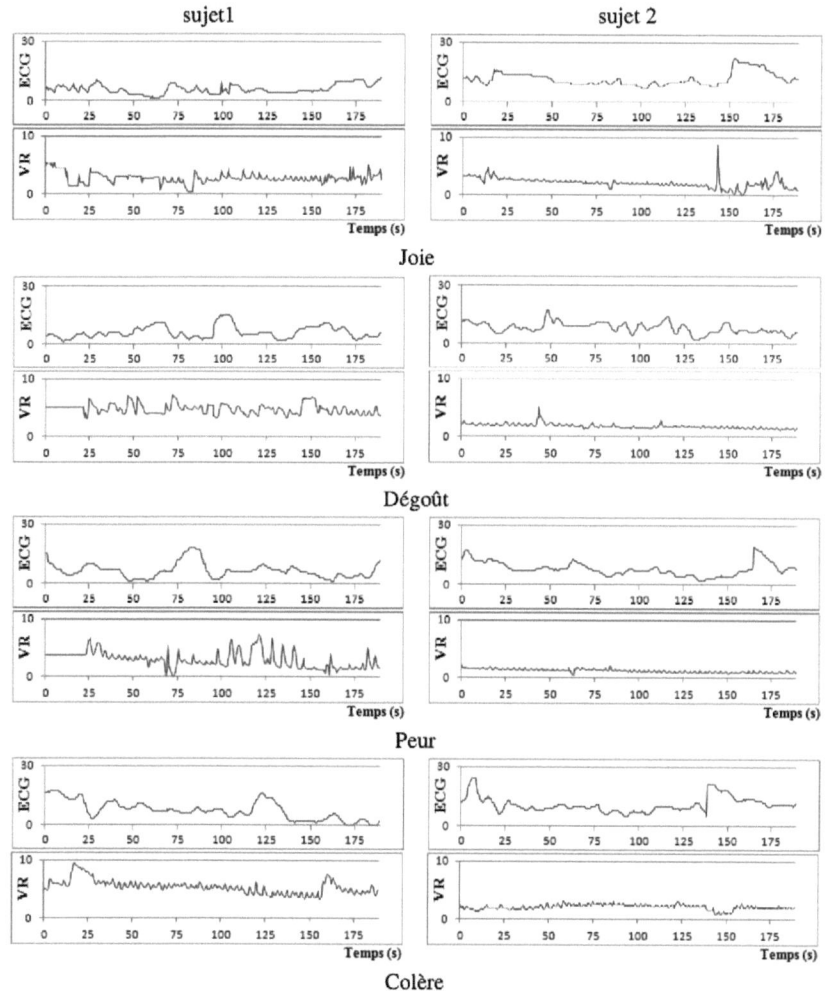

FIGURE 4.16 – Signaux physiologiques (FC et VR) correspondant aux quatre émotions.

Nous avons utilisé trois méthodes de classification (SVM, naïve bayésienne et régression logistique) pour analyser l'état émotionnel des différents sujets, induits par les quatre catégories de séquence vidéo (joie, dégoût, peur et colère). Nous avons traité les trois types de signaux physiologiques (EEG, Signaux haut-niveau, et les signaux FC et

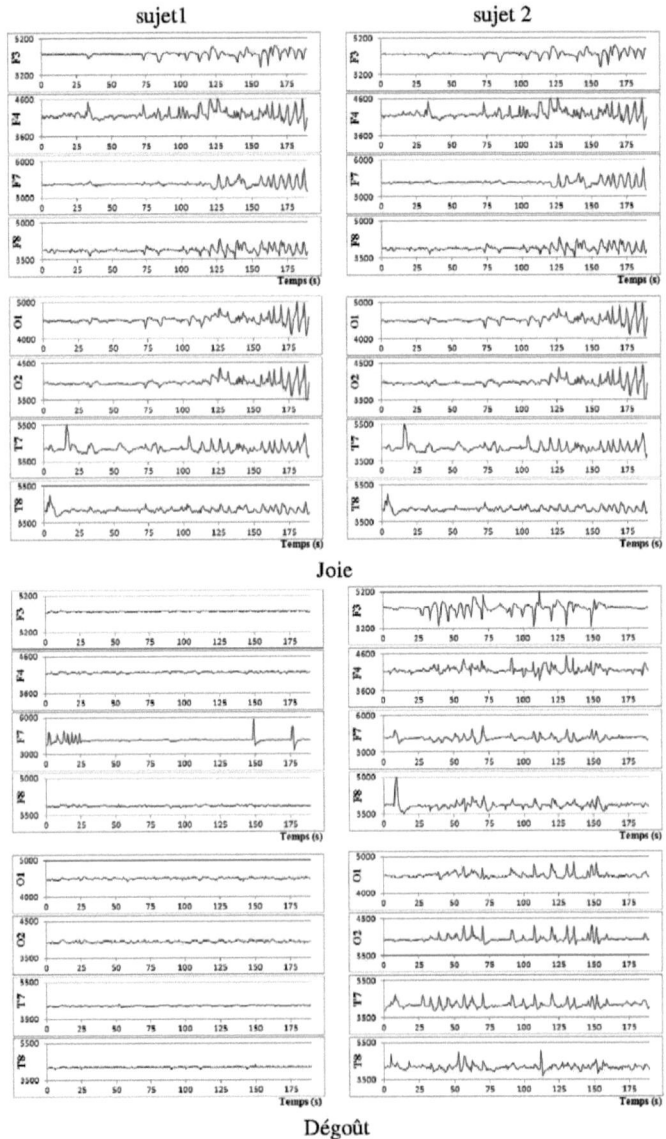

FIGURE 4.17 – Signaux EEG correspondant aux quatre émotions.

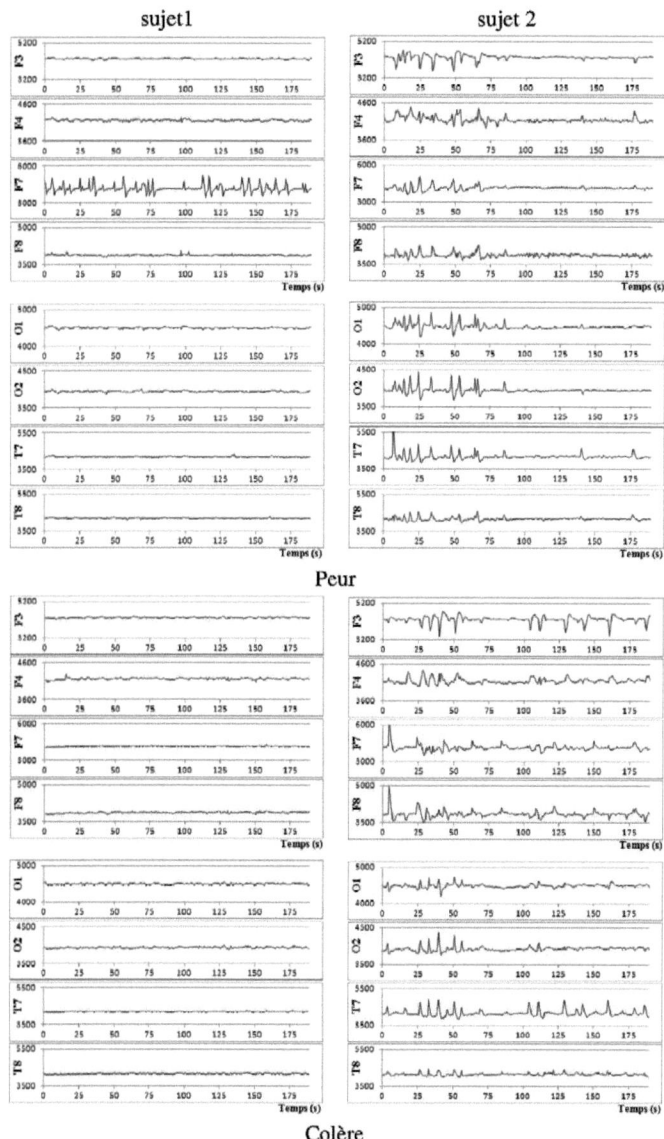

FIGURE 4.18 – Signaux EEG correspondant aux quatre émotions.

Sujets	SVM	Naïve bayésienne	Régression logistique
Sujet 1	95.73%	68.21%	98.01%
Sujet 2	91.79%	76.1%	94.6%
Sujet 3	41.51%	38.71%	50.3%
Sujet 4	35.0%	36.0%	52.0%
Sujet 5	81.95%	80.38%	84.78%
Sujet 6	39.0%	38.0%	50.0%
Sujet 7	61.0%	52.0%	57.0%
Sujet 8	47.0%	47.0%	51.0%
Sujet 9	41.7%	48.0%	63.0%
Moyenne	**59.41%**	**53.82%**	**65.89%**

TABLE 4.7 – Taux de reconnaissance des émotions pour les données EEG pour chaque classifieur.

VR) en utilisant les trois critères d'évaluation de performance de chaque classifieur (taux de bonne classification, précision, et matrice de confusion).

Les algorithmes que nous avons utilisés sont implementés dans Weka [6]. Weka (Waikato Environment for Knowledge Analysis) est un outil de traitement et d'analyse de données (apprentissage automatique) Open Source, développé à l'Université de Waikato (Nouvelle-Zélande). Il permet de manipuler et d'analyser des fichiers de données, implémentant la plupart des algorithmes de classification (le SVM, la régression logistique, les arbres de décision, les réseaux de neurones, etc.).

4.6.2.1 Analyse des signaux EEG

Le Tableau 4.7 présente le taux de bonne classification des émotions pour 9 sujets, en utilisant les 14 signaux EEG. La classification donne des résultats significatifs avec un taux de reconnaissance moyen de 59% pour le SVM, de 54% pour le naïve bayésienne et de 66% pour la régression logistique. En comparant ces trois classifications, nous remarquons que les meilleurs résultats sont obtenus avec la méthode de régression logistique. Dans le Tableau 2.7 (présenté au paragraphe 2.3.2.4), nous avons cité les travaux de Takahashi [194] et de sakata et al. [170]. La première étude donne un taux de classification de 42.7% pour les cinq classes émotionnelles alors que la deuxième étude donne seulement 29% pour l'identification des six états émotionnels. Les résultats de notre expérimentation sont supérieurs aux études précédentes en utilisant la modalité EEG. Par conséquent, nous pouvons affirmer que l'utilisation du casque Epoc dans la reconnaissance d'émotions a donné des résultats meilleurs que ceux précédemment cités.

Certains travaux dans la psychologie et la sociologie ont montré que les femmes sont plus sensibles à la reconnaissance des émotions que les hommes [186, 184, 118, 195]. Une analyse plus détaillée de nos résultats montre que les femmes (sujet 1, 2 et 5) obtiennent les meilleurs résultats. Nous observons que les activations au niveau des régions du cerveau O2, P8, T8, FC6, F4, F8 et AF4 sont plus disposées à reconnaître l'état émotionnel. La Figure 4.19 représente les taux de classification de chaque région pour les trois sujets, pour toutes les émotions. Comme on peut le voir, la région droite du cerveau est

---
6. http://www.cs.waikato.ac.nz/ml/weka/

Résultats 79

Sujets	SVM	Naïve bayésienne	Régression logistique
Joie	76.46%	71.13%	74.84%
Colère	50.97%	53.66%	64.81%
Dégoût	59.28%	49.41%	61.83%
Peur	48.21%	49.19%	60.91%

TABLE 4.8 – Précision des émotions pour les données EEG pour chaque classifieur.

plus disposée à la reconnaissance des émotions que la région gauche.

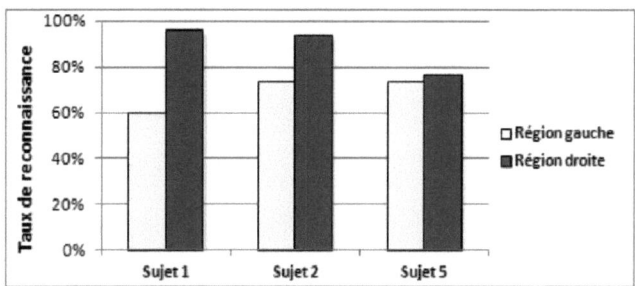

FIGURE 4.19 – Taux de reconnaissance des émotions pour les sujets 1, 2 et 5 par région du cerveau avec le classifieur régression logistique.

Le Tableau 4.8 présente les moyennes de la précision obtenues pour les quatre émotions, pour tous les sujets (les signaux EEG). Il donne des résultats de reconnaissance des émotions dans chaque classe. Nous remarquons que les meilleurs résultats sont obtenus dans la classe joie avec une précision de 79.46% pour le SVM, 70.80% pour le naïve bayésienne et de 74.84% pour la régression logistique. Par contre, nous observons que les sujets sont incapables d'exprimer leur peur. Nous pouvons conclure qu'il est plus facile de reconnaître la joie que les autres émotions, via les signaux EEG.

Le troisième critère d'évaluation de l'émotion dans notre expérimentation est la matrice de confusion. Ce critère est un outil de représentation quantitative servant à mesurer la qualité d'un système de classification. Les Tableaux 4.9, 4.10 et 4.11 représentent les matrices de confusion de différentes émotions, pour les trois méthodes de classification. Ces trois matrices montrent l'efficacité de la méthode de classification avec la régression logistique, où le taux de reconnaissance le plus élevé correspond toujours à la bonne émotion. Pour ce classifieur, nous avons obtenu de bons résultats pour la majorité des émotions avec un taux moyen $\simeq 76,36\%$.

4.6.2.2 Analyse des signaux périphériques (ECG et VVR)

Maintenant, nous nous intéressons aux signaux périphériques. Comme observé précédemment, nous obtenons les meilleurs résultats avec la méthode de régression logistique avec un taux de reconnaissance de 72,70% (Tab. 4.12). Par contre, il n'y a pas eu de distinction entre les émotions ressenties par les hommes et les femmes. Le taux de classification moyen obtenu avec les signaux périphériques est de 72,70%, en comparaison

Films \ Ressentis	Joie	Dégoût	Colère	Peur
Joie	**80,21%**	11,99%	1,80%	6,01%
Dégoût	15,87%	**60,39%**	7,85%	1,61%
Colère	11,27%	18,45%	**44,92%**	25,36%
Peur	4,27%	3,60%	10,40%	**55,51%**

TABLE 4.9 – Matrice de confusion des émotions pour le classifieur SVM.

Films \ Ressentis	Joie	Dégoût	Colère	Peur
Joie	**71,89%**	14,88%	7,91%	5,32%
Dégoût	12,29%	**61,21%**	16,61%	9,89%
Colère	12,51%	15,58%	**47,64%**	24,27%
Peur	12,66%	14,53%	15,77%	**57,05%**

TABLE 4.10 – Matrice de confusion des émotions pour le classifieur naïve bayésienne.

Films \ Ressentis	Joie	Dégoût	Colère	Peur
Joie	**76,36%**	9,92%	5,98%	7,74%
Dégoût	9,64%	**73,81%**	10,71%	5,84%
Colère	4,10%	12,92%	**65,40%**	17,58%
Peur	11,44%	6,56%	16,75%	**63,04%**

TABLE 4.11 – Matrice de confusion des émotions pour le classifieur régression logistique.

Sujets	SVM	Naïve bayésienne	Régression logistique
Sujet 1	62.9%	58.2%	61.8%
Sujet 2	85.1%	88.2%	91.2%
Sujet 3	79.2%	79.1%	78.9%
Sujet 4	85.2%	84.3%	85.7%
Sujet 5	52.6%	62.8%	65.6%
Sujet 6	81.1%	80.2%	81.2%
Sujet 7	50.6%	50.4%	50.9%
Sujet 8	65.4%	62.2%	64.8%
Sujet 9	73.2%	77.4%	74.2%
Moyenne	**70.59%**	**71.42%**	**72.70%**

TABLE 4.12 – Taux de reconnaissance des émotions pour les données enregistrées par des signaux périphériques pour chaque classifieur.

avec les signaux EEG où le taux de classification moyen obtenu est de 66%. Cela permet de conclure que les signaux périphériques sont également des facteurs importants pour l'évaluation de l'émotion humaine.

Le Tableau 4.13 montre que la reconnaissance de la peur est obtenue avec précision

Résultats 81

Sujets	SVM	Naïve bayésienne	Régression logistique
Joie	72.67%	74.2%	71.9%
Colère	69.9%	72.3%	72.7%
Dégoût	59.9%	63.9%	65.6%
Peur	74.7%	72%	76.5%

TABLE 4.13 – Précision des émotions pour les signaux périphériques avec les trois classifieurs.

Sujets	SVM	Naïve bayésienne	Régression logistique
Sujet 1	41,20%	42,20%	44,92%
Sujet 2	29,30%	32,40%	50,40%
Sujet 3	29,02%	30,21%	45,20%
Sujet 4	36,40%	26,40%	42,60%
Sujet 5	55,10%	40,52%	56,30%
Sujet 6	43,23%	37,21%	43,20%
Sujet 7	48,31%	47,50%	48,03%
Sujet 8	61,10%	56,10%	66,40%
Sujet 9	46,51%	37,06%	53,62%
Moyenne	**43,35%**	**38,84%**	**50,07%**

TABLE 4.14 – Taux de reconnaissance des émotions pour les données expressives pour chaque classifieur.

Sujets	SVM	Naïve bayésienne	Régression logistique
Joie	74,40%	77,20%	78,50%
Colère	34,40%	41,20%	46,20%
Dégoût	55,60%	50,40%	55,80%
Peur	38,60%	39,60%	45,60%

TABLE 4.15 – Précision des émotions pour les données expressives de l'Epoc.

égale à 76.5%. Ces résultats permettent d'affirmer que les signaux périphériques sont mieux adaptés pour la reconnaissance de la peur.

4.6.2.3 Analyse les données expressives (Epoc)

Les résultats pour les signaux expressifs ne permettent pas d'extraire des informations significatives. En effet, nous obtenons un taux de classification maximum de 50% (Tab. 4.14). Par contre, le Tableau 4.15 représente les moyennes de la précision de chaque classe d'émotion pour tous les sujets. Nous remarquons que les meilleurs résultats sont obtenus dans la classe joie avec une précision de 78,50% avec le classifieur régression logistique, ainsi que la classe dégoût avec une précision de 55,80% avec le même classifieur.

4.6.3 Synthèse

Nous avons utilisé dans notre expérimentation trois classifieurs : le SVM, le classifieur Bayésien, la régression logistique. Les taux de classification sont obtenus par validation croisée. Les résultats (Tab. 4.7, 4.12 et 4.14) montrent que les taux de classification du classifieur Bayésien et du classifieur par SVM sont inférieurs à ceux du classifieur régression logistique. La régression logistique donne les meilleurs taux de classification. D'après les deux Tableaux 4.7 et 4.12, nous remarquons que les meilleurs taux de reconnaissance pour les sujets 1, 2, 5, 7, 9 sont obtenus en utilisant les signaux EEG. Par contre, les meilleurs taux de reconnaissance pour les sujets 2, 4, 6 et 9 sont obtenus en utilisant les signaux physiologiques ECG et VVR. Cependant, dans le tableau 4.14, nous observons que les taux de classification sont faibles sur tous les sujets sauf le sujet 2 et 5. Il est raisonnable d'espérer que certaines caractéristiques d'émotions peuvent être obtenues par l'utilisation de l'une des caractéristiques physiologiques (ECG et VVR) ou les signaux EEG de l'Epoc. Par exemple, le Tableau 4.8 montre une meilleure classification pour les deux émotions joie et dégoût, alors que le Tableau 4.13 montre une meilleure classification pour les deux émotions peur et colère. Nous remarquons que le taux de précision dans les données expressives haut-niveau de l'Epoc montre une meilleurs reconnaissance sur les émotions joie et dégoût.

4.7 Extraction des modèles mathématiques

Après l'acquisition et le traitement des signaux physiologiques, nous avons proposé une méthodologie qui permet d'extraire les émotions à partir des signaux acquis via les différentes modalités, et ceci en temps réel. Cette méthodologie consiste à trouver une correspondance entre un signal et une émotion. Sa construction est basée sur la définition de modèles mathématiques émotionnels. L'implémentation de ces modèles est construite à partir des résultats des expérimentations que nous avons menées. Dans un premier temps, nous définissons les modèles mathématiques proposés. Puis, nous décrivons les modèles proposés pour différents signaux utilisés dans nos expérimentations.

4.7.1 Description des modèles

Nous avons développé quatre types de modèles mathématiques : le modèle *Dummy*, le modèle *empiric*, le modèle *RL* (régression linéaire) et le modèle *RNL* (régression non linéaire). Nous donnons la description de chaque modèle ci-dessous.

Nous présentons un signal correspondant à une modalité donnée S_i.

Une émotion est représentée par e_j où j est l'indice de la dite l'émotion. Dans ce qui suit, nous noterons : $e_1 \to joie$, $e_2 \to dégoût$, $e_3 \to peur$, $e_4 \to colère$, $e_5 \to tristesse$ et $e_6 \to surprise$. Un modèle d'émotions est représenté par F_{e_j}.

Modèle *Dummy* : la représentation d'une émotion est définie par la valeur du signal elle-même, normée par un coefficient de multiplication,

Modèle *Empiric* : la représentation d'une émotion dans le modèle *empiric* est définie par la moyenne μ_x et l'écart-type σ_x.

Modèle RL : les émotions sont représentées sous la forme d'une équation linéaire $a.x+b$ avec a et b deux paramètres qui définissent l'évaluation de ce modèle.

Modèle RNL : la représentation d'une émotion est définie par une équation polynomiale du deuxième degré $a.x^2 + b.x + c$ avec a, b et c les paramètres de cette équation.

4.7.2 Identification des modèles

Dons cette partie, nous avons identifié, à partir des expérimentations que nous avons réalisées, quelques exemples de modèles mathématiques émotionnels (un ou deux exemples pour chaque type de modèle). Nous allons donner un exemple d'utilisation (1) les modèles *RL* et *RNL* pour identifier la variation du rythme cardiaque et (2) les modèles *empiric* pour identifier les signaux expressifs de l'Epoc, pour les différentes émotions.

4.7.2.1 Fréquence cardiaque

Nous avons utilisé les deux modèles mathématiques émotionnels *RL* et *RNL* pour présenter la variation du rythme cardiaque, pour les différentes émotions. À partir des Figures de l'expérimentation 1, nous avons extrait six modèles *RL*. À partir des résultats, nous avons tracé la courbe de tendance linéaire de la fréquence cardiaque pour chaque type d'émotion. Nous avons déterminé les deux paramètres a et b de chaque modèle F_{e_j} à partir de la Figure 4.15, en utilisant la méthode des moindres carrés, basée sur une régression linéaire simple. Nous appelons ces modèles $WristOx2\_Pulse\_ChangeRL$.

Les modèles $WristOx2\_Pulse\_ChangeRL$ sont définis par les équations 4.1 :

$$\begin{cases} F_{e_1} = & -0,2.x + 0,74, \\ F_{e_2} = & -0,34.x + 0,76, \\ F_{e_3} = & 1,12.x - 0,11, \\ F_{e_4} = & 0,96.x - 2,6, \\ F_{e_5} = & -0,55.x + 0,86, \\ F_{e_6} = & 0,03.x + 1,7, \end{cases} \quad (4.1)$$

L'extraction des modèles *RL* avec la régression linéaire est une méthode qui présente des avantages au niveau du temps de réponse et de la complexité. Malgré ces avantages, ces modèles comportent cependant des défauts. La détermination de deux paramètres sera estimée avec une mauvaise précision (grande variance). Par exemple, dans le cas du calcul du modèle de la surprise, le modèle *RL* ne permet pas d'identifier le pic (Fig. 4.15(b)). Pour surmonter ces problèmes, nous avons proposé d'autres modèles émotionnels qui utilisent la méthode *RNL*. Les paramètres a, b et c de chaque modèle F_{e_j} sont déterminés à partir de la Figure 4.15, en utilisant une interpolation basée sur une régression polynomiale. Nous appelons ces modèles par $WristOx2\_Pulse\_ChangeRNL$.

Les modèles $WristOx2\_Pulse\_ChangeRNL$ sont définis par les équations 4.2 :

$$\begin{cases} F_{e_1} = & -0,07.x^2 + 0,76.x - 0,74, \\ F_{e_2} = & -0,01.x^2 - 0,22.x + 0,47, \\ F_{e_3} = & -0,106.x^2 + 2,5.x - 3,3, \\ F_{e_4} = & 0,014.x^2 + 0,78.x - 2,18, \\ F_{e_5} = & 0,001.x^2 - 0,55.x + 0,87, \\ F_{e_6} = & -0,15.x^2 + 1,89.x - 2,33, \end{cases} \quad (4.2)$$

Émotions	Moyenne	Écart-type
Dégoût	80%	20%
Peur	50%	15%
Surprise	20%	20%

TABLE 4.16 – Exemple du modèle *Empiric* correspondant au signal *Clench* de l'Epoc.

4.7.2.2 Données expressives de l'Epoc

Ces signaux utilisent les deux modèles mathématiques émotionnels *Empiric* et *Dummy*. A partir de la Figure 4.13 de l'expérimentation 1 et du Tableau 4.15 de l'expérimentation 2, nous avons observé une corrélation entre (1) les signaux *Smile*, *Laugh* et la joie, (2) le signal *Furrow Brow* et la Colère, et (3) le signal *Raise Brow* et la Surprise. Par conséquent, nous pouvons utiliser le modèle *Dummy* pour les signaux de la suite expressive de l'Epoc *Smile, Laugh, et Furrow Brow*. Concernant le signal *Clench*, nous avons observé que ce signal varie selon le trois émotions (dégoût, peur et surprise). Pour cela, nous avons décidé d'utiliser le modèle *Empiric* en donnant les valeurs moyenne μ_x et écart-types σ_x de chaque émotion. Le Tableau 4.16 présente un exemple du modèle *Empiric* correspondant au signal *Clench* (la moyenne et l'écarts-type de chaque émotion).

4.7.2.3 Expressions faciales

En ce qui concerne l'utilisation d'expressions faciales dans la reconnaissance d'émotions et plus particulièrement pour la constitution de notre vecteur émotionnel, nous avons intégré un module haut niveau développé au laboratoire par Danisman [48]. Ce module permet de reconnaître, en temps réel, différentes expressions faciales à l'aide d'une webcam dans un environnement non contrôlé en terme de luminosité. Pour la prise en compte des sorties du module (expressions faciales) dans la reconnaissance des émotions, nous avons utilisé le modèle Dummy.

4.7.3 Paramètres de fusion locaux et globaux

Après l'identification des modèles mathématiques émotionnels, nous avons identifié, à partir des expérimentations que nous avons réalisées, les paramètres de fusion de chaque signal et chaque modalité en fonction de chaque émotion. L'objectif est alors de mettre en place des mécanismes permettant d'exploiter conjointement les informations recueillies. La fusion proposée est appliquée au niveau décisionnel en utilisant des poids déterminés d'une façon empirique.

La phase de fusion se décline en deux étapes : fusion locale des signaux et fusion globale des modalités. La première consiste à extraire, à partir des vecteurs d'émotions issus d'une modalité, le vecteur d'émotions correspondant à cette modalité. En effet, elle consiste à fusionner les vecteurs d'émotions des différents signaux d'une modalité. Une fois cette fusion effectuée, nous appliquons la deuxième phase de fusion. Cette fusion globale consiste à extraire, à partir des vecteurs d'émotions des modalités, un vecteur d'émotions global intégrant toutes les modalités.

A partir des résultats obtenus pour les deux expérimentations (paragraphe 4.6.3), Nous remarquons que certaines caractéristiques d'émotions peuvent être obtenues par l'utilisation de l'un des signaux périphériques physiologiques VR ou ECG, des signaux EEG ou des données haut-niveau de l'Epoc. La détermination de ces coefficients de pondération est décrite dans le Tableau 4.17 et 4.18.

Modalité	Signal	Joie	Surprise	Dégoût	Colère	Peur	Tristesse
Epoc	Clench	0	30%	100%	0%	0%	0%
	Smile	60%	0%	0%	0%	0%	0%
	LeftSmirk	10%	0%	0%	0%	0%	100%
	FurrowBrow	0%	0%	0%	60%	0%	0%
	RaiseBrow	0%	70%	0%	0%	0%	0%
	Frustration	0%	0%	0%	40%	40%	0%
	Laugh	30%	0%	0%	0%	0%	0%
Total		**100%**	**100%**	**100%**	**100%**	**100%**	**100%**
WristOx2	Pulse	100%	100%	100%	100%	100%	100%
	Oximeter	0%	0%	0%	0%	0%	0%
Total		**100%**	**100%**	**100%**	**100%**	**100%**	**100%**

TABLE 4.17 – Liste des paramètres pour la fusion locale.

Modalité	Joie	Surprise	Dégoût	Colère	Peur	Tristesse
Epoc	75%	80%	80%	20%	30%	60%
WristOx2	25%	20%	20%	80%	70%	40%
Total	100%	100%	100%	100%	100%	100%

TABLE 4.18 – Liste des paramètres pour la fusion globale.

4.8 Conclusion

Dans ce chapitre, nous avons présenté une approche concernant la reconnaissance automatique (temps réel) des émotions. Celle-ci est fondée sur l'acquisition et le traitement des signaux physiologiques. L'objectif était de développer différentes d'expérimentations permettant de stimuler de manière émotionnelle et contrôlée différents sujets humains, et de calibrer les capteurs utilisés à l'aide d'images IAPS et de séquences vidéo stimulant des émotions telles que la joie, la colère, le dégoût, la tristesse, la surprise ou la peur. Nous avons choisi trois types de modalités pour la prédiction émotionnelle (casque EEG, capteur biofeedback ECG et ceinture de respiration). Nous avons utilisé plusieurs méthodes, outils d'acquisition et de traitements des signaux physiologiques. Dans la première expérimentation, nous avons utilisé une méthode d'analyse statistique descriptive, basée sur les vecteurs d'indicateurs pertinents et l'analyse de variance à un facteur (ANOVA). Dans la deuxième expérimentation, nous avons utilisé trois méthodes de classification : SVM, naïve bayésienne et régression logistique. Nous avons comparé les performances relatives de chacune des méthodes en utilisant trois critères d'évaluation (le taux de bonne classification, la matrice de confusion et la précision). Le Tableau 4.19 résume les résultats obtenus pour les deux expérimentations. Nous remarquons que certaines caractéristiques d'émotions peuvent être obtenues par l'utilisation de l'un des signaux périphériques physiologiques VR ou ECG, ou des signaux EEG. Afin d'améliorer ce taux de reconnaissance global, nous avons fusionné les informations issues des différents capteurs physiologiques. Les méthodes de fusion font l'objet du prochain chapitre.

Critères	Expérimentation 1	Expérimentation 2
Signaux	Exp, Aff, ECG	EEG, Exp, ECG, VVR
Sujets	16	15
Méthode	ANOVA	SVM, RL, NB
Émotions	6 Es.	4 Es.
Stimuli	IAPS	Séquences de Films
EEG	–	SVM : 59,4%, NB : 53,8%, RL : 65,9%
ECG/VVR	variation significative	SVM : 70,6%, NB : 71,4%, RL : 72,7%
Exp	variation significative	SVM : 43,3%, NB : 38,8%, RL : 50,1%

Signaux : signaux expressives de l'Epoc (Exp) ; signaux affectives de l'Epoc (Aff) ; signaux électroencéphalographie de l'Epoc (EEG), variation du rythme cardiaque (ECG) ; variation du volume respiratoire (VVR). **Classificateurs** : naïve bayésienne (NB), régression logistique (RL), machine à vecteurs de support (SVM). **Autres abréviations** : émotions (Es.).

TABLE 4.19 – Comparaison des algorithmes de reconnaissance des signaux physiologiques.

A partir des résultats obtenus par les deux expérimentations menées, nous avons proposé une méthodologie qui a permis d'extraire les émotions à partir des signaux acquis via les différentes modalités, en temps réel. Nous avons défini quatre types de modèles mathématiques émotionnels. Par la suite, nous avons utilisé ces modèles pour construire une base de données de modèles, implémentés à partir des résultats de nos expérimentations. Le chapitre suivant est consacré au développement d'une plate-forme d'analyse comportementale et émotionnelle qui utilise les résultats présentés dans ce chapitre.

5

Plate-forme d'analyse comportementale et émotionnelle

5.1 Introduction

Le protocole expérimental décrit dans le chapitre précédent nous a permis d'extraire des modèles pour la reconnaissance automatique des émotions. Nous allons maintenant présenter la plate-forme à laquelle sont destinés ces modèles. Celle-ci a pour objectif d'automatiser la reconnaissance d'émotions via l'estimation d'un vecteur d'état émotionnel formé à partir des signaux recueillis par différents capteurs (modalités).

Notre plate-forme est basée sur un système multimodal affectif impliquant l'analyse comportementale et émotionnelle de l'utilisateur en temps réel. La Figure 5.1 présente le schéma simplifié de la plate-forme que nous avons voulu modulaire, afin qu'elle puisse être facilement intégrable à différentes applications dans le domaine de l'informatique affective (Affective Computing).

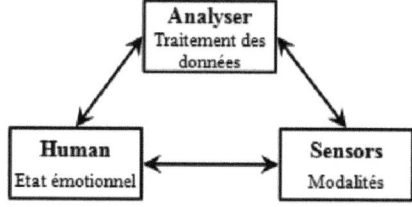

FIGURE 5.1 – Schéma simplifié de la plate-forme PACE.

La plate-forme, considérée comme un middleware, est basée sur un composant logiciel écrit en C++, et utilise différents dispositifs de mesure (caméra, casque EEG, biocapteur, microphone) pour l'acquisition des signaux multimodaux associés aux émotions. Ces signaux sont traités avec des algorithmes (*solveurs*) permettant d'obtenir un vecteur d'état émotionnel. Son développement est basé sur une architecture modulaire impliquant une séparation entre la partie matérielle (acquisition des signaux disponibles) et la partie logicielle (système multimodal).

La plate-forme est ainsi ouverte et adaptable à de nouvelles configurations, avec une modification possible des différents paramètres. Elle est composée de trois modules principaux : *Human, Sensors, Analyser*. Le module *Human* représente l'état émotionnel de l'utilisateur, le module *Sensors* représente la partie relative à l'acquisition des signaux, le module *Analyser* est le cœur de la plate-forme car il gère le traitement des informations issues du module *Sensors*. Ces différents modules communiquent entre eux en temps réel.

Dans ce chapitre, nous présentons l'architecture de la plate-forme (PACE), et en particulier les différents modules sur lesquels elle s'appuie. Puis, nous détaillons l'interaction entre ces modules et plus précisément les processus de communication. Enfin, Nous abordons une partie expérimentale dont l'objectif est l'évaluation et la validation de la plate-forme PACE. Les résultats obtenus sont présentés et analysés.

5.2 Approche proposée

Notre approche s'appuie sur les concepts de la multimodalité, pour créer une plate-forme adaptée à la reconnaissance d'émotions en temps réel. Dans la suite de ce chapitre, nous décrivons l'architecture détaillée de la plate-forme basée sur un modèle conceptuel à base de modules et composants. Dans cette section, nous nous penchons sur la conception globale de la plate-forme, c'est à dire sur l'identification des différents modules. Avant de décrire l'architecture de chaque module, nous présentons le protocole d'annotation d'information. Puis, nous décrivons les spécifications pour chaque types de module proposé (le module *Sensors*, le module *Analyser* et le module *Human*). Enfin, nous présentons la communication inter-modules et la manière d'agencer les différents modules entre eux.

5.2.1 Architecture générale

La Figure 5.2 illustre l'architecture de la plate-forme. Nous retrouvons le découpage présenté à la Figure 5.1, à savoir trois modules : le module *Sensors* pour la gestion des modalités, le module *Analyser* pour la gestion des modèles, et le module *Human* pour la gestion des émotions. Se greffent à cet ensemble deux modules supplémentaires, nommés *Core* et *Serialization*. En ce qui concerne le module *Core*, il a pour objectif de contenir la plupart des composants et fonctionnalités communs aux trois modules, et aux différents utilitaires. Le module *Serialization* a, quant à lui, en charge la sérialisation des différents composants qui peuvent être chargés ou sauvegardés (nous verrons par la suite que les paramètres d'un composant *Modèle* peuvent par exemple être chargés à partir d'un fichier XML).

5.2.2 Annotation de l'information

L'approche que nous avons définie dans ce chapitre a consisté à donner un aperçu de l'annotation des données, à la fois au niveau des émotions et des différents capteurs. L'annotation des données a permis de définir différents protocoles de normalisation des

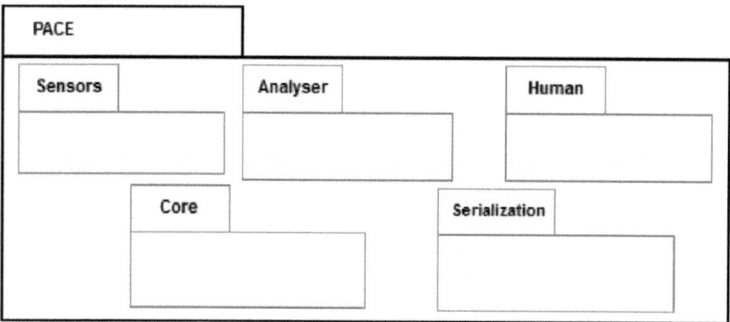

FIGURE 5.2 – Les différents modules de la plate-forme PACE.

différentes informations liées à la plate-forme. Nous avons ainsi mis en place des protocoles d'annotation et de représentation de données pour chaque module.

De nombreuses études ont montré que la modélisation et la détection des émotions pouvait améliorer l'interaction Homme-Machine. Beaucoup de travaux ont été menés en vue de proposer un protocole d'annotation pertinent. Le groupe de travail *Emotion Markup Language* (*EmotionML*) du W3C [1] a proposé un langage adapté à l'annotation et la représentation des émotions. Ce langage utilise le format XML pour les données et l'annotation de l'information émotionnelle. Cette approche permet, d'une part, à l'utilisateur de définir les balises spécifiques à chaque émotion, et d'autre part, d'aider les systèmes d'information dans le partage de données structurées. Luneski et Bamidis [117] ont proposé des techniques d'annotation XML pour les données émotionnelles. Wang et al. [209] ont également proposé l'ecgML pour annoter les données ECG.

L'objectif d'*EmotionML* est de transcrire l'expression des émotions via le langage XML. Il est capable de représenter plusieurs types d'émotions et permet de décrire la nature des émotions ainsi que de définir leur intensité, les comportements associés et les liens avec le monde réel (comme la source et la cible des émotions). Ce langage n'est pas spécifique à un modèle ou à une approche, il définit des balises telles que (<category>, <appraisals>, <dimensions>). Le langage *EmotionML* prend en charge les différents types de modalités. En effet, il utilise la balise <modality> pour l'annotation des modalités.

Nous avons mis en place des protocoles d'annotation et de représentation des données dans chaque module de la plate-forme : annotation de l'état émotionnel, des différents modalités et signaux utilisés, et annotation des modèles mathématiques utilisés par le module *Analyser*.

Dans ce chapitre, Nous utilisons les deux termes *sérialisation* et *désérialisation*. La *sérialisation* est un processus qui consiste à transformer un ensemble d'instances de composants en une suite d'octets. Cela permet de sauvegarder des instances de composants dans un fichier XML unique. L'opération inverse, qui consiste à récupérer ces octets et à les réinsérer dans l'instance de composant, s'appelle la *désérialisation*. Ainsi, chaque module de la plate-forme dispose d'un ensemble de composants permettant de réaliser

---

1. http://www.w3.org/TR/2009/WD-emotionml-20091029/

des processus de sérialisation et de désérialisation.

5.2.3 Module *Human*

Le module *Human* est dédié à la définition un sujet d'étude ainsi que des émotions à analyser. L'objectif est alors de représenter un sujet sous la forme d'un vecteur d'émotions, où chaque émotion est définie par une valeur numérique normalisée. Nous proposons tout d'abord la représentation de l'état émotionnel d'un sujet humain. Nous explicitons également les différents composants mis en œuvre, en montrant l'architecture détaillée du module *Human*.

5.2.3.1 Représentation de l'état émotionnel

Il existe différents modèles de représentation de l'état émotionnel d'un sujet humain, parmi lesquels nous avons choisi le modèle discret. Dans un modèle discret, chaque type d'émotion est désigné par un label spécifique, par exemple *colère, joie*, etc. L'état émotionnel présente l'ensemble des émotions ressenties par le sujet à un instant donné. Ces émotions sont déclenchées par des évènements extérieurs et décroissent naturellement au cours du temps.

Dans la plate-forme PACE, nous proposons de représenter chaque émotion par une variable dont la valeur se trouve dans l'intervalle $[0, 1]$. L'ensemble des émotions d'un sujet C à l'instant t est alors représenté par un vecteur $V_C(t) \in ([0, 1])^j$ où chaque $V_C^{(j)}$ donne la valeur de l'émotion j (joie, colère, etc.).

5.2.3.2 Architecture du module *Human*

L'émotion d'un sujet est présentée sous forme d'un vecteur d'émotions déterminé. Cette liste d'émotions étant nommée *SubjectProfile* (profil du sujet). Ainsi, la plate-forme peut intégrer plusieurs profils pour un même sujet. L'ensemble des émotions peuvent varier d'un sujet à un autre.

Le composant *SubjectManager* est responsable de la création des instances liées au module *Human*. Elle permet de créer et de détruire un profil, d'en charger un (à partir du disque dur), et de créer un sujet qui utilisera un profil donné. *SubjectProfile* est un composant listant les émotions que l'on souhaite analyser. Ce composant peut être sérialisé et désérialisé au format XML. En ce qui concerne le composant *Subject*, un sujet correspond à une personne physique pour laquelle on cherche à déterminer l'état émotionnel. Un sujet est créé en sélectionnant un profil existant. Plusieurs instances de sujets peuvent être créées à partir d'un même profil (Fig. 5.3).

L'ensemble des modèles de signaux sont sérialisables au format XML, en utilisant la normalisation présentée dans le Tableau 5.1.

La Figure 5.4 illustre un exemple de fichier XML correspondant à un profil de simulation. Ce fichier est automatiquement chargé au démarrage de l'application.

Approche proposée 91

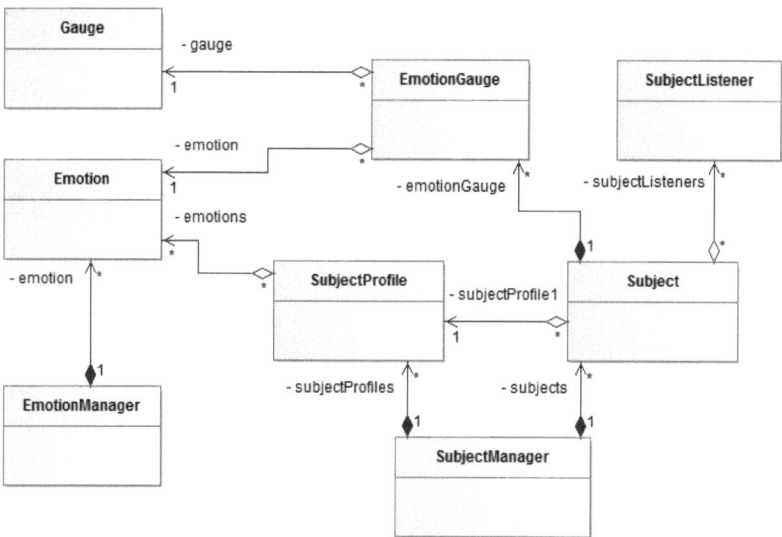

FIGURE 5.3 – Architecture détaillée du module Human.

Niv. 1	Niv. 2	Niv. 3	Description
SubjectProfile			Balise racine du fichier XML
	Name		Nom du profil
	Emotions		Liste des émotions liées à ce profil
		Emotion	Une émotion analysée par ce profil

TABLE 5.1 – Normalisation et sérialisation du module *Human*.

5.2.4 Module *Sensors*

Le module *Sensors* a pour rôle la gestion de l'ensemble des aspects liés à la définition et à l'utilisation des différentes modalités. Il gère aussi les aspects relatifs à l'acquisition des signaux issus des modalités. Nous proposons tout d'abord une définition d'une modalité et la représentation vectorielle de chaque signal. Nous décrivons également les différents composants mis en œuvre, en montrant l'architecture détaillée du module *Sensors*.

5.2.4.1 Représentation d'une modalité

Les modalités sont les médiateurs permettant de percevoir l'état émotionnel d'un sujet. Les données acquises peuvent en effet correspondre à différentes modalités (texte, des enregistrements quantitatifs, des images ou des séquences vidéo). En outre, une modalité peut être composée d'un ou plusieurs signaux, chaque signal ayant des caractéristiques spécifiques.

Cette variabilité rend difficile le couplage et la synchronisation de signaux. Cette difficulté est accentuée par le fait que la connexion entre les différents signaux et la plateforme PACE n'est pas assurée pour la durée de l'évaluation (état de la connexion non constant dû au retrait d'un périphérique par exemple, ou d'un dysfonctionnement). Enfin,

```xml
<?xml version="1.0" encoding="ISO-8859-1" ?>
<SubjectProfile>
  <Name>Film Stimuli profile</Name>
  <Emotions>
     <Emotion>Anger</Emotion>
     <Emotion>Disgust</Emotion>
     <Emotion>Joy</Emotion>
     <Emotion>Fear</Emotion>
  </Emotions>
</SubjectProfile>
```

FIGURE 5.4 – Exemple d'un fichier XML correspondant à un profil de simulation.

les données acquises ne sont pas normalisées.

Afin d'éviter ces problèmes, nous avons décidé de décomposer une modalité en un ou plusieurs signaux qui vont être normalisés. Par conséquent, la représentation d'une modalité sous forme d'un vecteur n'est appliquée qu'après la représentation de chaque signal par un vecteur d'émotions.

Dans la plate-forme PACE, une modalité est définie par $P = S_1, S_2, \ldots, S_n$ où n représente le nombre de signaux dont est impliqué ce dispositif. L'ensemble des émotions influencées par un signal S_i à l'instant t est alors représentée par un vecteur $V_{S_i}(t) \in ([0, 1])^j$ où chaque $V_{S_i}^{(j)}$ donne la valeur de l'émotion j (joie, colère, etc.).

5.2.4.2 Architecture du module *Sensors*

La Figure 5.5 représente le diagramme de classe du module *Sensors*. La classe *PeripheralManager* est responsable de la création des instances liées au module *Sensors*. Elle permet de créer et de détruire un type de périphérique, d'en charger un (à partir du disque dur), et de créer une instance de périphérique à partir d'un type donné.

La classe *PeripheralDevice* représente la définition du périphérique. Elle contient une liste de signaux, et sert de squelette pour la création d'une instance donnée. Cette classe peut être également sérialisée et désérialisée au format XML.

La classe *Peripheral* correspond à une modalité physique que l'on souhaite utiliser pour la détermination des émotions. Un périphérique est créé en sélectionnant un type de périphérique existant ; les signaux seront créés automatiquement en fonction de la liste contenue par la classe *PeripheralDevice* associée. Plusieurs instances de périphériques peuvent être ainsi créées à partir d'un même type de périphérique.

Les modèles de signaux sont sérialisables au format XML, en utilisant la normalisation présentée dans le Tableau 5.2.

Niv. 1	Niv. 2	Niv. 3	Description
PeripheralDevice			Balise racine du fichier XML
	Name		Nom du template de périphérique
	SignalsDevices		Liste des signaux associés à ce périphérique
		SignalDevice	Un template de signal associé à ce périphérique

TABLE 5.2 – Normalisation et sérialisation de module *Sensors*.

Approche proposée 93

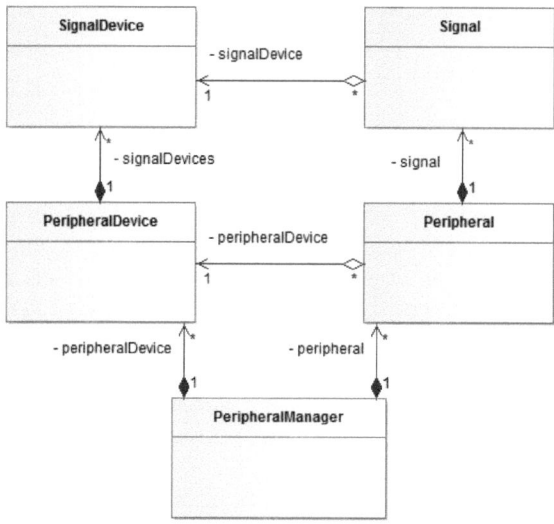

FIGURE 5.5 – Architecture détaillée du module *Sensors*.

5.2.5 Le module *Analyser*

Dans cette section, nous présentons l'architecture du module *Analyser*. Ce module est le cœur de notre plate-forme. Il gère l'acquisition et le traitement des données. Afin de suivre au plus près l'approche définie au chapitre 4, le module *Analyser* est découpé en trois sous-modules (Fig. 5.6) :

- Le module *SignalLevel* (niveau signal), géré par le module de gestion de la fusion au niveau signal,
- Le module *PeripheralLevel* (fusion et lissage local), qui est quant à lui responsable de la fusion locale des signaux,
- Le module *FusionLevel* (fusion et lissage global), qui finalise le traitement, en procédant à une fusion globale des données.

5.2.5.1 Traitement des données au niveau signal

Cette phase consiste à extraire, à partir des données brutes récueillies, un vecteur d'état émotionnel. Cette étape est considérée comme la première phase de l'analyse et du traitement des données. La plate-forme développée enregistre donc les données de chaque signal en temps réel et applique sur ces derniers des méthodes de calcul dont l'objectif est d'extraire le vecteur d'émotions. Ces méthodes de calcul (algorithmes) portent le nom de *solveur*.

Nous avons proposé et développé différents solveurs de complexité variable, et adaptés aux modalités d'acquisition des signaux et des informations :

- Le *Solveur empirique* (définit par la moyenne et l'écart-type),

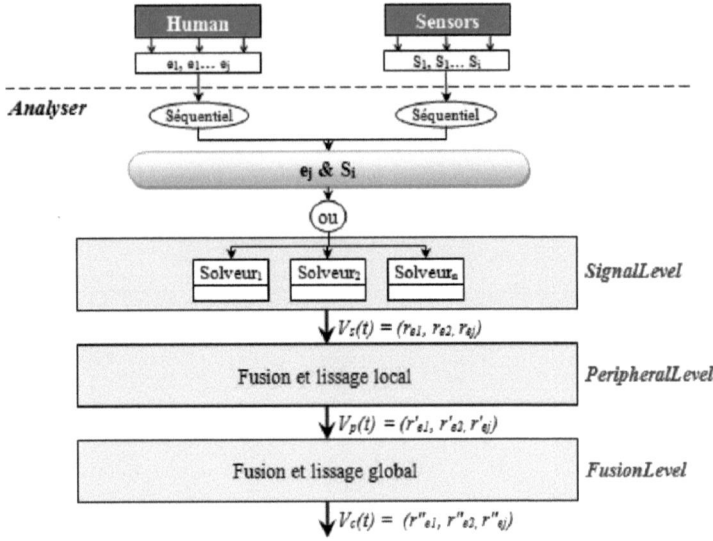

FIGURE 5.6 – Architecture détaillée du module *Analyser*.

- Le *Solveur RL* (Régression Linéaire),
- Le *Solveur RNL* (Régression Non-Linéaire),
- Le *Solveur Dummy* (solveur vide).

Notons T le temps d'échantillonnage, n le nombre d'échantillons du signal, et représentons chaque échantillon par un couple (x_i, y_i) représentant l'évolution temporelle du signal.

La Figure 5.7 montre les différents composants utilisés dans la première phase d'analyse et de traitement des données. Le composant *SignalModelManager* permet de créer et de détruire un modèle de signal, de le charger ou de le sauvegarder dans un fichier XML. Il garde une référence de chaque *SignalModel* présent dans le système.

Le composant *SignalModel* est une classe définissant un modèle de signal. Elle est associée à un solveur (présenté au paragraphe 4.7), et contient une liste de paramètres (destinés à ce solveur). Cette classe peut être sérialisée et désérialisée au format XML.

Le composant *SignalSolver* correspond à un outil mathématique qui applique une opération donnée en fonction de la valeur du signal fourni en entrée, et des paramètres présents dans le modèle concerné.

Les modèles de signaux sont sérialisables au format XML, en utilisant la normalisation présentée dans le Tableau 5.3.

a) Le solveur empirique

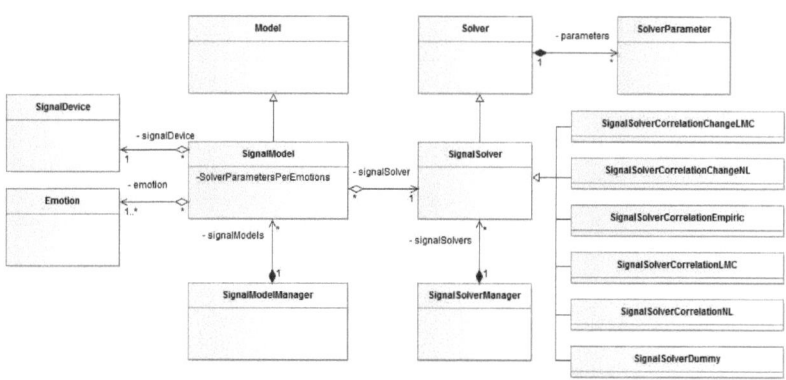

FIGURE 5.7 – Illustration les différents composants utilisés dans la première phase d'analyse et de traitement des données.

Niv. 1	Niv. 2	Niv. 3	Niv. 4	Description
SignalModel				Balise racine du fichier XML.
	Name			Nom du modèle de signal.
	PeripheralDevice			Périphérique auquel appartient le signal cible.
	SignalDevice			Signal cible.
	SignalSolver			Type de solveur à utiliser pour ce signal.
	Emotions			Liste des émotions impactées par ce signal.
		Emotion		Une émotion impactée par le signal.
			SignalModel Parameter	Paramètre(s) du solveur pour une émotion donnée.

TABLE 5.3 – Normalisation et sérialisation de module *SignalLevel*.

Rappelons que la représentation d'une émotion dans un modèle empirique est définie par la moyenne μ_m et l'écart-type σ_m du signal. Par conséquent, le solveur que nous décrivons dans cette section (*solveur empirique*) utilise uniquement la moyenne et, à l'aide du modèle *empiric* (présenté au paragraphe 4.7), détermine le vecteur d'émotions correspondant au signal S_i. La moyenne μ_e est calculée sur un échantillon extrait d'un signal S_i, dans un intervalle de temps T. Ensuite, en utilisant le modèle empirique de ce signal, nous cherchons l'intervalle (ou les intervalles) où se positionne la moyenne calculée. La valeur moyenne de l'émotion e_j de chaque intervalle est donnée par l'Equation 5.1 :

$$r_{e_j}(t) = 10 . \frac{\mu_e - (\mu_m - \sigma_m)}{2.\sigma_m} \tag{5.1}$$

Enfin, le signal S_i donne son propre vecteur d'état émotionnel $V_{S_i}(t) = (r_{e_1}, r_{e_2}, \ldots, r_{e_j})$, représentant les émotions V_{D_i}.

a) Le solveur RL

Le *solveur RL* (régression linéaire) détermine le vecteur d'émotions correspond au signal S_i en utilisant le modèle *RL*, présenté au paragraphe 4.7. La première étape de cette méthode consiste à trouver une équation linéaire du type $y = ax + b$, à partir des échantillons de n couples (x_i, y_i) du signal S_i. Nous déterminons les deux paramètres a et b en utilisant la méthode des moindres carrés, basée sur une régression linéaire simple. Nous appelons la courbe associée à cette équation F_{exp}.

La deuxième étape consiste à comparer deux courbes sur un même phénomène linéaire. La corrélation entre deux courbes mesure l'intensité de la liaison entre ces deux courbes. Cette corrélation est obtenue par le calcul du coefficient de corrélation linéaire r de Bravais-Pearson [7]. Ce coefficient de corrélation est égal au rapport de *covariance* et du produit (non *nul*) des écart-types de deux courbes, il est compris entre 0 et 1. La formule générale qui permet de calculer le coefficient de corrélation entre deux courbes est donnée à l'équation 5.2 :

$$r = \frac{\sum_{i=1}^{N}(x_i - \bar{x}).(y_i - \bar{y})}{\sqrt{\sum_{i=1}^{N}(x_i - \bar{x})^2}.\sqrt{\sum_{i=1}^{N}(y_i - \bar{y})^2}} \qquad (5.2)$$

Pour chaque modèle d'émotion F_{e_j} du signal S_i (modèles enregistrés dans la base de données), nous appliquons la formule de corrélation (Eq. 5.2) aux courbes F_{e_j} et F_{exp}. Le résultat de cette corrélation donne une valeur de l'émotion r_{e_j} du signal S_i correspondant à l'émotion e_j. Enfin, le signal S_i donne son propre vecteur d'état $V_{S_i}(t) = (r_{e_1}, r_{e_2}, \ldots, r_{e_j})$ représentant les émotions e_j détectées.

c) Le solveur RNL

Le *solveur RNL* (regression non-linéaire) détermine le vecteur d'émotions correspond au signal S_i, en utilisant le *modèle RNL*, présenté au paragraphe 4.7. Dans un premier temps, nous calculons une équation non linéaire du type :

$$P(x) = a_0 + a_1 x + \ldots + a_p x^p = \sum_{k=0}^{p} a_k x^k$$

Ce calcul est réalisé à partir d'un échantillon de n couples (x_i, y_i) d'échantillons du signal S_i. Les paramètres a_k sont calculés par la méthode de l'interpolation polynomiale, basée sur une régression polynomiale. Nous appelons la courbe associée cette équation F_{exp}.

Dans un second temps, nous comparons deux courbes sur un même phénomène polynomial. La corrélation mesure l'intensité de la liaison entre ces deux courbes. Cette corrélation est obtenue par le calcul du coefficient de corrélation linéaire r à l'aide de la loi de distribution Student [69]. Le coefficient de corrélation consiste à calculer tout d'abord la grandeur $t - test$ (écart critique), à l'aide de la formule donnée à l'équation 5.3. Puis, nous cherchons le coefficient de corrélation dans la table de la loi Student en utilisant l'écart critique et le degré de liberté $(2n - 2)$. Ce coefficient de corrélation est compris entre 0 et 1.

$$t = \frac{\bar{X} - \bar{Y}}{\sqrt{\frac{\sigma_X^2 + \sigma_Y^2}{N-1}}} \qquad (5.3)$$

Approche proposée 97

Pour chaque modèle d'émotion F_{e_j} du signal S_i (modèles enregistrés dans la base de données), nous appliquons la méthode de la loi Student (Eq. 5.3) aux courbes F_{e_j} et F_{exp}. Nous obtenons alors une valeur r_{e_j} du signal S_i correspond à l'émotion e_j. Le signal S_i donne son propre vecteur d'état $V_S(t) = (r_{e_1}, r_{e_2}, \ldots, r_{e_j})$ représentant les émotions.

Illustrons un exemple pratique d'utilisation de *solveur RNL*. La Figure 5.8 (a) montre les modalités et les signaux sélectionnés dans notre exemple (modalité utilisée : WristOx2, signal utilisé : rythme cardiaque RC). La Figure 5.8 (b) illustre deux modèles d'émotions ($F_{e_{joie}}$ et $F_{e_{peur}}$) correspondant à ce signal. La Figure 5.8 (c) présente les deux courbes correspondant à ces deux modèles, ainsi que la courbe correspondant à F_{exp}. Nous appliquons la méthode de la loi Student (Eq. 5.3) sur la courbe du $F_{e_{joie}}$ avec la courbe F_{exp}, et ensuite sur la courbe du $F_{e_{peur}}$ avec la courbe F_{exp}. Nous obtenons alors le vecteur d'émotions 5.4 correspond au signal RC (rythme cardiaque).

$$V_{RC}(t) = (r_{e_{joie}}, r_{e_{peur}}) = (0.1, 0.9) \tag{5.4}$$

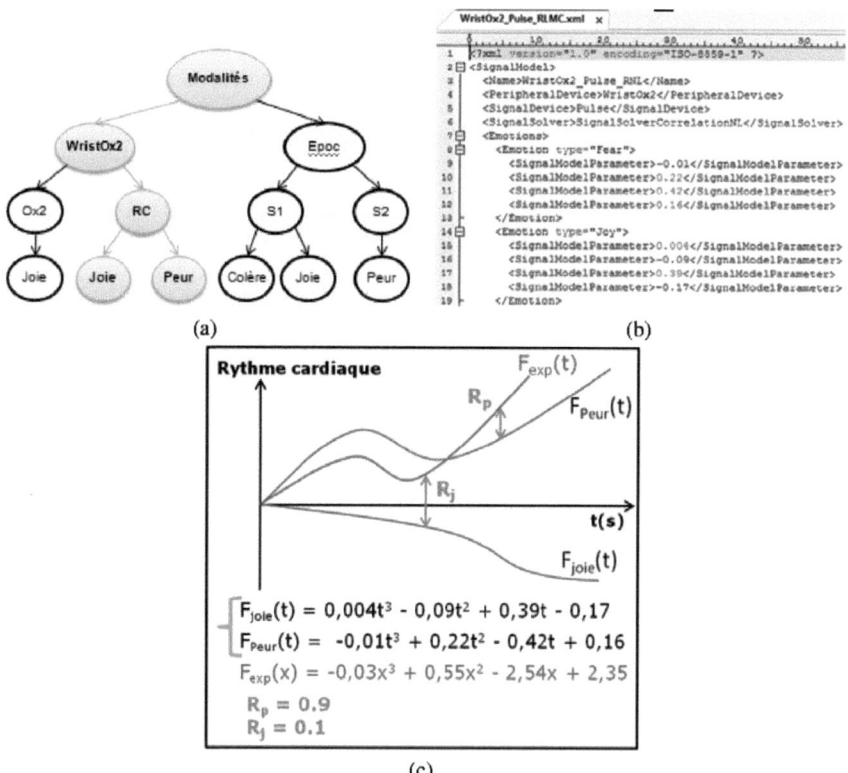

FIGURE 5.8 – Exemple pratique d'utilisation du solveur RNL : (a) modalités et signaux sélectionnés, (b) exemple de fichier XML correspondant à le un modèle du signal, et (c) les deux courbes correspondant à ces deux modèles.

d) Le Solveur Dummy

Le principe du *solver Dummy* est simple, il considère la valeur de l'émotion r_{e_j} égale à la valeur du signal $S_i(t)$ (Eq. 5.5).

$$r_{e_j} = S_i(t) \tag{5.5}$$

5.2.5.2 Fusion et lissage locaux des signaux

La phase de fusion et de lissage locaux des signaux consiste à extraire, à partir des vecteurs d'émotions issus d'une modalité (première phase d'analyse et de traitement des données), le vecteur d'émotions correspondant à cette modalité. C'est la seconde phase d'analyse et de traitement des données. Cette phase se décline en deux étapes. La première consiste à fusionner les vecteurs d'émotions de différents signaux d'une modalité, en valorisant ou en dévalorisant l'influence de chaque signal de ladite modalité sur chacune des émotions (coefficients de pondération). Ces coefficients de pondération sont récupérés à partir d'un modèle associé à cette modalité, ce modèle est stocké dans un fichier XML. Nous appelons ces coefficients α_{ji} du signal S_i correspondant à l'émotion e_j. Une fois cette fusion effectuée, nous appliquons un lissage par rapport à l'itération temporelle précédente. Ce lissage est défini par les deux coefficients de pondération β à l'instant t, et $1 - \beta$ à l'instant $t - 1$ (ces coefficients ont été affinés par des expérimentations). Enfin, la modalité P_k donne son propre vecteur d'émotions $V_{P_k}(t) = (r'_{e1}, r'_{e2}, \ldots, r'_{ej})$, correspondant aux émotions détectées à l'instant t. La formule générale qui permet de calculer les valeurs du vecteur d'émotions correspondant à modalité P_k est donnée à l'Equation 5.6.

$$V_{P_k}(t) = \begin{pmatrix} r'_{e1} \\ \ldots \\ r'_{ej} \end{pmatrix} = \begin{pmatrix} \beta \cdot \sum_{i=1}^{n}(\alpha_{1i} \cdot V_{S_i}^{(e1)}(t)) + (1-\beta) \cdot V_{P_k}^{(e1)}(t-1) \\ \ldots \\ \beta \cdot \sum_{i=1}^{n}(\alpha_{ji} \cdot V_{S_i}^{(ej)}(t)) + (1-\beta) \cdot V_{P_k}^{(ej)}(t-1) \end{pmatrix} \tag{5.6}$$

Avec :

– e_j : émotion à détectée (joie, colère, peur, etc.),

– r'_{e_j} : valeur de l'émotion e_j détectée par la modalité p,

– $V_{S_i}^{(ej)}$: valeur de l'émotion e_j détectée par le signal signal S_i.

– α_{ji} : la coefficient de pondération du signal S_i correspondant à l'émotion e_j, sachant que :
$\sum_{j=1}^{n} \alpha_{ji} = 1$,

– β : coefficient de lissage à l'instant t.

La Figure 5.9 illustre le modèle conceptuel de la fusion et du lissage local. Le composant *PeripheralModelManager* permet de créer et de supprimer un modèle (modalité), ainsi que de le charger et le sauvegarder dans un fichier XML. *PeripheralModel* est une classe définissant un modèle correspondant à chaque modalité. Ce composant est associé à un solveur défini par la classe *PeripheralSolver*, qui contient une liste de paramètres destinés à ce solveur, et définis par émotion impactées par la modalité et l'influence de chaque signal correspondant à cette modalité. Cette classe peut être sérialisée et désérialisée au format XML. Un solveur de modalité (composant *PeripheralSolver*) correspond à un outil mathématique qui applique une opération donnée en fonction de la valeur des signaux de la modalité (fournis en entrée), et des paramètres présents dans le modèle de cette modalité. Un seul type de solveur de modalité a été intégré à la plate-forme : le solveur *empirique*.

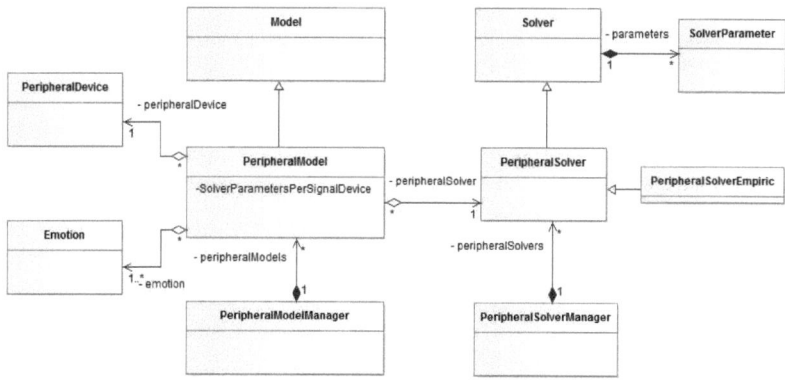

FIGURE 5.9 – Modèle conceptuel de la fusion et du lissage local des signaux.

Afin de pouvoir sérialiser et désérialiser chaque modèle de modalité à partir d'un fichier XML, nous avons défini un format de fichier illustré au Tableau 5.4.

Niv. 1	Niv. 2	Niv. 3	Niv. 4	Niv. 5	Niv. 6	Description
Peripheral Model						Balise racine du fichier XML
	Name					Nom du modèle de périphérique
	Peripheral Device					Périphérique cible
	Peripheral Solver					Type de solveur à utiliser pour ce périphérique
	Signals Devices					Liste des signaux impactés par ce modèle
		Signal Device				Un signal impacté par le modèle de périphérique
			Emotions			Liste des émotions impactées par le périphérique
				Emotion		Une émotion
					PeripheralSolver Parameter	Paramètre(s) du solveur pour une émotion donnée

TABLE 5.4 – Normalisation et sérialisation du modèle de la modalité.

Nous présentons un exemple de l'utilisation de la formule 5.6 pour obtenir la fusion et le lissage locaux des signaux. La modalité P_k est définie par deux signaux S_1 et S_2. Notre objectif est d'identifier le vecteur d'émotions correspondant à la modalité P_k en traitant les deux émotions *peur* et *joie* à l'instant t.

A l'instant $t-1$, les deux vecteurs émotionnels V_{S_1} et V_{S_2} prennent les valeurs suivantes :

$$V_{S_1} = (V_{S_1}^{(joie)}, V_{S_1}^{(peur)}) = (0.4, 0.5), V_{S_2} = (V_{S_2}^{(joie)}, V_{S_2}^{(peur)}) = (0.7, 0.3).$$

De même que à l'instant t :

$$V_{S_1} = (V_{S_1}^{(joie)}, V_{S_1}^{(peur)}) = (0.3, 0.6), V_{S_2} = (V_{S_2}^{(joie)}, V_{S_2}^{(peur)}) = (0.8, 0.1).$$

Á partir du fichier XML (Fig. 5.10), nous récupérons les coefficient de pondération de chaque signal pour les deux émotions (α_{ji}) :

– Pour le signal S_1, $\alpha_{11} = 30\%$ et $\alpha_{12} = 80\%$,
– Pour le signal S_2 : $\alpha_{21} = 70\%$ et $\alpha_{22} = 20\%$.

La valeur de β est égale à 75%

En prenant les valeurs ci-dessus, le vecteur d'émotions correspondant à la modalité P_k, et obtenu à l'instant t par l'équation 5.6 est le suivant :

$$V_{P_k}(t) = (V_{P_k}^{(joie)}, V_{P_k}^{(peur)}) = (0.4, 0.5)$$

```
<PeripheralModel>
  <Name>P_Empiric</Name>
  <PeripheralDevice>P</PeripheralDevice>
  <PeripheralSolver>PeripheralSolverEmpiric</PeripheralSolver>
  <SignalsDevices>
    <SignalDevice type="S1">
      <Emotions>
        <Emotion type="Joy"> 0.3 </Emotion>
        <Emotion type="Fear"> 0.8 </Emotion>
      </Emotions>
    </SignalDevice>
    <SignalDevice type="S2">
      <Emotions>
        <Emotion type="Joy"> 0.7 </Emotion>
        <Emotion type="Fear"> 0.2 </Emotion>
      </Emotions>
    </SignalDevice>
  </SignalsDevices>
</PeripheralModel>
```

FIGURE 5.10 – Exemple de fichier XML correspondant au modèle correspondant à la modalité P_k.

5.2.5.3 Fusion et lissage globaux des modalités

Cette dernière phase d'analyse et de traitement des données consiste à extraire, à partir des vecteurs d'émotions des modalités, un vecteur d'émotions global intégrant toutes les modalités. Cette phase regroupe deux étapes. Nous commençons tout d'abord par la fusion des vecteurs d'émotions des différentes modalités en valorisant ou en dévalorisant l'influence de chaque modalité de chacune des émotions (coefficients de pondération α_{ji} de la modalité P_k pour l'émotion e_j). Nous appliquons par la suite un lissage global sur le vecteur d'émotions obtenus par rapport à l'itération temporelle précédente (coefficients

Approche proposée 101

de pondération β à l'instant t, et $1 - \beta$ à l'instant $t - 1$). Enfin, nous obtenons le vecteur d'émotions final intégrant l'ensemble des toutes les modalités $V_C(t) = (r''_{e1}, r''_{e2}, \ldots, r''_{ej})$ correspondant aux émotions détectées à l'instant t. La formule générale qui permet de calculer les valeurs de ce vecteur d'émotions est donnée à l'Equation 5.7.

$$V_C(t) = \begin{pmatrix} r''_{e1} \\ \ldots \\ r''_{ej} \end{pmatrix} = \begin{pmatrix} \beta \cdot \sum_{k=1}^{n}(\alpha_{1k} \cdot V_{P_k}^{(e1)}(t)) + (1-\beta) \cdot V_C^{(e1)}(t-1) \\ \ldots \\ \beta \cdot \sum_{k=1}^{n}(\alpha_{jk} \cdot V_{P_k}^{(ej)}(t)) + (1-\beta) \cdot V_C^{(ej)}(t-1) \end{pmatrix} \quad (5.7)$$

Avec :
- e_j : émotion a détectée (joie, colère, peur, etc.),

- r''_{e_j} : valeur de l'émotion e_j détectée,

- $V_{P_k}^{(ej)}$: valeur de l'émotion e_j détectée par la modalité P_k.

- α_{jk} : coefficient de pondération de la modalité P_k pour l'émotion e_j, sachant que : $\sum_{j=1}^{n} \alpha_{ji} = 1$,

- β : coefficient de lissage à l'instant t.

Nous décrivons le modèle conceptuel de la fusion et du lissage global à la Figure 5.11. Le composant *FusionModelManager* permet de créer et de détruire un modèle de fusion global, ainsi que de le charger et le sauvegarder dans un fichier XML. Il garde une référence de chaque composant *FusionModel* présent dans le système. Ce dernier est un composant définissant un modèle de fusion globale. Il est associé à chaque instance de cette classe, un solveur mathématique, défini par le composant *FusionSolver*. Le composant *FusionModel* contient une liste de paramètres (coefficients de pondération) destinés à ce solveur. Pour chacun de ces coefficients, on déterminera leur influence sur chaque modalité utilisée pour une émotion donnée. Ce composant peut être sérialisée et désérialisée au format XML.

Un solveur de fusion globale (composant *FusionSolver*) correspond à un outil mathématique appliquant une opération donnée en fonction de la valeur issue des fusion locales de chaque modalité fournie en entrée, et des paramètres présents dans le modèle de fusion concerné. Un seul solveur de fusion globale a été intégré à la plate-forme : le solveur de type *décisionnel*.

De la même manière que pour les autres types de modèles, les modèles de fusion peuvent être enregistrés et chargés à partir d'un fichier XML, dès lors qu'ils respectent la nomenclature illustrée dans le Tableau 5.5.

5.2.6 Modèle architectural et communication inter-modules

Nous avons vu que notre système était divisé en trois modules principaux : (*i*) un module *Human*, permettant de définir un sujet d'étude (utilisateur ou candidat) ainsi que les

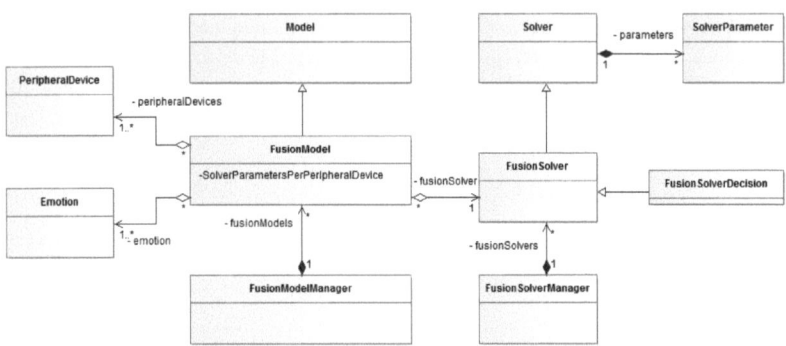

FIGURE 5.11 – Modèle conceptuel de la fusion et du lissage global des modalités.

Niv. 1	Niv. 2	Niv. 3	Niv. 4	Niv. 5	Niv. 6	Description
Fusion Model						Balise racine du fichier XML
	Name					Nom du modèle de fusion
	Fusion Solver					Type de solveur à utiliser
	Peripherals Devices					Liste des périphériques
		Peripheral Device				Un périphérique impacté par le modèle de périphérique
			Emotions			Liste des émotions impactées par le périphérique
				Emotion		Une émotion
					FusionSolver Parameter	Paramètre(s) du solveur pour une émotion donnée

TABLE 5.5 – Normalisation et sérialisation du modèle de fusion.

émotions spécifiques à analyser, (ii) un module *Sensors*, gérant l'ensemble des aspects liés à la définition et à l'utilisation d'une modalité (casque EEG, webcam, capteur biofeedback, etc.), et (iii) un module *Analyzer*, effectuant les traitements mathématiques de fusion aux niveaux signal, modalité et au niveau global.

Afin de d'utiliser conjointement ces trois modules, nous avons défini une classe supplémentaire qui permet de définir un profil de simulation : *BehaviorSimulation*. Ainsi, une simulation donnée est composée d'un sujet d'étude (humain), d'un ensemble de modalités permettant "d'écouter" le sujet, ainsi que d'un ensemble de modèles émotionnels développés pour cette simulation.

Afin de pouvoir créer simplement différentes simulations utilisant le même ensemble de paramètres, un objet (*BehaviorSimulationProfile*) a été créé charger et sauvegarder dans un fichier XML.

La Figure 5.12 montre le modèle conceptuel proposé. *BehaviorSimulation* est un composant permettant d'associer différentes modalités à un sujet donné, et de gérer l'envoi des données recueillies aux bons solveurs. IL est créé à partir d'un profil de simulation existant. Le composant *BehaviorSimulationProfile* permet de définir les modèles à utiliser lors d'une simulation. Elle contient une liste de modèles correspondant au niveau signal (module *SignalLevel*), une liste de modèles correspondant à chaque modalité (module *PeripheralLevel*), et un modèle de fusion globale (module *FusionLevel*). Il est possible de sérialiser ces différents modèles au format XML. Les données sauvegardées au sein des balises XML correspondent aux données présentées dans le Tableau 5.6.

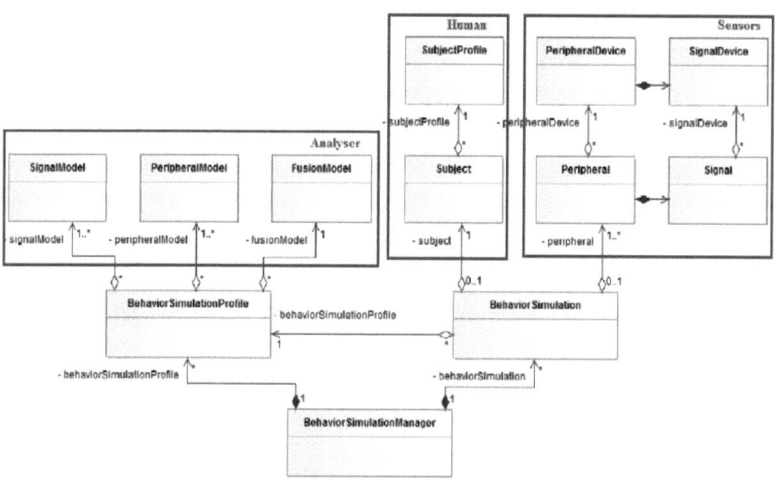

FIGURE 5.12 – Modèle conceptuel de la plate-forme PACE incluant les trois modules : *Human, Sensors* et *analyser*.

Niv. 1	Niv. 2	Niv. 3	Description
BehaviorSimulationProfile			Balise racine du fichier XML
	Name		Nom du profil de simulation
	FusionModel		Modèle de fusion à utiliser
	PeripheralModels		Liste des modèles de périphériques à utiliser
		PeripheralModel	Nom d'un modèle de périphérique
	SignalModels		Liste des modèles de signaux à utiliser
		SignalModel	Nom d'un modèle de signal

TABLE 5.6 – Normalisation et sérialisation d'un profil de simulation.

5.3 Validation de la plate-forme PACE

5.3.1 Objectif

Une étude expérimentale a été menée afin d'étudier l'effet de séquences vidéos normalisées sur l'état émotionnel des sujets. Cette expérimentation avait pour objectif principal de valider la plate-forme d'analyse comportementale et émotionnelle (PACE). Il s'agit, en particulier, de valider l'approche proposée pour la reconnaissance des émotions. Cette validation préliminaire était nécessaire avant l'intégration de la plate-forme au simulateur d'entretiens d'embauche (PISE).

5.3.2 Protocole expérimental

Sept sujets (étudiants de l'université d'Angers) volontaires, âgés de 18 à 30 ans ont participé à cette étude expérimentale. Nous nous sommes assurés qu'ils n'étaient pas sous traitement médical. Chaque sujet a été placé devant un écran de 148 cm de diagonale et équipé de différents capteurs permettant l'acquisition de signaux EEG, ECG (Fig. 5.13). Avant de réaliser l'expérience, chaque sujet a bénéficié d'une explication orale de la part de l'expérimentateur, et a réalisé une tâche test afin de s'approprier le système.

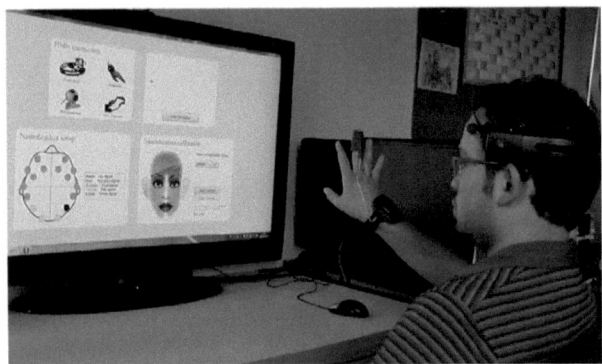

FIGURE 5.13 – Configuration expérimentale : le sujet est équipé du casque Epoc et capteur WristOx2 et une webcam.

Nous avons utilisé un ensemble des séquences de vidéos, développée par Allain et François à l'Université d'Angers [4]. Ces travaux préliminaires ont permis d'élaborer une liste de 33 séquences vidéo, évaluées émotionnellement par une population français. Ces vidéos ont été ainsi classifiées de manière expérimentale par catégories émotionnelles (peur, colère, dégoût, joie, tristesse et surprise).

Nous avons sélectionné un nombre total de 18 vidéos [2] à partir de cet ensemble. Ces vidéos ont été réparties en six groupes (3 vidéos par type émotion), et présentées aux sujets de manière aléatoire. La Figure 5.13 montre un participant portant les capteurs physiologiques (casque Epoc, capteur WristOx2). Une webcam permettant de détecter

---

2. Les séquences vidéos suivantes ont été utilisées pour l'induction d'émotion : Joie : 3, 10, 28. Peur : 8, 13, 33. Dégoût : 11, 17, 26. Colère : 1, 24, 31. Tristesse : 5, 12, 25. Surprise : 2, 7, 15

les expressions faciales à l'aide d'un module développé au laboratoire par Danisman [47].

Nous avons suivi la procédure décrite dans l'expérimentation précédente (Paragraphe 4.3.2.4). Les sujets ont été invités à exprimer leurs ressentis émotionnels par rapport aux six émotions d'Ekman, grâce à une échelle de Likert à onze points. La configuration expérimentale proposée est illustrée sur la Figure 5.13. Le sujet, équipé des différents capteurs, est placé devant un écran plasma de grande dimension.

5.3.3 Résultats et analyse

5.3.3.1 Classification subjective

Le Tableau 5.7 représente les résultats de l'évaluation des émotions ressenties par les sujets par rapport aux six émotions de base (joie, dégoût, colère, surprise, tristesse et peur). L'évaluation est effectuée selon l'échelle de Likert ajustée à onze points, pour toutes les séquences vidéo proposées. Les résultats préliminaires montrent que les sujets identifient plus facilement la joie (taux de classification de 84.80%) et la colère (taux de classification de 77,50%) que les autres émotions véhiculées par les vidéos. Les vidéos liées à la tristesse ont été reconnues à 74,2%. Cependant, nous avons observé que les sujets identifient difficilement le dégoût (taux de classification de 64.20%). L'analyse de classification subjective des séquences vidéos utilisées a ainsi révélée une corrélation moyenne entre les émotions ressenties par les sujets et les stimuli utilisés (type d'émotions associées aux séquences vidéos). Les résultats obtenus sont compatibles avec les résultats présentés par les travaux de Schaefer [4].

Ressentis IAPS	Colère	Dégout	Peur	Joie	Tristesse	Surprise
Colère	**77,5%**	0,00%	1,14%	0,00%	0,07%	0,14%
Dégoût	0,29%	**64,2%**	0,36%	1,29%	0,00%	0,00%
Peur	0,00%	0,21%	**71,7%**	0,00%	0,07%	0,21%
Joie	1,40%	0,00%	0,00%	**84,80%**	0,00%	0,07%
Tristesse	0,00%	0,29%	0,00%	0,00%	**74,2%**	0,00%
Surprise	0,00%	0,00%	0,00%	0,93%	0,00%	**75,8%**

TABLE 5.7 – Matrice de confusion obtenue après la classification des données subjectives.

5.3.3.2 Données objectives

Après l'analyse des résultats de l'évaluation subjective, nous avons porté notre attention sur la capacité d'identification de l'état émotionnel de l'utilisateur engendré par les différentes séquences vidéos visionnées, via l'utilisation de notre plate-forme. Les réactions émotionnelles mesurées ont été comparées avec les résultats de l'évaluation subjective.

Nous utilisons à nouveau les trois méthodes de classifications proposées (SVM, naïve bayésienne et régression logistique) pour analyser et évaluer la performance de la plate-forme à identifier l'état émotionnel des utilisateurs. La Figure 5.14 présente le taux de classification des émotions pour sept sujets. Nous constatons des résultats différents en fonction de trois classifieurs. La classification donne des résultats intéressants avec un taux de classification moyenne de 65,78% pour le SVM, de 64,97% pour le naïve bayésienne et de 68,14% pour la régression logistique. Nous remarquons que les meilleurs résultats sont toujours obtenus avec la méthode de régression logistique.

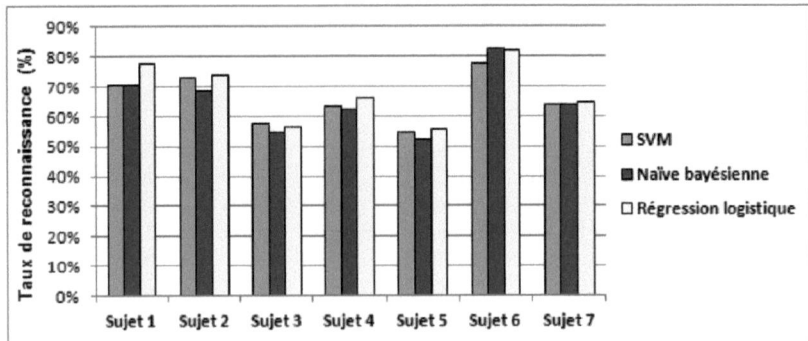

FIGURE 5.14 – Taux de reconnaissance des émotions pour les données de la plate-forme et pour chaque classifieur.

Dans la deuxième expérimentation de la section 4.5 du chapitre 3, nous avons obtenu un taux de reconnaissance de 66% pour les signaux EEG, de 72,59% pour les signaux périphériques et de 50,07% pour les signaux de haut-niveau fournis par la suite expressive de l'Epoc. Le taux de reconnaissance moyen pour ces trois types des signaux est donc 62,88%. En comparant ces résultats avec les résultats obtenus dans cette expérimentation, nous remarquons que l'utilisation de l'approche multimodale pour la reconnaissance des émotions a donné de meilleurs résultats, par rapport à l'utilisation de l'approche unimodale.

Le Tableau 5.8 présente les moyennes (précision) obtenues pour tous les sujets en utilisant la plate-forme. Il donne des résultats significatifs pour chaque classe d'émotions. Nous remarquons que les meilleurs résultats sont obtenus pour la surprise avec une précision de 82,51% pour le classifieur SVM, de 83,11% pour le classifieur naïve bayésienne et de 84,76% pour le classifieur régression logistique. Par contre, nous observons que le système reconnaît mal le dégoût et la peur.

Sujets	SVM	Naïve bayésienne	Régression logistique
Colère	63,49%	69,99%	69,30%
Dégoût	64,14%	61,84%	64,53%
Peur	64,27%	67,99%	67,39%
Joie	72,41%	74,63%	75,76%
Tristesse	60,11%	57,53%	63,94%
Surprise	82,51%	83,11%	84,76%

TABLE 5.8 – Précision des émotions pour les données de la plate-forme pour chaque classifieur.

5.4 Conclusion

Nous avons présenté, dans ce chapitre, l'architecture de la plate-forme d'analyse comportementale et émotionnelle. Cette plate-forme PACE repose sur un découpage fonctionnel en trois modules principaux : le module *Human*, permettant de représenter l'émotion de l'utilisateur sous forme un vecteur d'émotions, le module *Sensors*, gérant l'ensemble des aspects relatifs à l'acquisition des signaux issus de différentes modalités, et le module *Analyser*, effectuant le traitement des données permettant d'obtenir un vecteur d'état émotionnel. Le système s'appuie sur des modèles mathématiques émotionnels proposés dans le chapitre 3.

Notre approche est basée sur le développement d'algorithmes (*solveurs*) permettant d'obtenir un vecteur d'état émotionnel en temps réel (évolution de l'état émotionnel d'un sujet humain confronté à vidéo ou interaction comportementale avec un avatar). L'approche proposée est basée sur une architecture modulaire impliquant une séparation entre la partie matérielle (acquisition des signaux disponibles) et la partie logicielle (système multimodal adaptatif). D'un point de vue de la reconnaissance d'émotions ressenties par un humain, notre approche permet d'extraire, en temps réel, les émotions à partir des signaux acquis via différentes modalités, en appuyant sur une approche multimodale (fusion au niveau décisionnel).

L'expérimentation mise en œuvre dans ce chapitre a permis d'étudier l'effet de séquences des vidéos calibrées et classifiées sur des dimensions émotionnelles sur évolution l'état émotionnel de sujets humains. Cette expérimentation avait pour objectif principal de valider la plate-forme en tant que système de reconnaissance d'émotions, en utilisant les trois types de capteurs (casque EEG, capteur biofeedback WristOx2, webcam). Les résultats ont montré que l'utilisation de l'approche multimodale pour la reconnaissance des émotions a donné de meilleurs résultats que l'approche uni-modale.

La plate-forme développée peut être considérée comme un middleware extensible, adaptable et intégrable à différentes applications ou environnement logiciel. Ce composant logiciel fournit un ensemble de services, permettant d'extraire, en temps réel, un vecteur d'état émotionnel. Ainsi, il est capable de détecter un pic ou une variation d'émotions avec différents stimuli. Pour illustrer l'utilisation de ce composant, nous présentons au chapitre suivant son intégration au simulateur d'entretiens d'embauche.

6

Description et évaluation du simulateur d'entretien d'embauche

6.1 Introduction

Nos travaux s'inscrivent dans le cadre du développement d'une plate-forme immersive de simulation d'entretiens d'embauche (simulateur PISE), permettant à un sujet humain (étudiant, demandeur d'emploi, etc.) de mieux maîtriser ses compétences émotionnelles et comportementales. L'utilisateur, immergé dans un environnement virtuel (EV), dialogué avec un recruteur virtuel, représenté par un Agent Conversationnel Animé (ACA).

Le système proposé, illustré à la Figure 6.1 est composé de deux acteurs principaux : l'utilisateur (candidat) et l'ACA (recruteur virtuel). L'analyse de l'état émotionnel et comportemental du candidat repose sur l'utilisation de la plate-forme multimodale (PACE) présentée au chapitre précédent.

Dans ce chapitre, nous traitons plusieurs problématiques connexes. La première porte sur le choix des capteurs utilisés peu intrusifs (sans fil) ayant un faible impact sur le comportement et l'état émotionnel du candidat. La deuxième problématique porte sur l'un des points clés de la détection des émotions, induites par la simulation qui dépend du contexte émotionnel et de l'environnement dans lequel se trouve le sujet. Un autre point important concerne le couplage entre la personnalité du candidat et l'étude des paramètres permettant d'extraire son état émotionnel. Ainsi, comme nous l'avons mensionné dans le chapitre précédent, le modèle comportemental et l'état émotionnel du candidat sont traités au sein de la plate-forme multimodale (PACE) afin de pouvoir engendrer une réaction émotionnelle et comportementale de l'ACA (recruteur virtuel), qui dépend de son modèle et de l'état affectif du candidat.

6.2 Objectifs et méthodologie

L'objectif principal est le développement d'un simulateur innovant permettant une interaction multimodale et comportementale entre un utilisateur humain (le candidat) et un

FIGURE 6.1 – Illustration du simulateur PISE.

agent conversationnel animé (le recruteur virtuel). Cet objectif repose en particulier sur le développement d'une plate-forme d'analyse comportementale et émotionnelle permettant l'identification d'états émotionnels en temps réel via l'acquisition des signaux de différentes natures. L'objectif est ainsi d'obtenir une véritable simulation comportementale reproduisant une interaction sociale dans un univers virtuel.

Un point également fondamental concerne le développement de différents modules du moteur d'intelligence artificielle. Ces modules sont en charge de gérer l'échange entre le recruteur virtuel et le candidat dans un environnement virtuel contrôlé. En effet, le comportement de recruteur virtuel doit être réaliste et donc idéalement évoluer en fonction du comportement et de l'état émotionnel du candidat.

Dans ce contexte, nous avons été confrontés à trois verrous scientifiques et technologiques que nous avons traité de manière séquentiel le (1) la détection et l'identification des états émotionnels de l'utilisateur à partir de signaux issus de différents capteurs, (2) la modélisation d'émotions (expressivité des gestes et du visage) de l'ACA et de son profil comportemental, et (3) la prise en compte, en temps réel, de l'état émotionnel du candidat dans la simulation.

La méthodologie proposée repose sur une analyse de l'état de l'art concernant la reconnaissance des émotions et en particulier des différents capteurs utilisés et outils de traitement d'analyse et de classification des signaux. Par la suite, nous avons procédé à différentes expérimentations permettant (i) d'analyser et de calibrer les signaux issus des différents capteurs proposés, à travers un protocole basé sur l'utilisation d'images et vidéos émotionnelles contrôlées, et (ii) l'extraction de modèles mathématiques permettant une identification temps réel des émotions. Puis, nous avons développé et intégré au simulateur PISE une plate-forme d'analyse comportementale et émotionnelle (PACE), intégré au simulateur PISE. Enfin, nous avons mené une expérimentation permettant de valider le simulateur PISE via l'analyse de données objectives et subjectives recueillies.

Dans la section suivante, nous décrivons l'architecture logicielle et matérielle du simulateur PISE et en particulier les différents modules qui la compose. Ensuite, nous abordons les aspects relatifs à la modélisation émotionnelle et comportementale du candidat et de l'agent conversationnel animé. Enfin, nous présentons l'évaluation du simulateur et analysons en particulier les données objectives et subjectives recueillies.

6.3 Architecture logicielle et matérielle

Le simulateur correspond à une application 3D interactive, mettant en scène un Agent Conversationnel Animé (ACA), qui joue le rôle de recruteur et anime l'entretien d'embauche. Cet agent doit être à même de communiquer verbalement (choix des phrases, intonations) mais également de manière corporelle (gestes, expression du visage, regard).

L'entretien se déroule selon un scénario établi, durant lequel un certain nombre de thématiques sont abordées. Afin de rendre la simulation plus réaliste, l'ACA doit avoir (cette fonctionnalité n'est pas implémentée dans la version actuelle du simulateur) la possibilité d'approfondir le scénario de base (lorsque par exemple il détecte un pic de stress chez le candidat). L'autre point important concerne l'interaction recruteur/candidat et donc les interventions du recruteur virtuel devant être modulées par l'état émotionnel du candidat. Nous avons donc proposé une architecture prévue pour les applications intégrant ce type de composant. Celle-ci repose sur le FrameWork SAIBA (Situation, Agent, Intention, Behavior, Animation) (Fig. 6.2) :

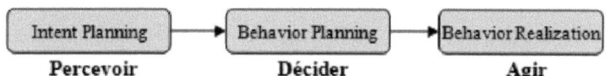

FIGURE 6.2 – Concept de base du FrameWork SAIBA [204].

Le frameWork SAIBA est séparé en trois modules : (1) le module de *perception* (Intent Planning) qui permet à l'ACA d'obtenir des informations sur son environnement et son interlocuteur, (2) le module de *décision* (Behavior Planning) qui s'occupe de choisir la meilleure réaction en fonction de ce que l'ACA perçoit et reconnait, et (3) le module d'*action* ou de rendu (Behavior Realization) qui permet de rendre de manière audible et visuelle le comportement et les phrases sélectionnées par le module *décisionnel*. Ce framework a été intégré à notre architecture présenté à la Figure 6.3.

L'architecture du simulateur comprend ainsi quatre modules principaux : (1) le module *IA* qui comprend le *moteur de décision de l'ACA* et l'*IA de l'environnement*, (2) le module *PACE* qui gère l'analyse comportementale et émotionnelle liée au candidat, (3) le module *Rendu Graphique et Audio* qui contient le moteur de rendu et d'animation du recruteur virtuel, la gestion de l'affichage de l'environnement 3D et la gestion des interfaces graphiques d'interaction, et (4) le module *game logic* qui gère la communication entre l'ensemble des modules.

Cette architecture permet à chaque module de gérer sa structure interne. Nous présentons par la suite l'architecture détaillée de chaque composant.

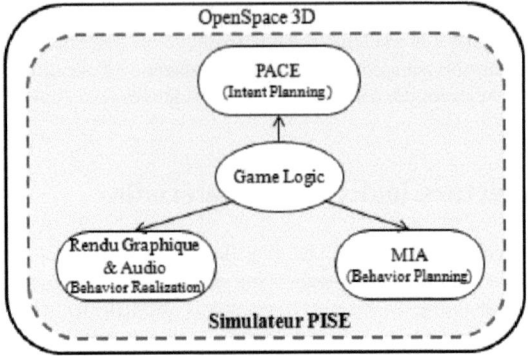

FIGURE 6.3 – Architecture générale du simulateur PISE.

6.3.1 Le module *Game logic*

Le module *Game Logic* a pour but de synchroniser les différents sous-modules de simulateur. Ce module est implémenté dans OpenSpace3D [1] à l'aide de PlugIts. Un PlugIt est une brique logique qui (i) réagit à des événements en provenance d'autres PlugIts, (ii) effectue un traitement spécifique, et renvoie des évènements, suite à ce traitement. Les PlugIts permettent ainsi de manière simple de définir une logique d'interaction. Chaque module défini dans l'architecture globale du simulateur doit être disponible sous forme d'un ou plusieurs PlugIts (selon la complexité du module).

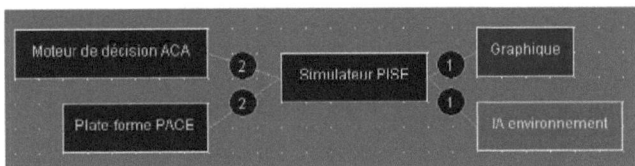

FIGURE 6.4 – Exemple d'agencement de PlugIts dans OpenSpace3D.

6.3.2 Module d'analyse comportementale et émotionnelle (PACE)

L'utilisation des capteurs a deux objectifs :

Interaction Candidat/ACA : le premier consiste à utiliser différentes modalités permettant d'"écouter" les réactions comportementales et émotionnelles du candidat dans le but que celles-ci puissent apporter une information qui orientera la réaction de l'agent virtuel pendant la simulation. Le comportement de l'agent virtuel est ainsi influencé par l'état émotionnel du candidat.

Bilan et analyse : le deuxième objectif de l'utilisation des capteurs et de la plate-forme est de fournir un bilan détaillé qui permettra d'analyser de façon précise les réactions du candidat au cours de l'entretien. La problématique dans ce cas, est le

---

1. I-Maginer. http://www.openspace3d.com/

fournir des données facilement interprétables par le formateur.

Le contrainte principale est la mise en œuvre des modalités qui doit être modulaire, car la configuration des capteurs évoluera suivant le matériel disponible, mais ne mettra aucunement en cause le fonctionnement du logiciel (système multimodal adaptatif). De plus, le choix des modalités se basera idéalement sur du matériel grand public.

6.3.3 Moteur d'intelligence artificielle (MIA)

La simulation d'un entretien d'embauche consiste en un échange entre un recruteur virtuel et un candidat dans un environnement virtuel contrôlé. Le Moteur d'Intelligence Artificielle (*MIA*) est en charge d'animer cet échange dans les conditions les plus réalistes possibles. La Figure 6.5 illustre l'architecture proposée.

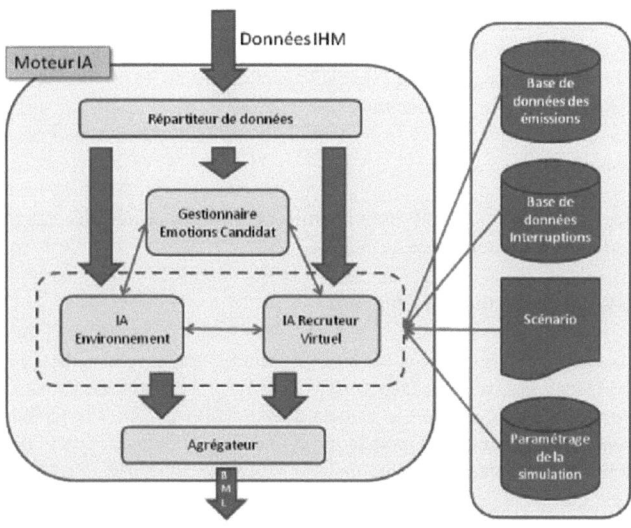

FIGURE 6.5 – Architecture générale du MIA.

Le MIA est constitué de cinq blocs :

- Le module *IA Recruteur Virtuel*, chargé de simuler les réactions du recruteur virtuel. Ce module est influencé par les évènements produits par le module *IA Environnement*, ainsi que par l'état émotionnel du candidat.

- Le module *Gestionnaire Emotions*, est en charge de définir l'état émotionnel du candidat tel qu'il est perçu par le système en fonction des modalités.

- Le module *IA Environnement*, est chargé de déclencher des interruptions environnementales (un évènement perturbant, non prévu dans le scénario) de manière pseudo-aléatoire.

- Le *Répartiteur de Données*, est chargé de transmettre aux sous-modules les informations issues des modalités, de l'*IA Environnement* et de l'*IA Recruteur Virtuel*.
- Le module *Agrégateur* a pour tâche de générer un ensemble de données scriptées qui seront interprétables par le moteur de rendu.

Le moteur d'IA récupère des informations via plusieurs systèmes externes. Pour cela, nous avons créer quatre base de données différentes pour sauvegarder les différents paramètres de la simulation et les modèles proposés (liste des interruptions, liste des thématiques et liste des émissons).

La *Base de Données des Emissions* contient la liste exhaustive des actions émises par le Recruteur Virtuel (séquences vidéos, phrases, etc.).

La *Base de Données des Interruptions* contient la liste exhaustive des *Interruptions Environnementales* pouvant être émises. (Une interruption est un script donné, lancé à un instant t, pour perturber le déroulé de l'entretien et provoquer des émotions chez le candidat, il peut s'agir par exemple du téléphone du recruteur qui se met à sonner).

La *Base de Données des Scénarios* contient l'ensemble des thématiques à aborder lors de la simulation, une thématique ayant éventuellement un niveau de priorité par rapport aux autres. Le *Paramétrage de la simulation* permet de déterminer comment sont initialisés les modules *IA Environnement* et *IA Recruteur Virtuel* (caractéristiques Perf ECHO du recruteur entre-autre).

Dans les paragraphes suivants, nous abordons l'architecture détaillée des quatre modules liés au moteur d'intelligence artificielle.

a) Le Module répartiteur de données

La tâche de ce module est de redistribuer les informations émotionnelles et comportementales, vers les autres sous modules du *MIA* (Fig. 6.6). Sont ainsi alimentés : le module *Gestionnaire Emotions Candidat*, le module d'*IA Environnement* et le module d'*IA du Recruteur Virtuel*. L'intérêt de ce module est, d'une part, de permettre un tri des données qui sont fournies en entrée de chaque module *MIA*, et d'autre part, d'autoriser une architecture évolutive (on peut ainsi envisager l'adjonction d'un module IA supplémentaire sans modifier les modules IA existants).

b) Le module *IA Environnement*

L'*IA Environnement* a pour objectif de rendre l'entretien dynamique (Fig. 6.7), afin de le rendre plus réaliste et de provoquer des émotions chez le candidat, et perturber l'entretien par des événements intempestifs.

L'*IA Environnement* doit donc générer des *Interruptions Environnementales*, en utilisant les éléments à sa disposition dans l'environnement 3D. En conséquence, chaque lieu d'entretien doit posséder une liste exhaustive d'interruptions possibles qui sont stockées dans la *Base de Données des Interruptions*. Ces Interruptions sont déclenchées sur la base de deux facteurs : (i) l'état émotionnel du candidat et (ii) un déclenchement pseudo-aléatoire.

c) Le module *IA Recruteur Virtuel*

Architecture logicielle et matérielle 115

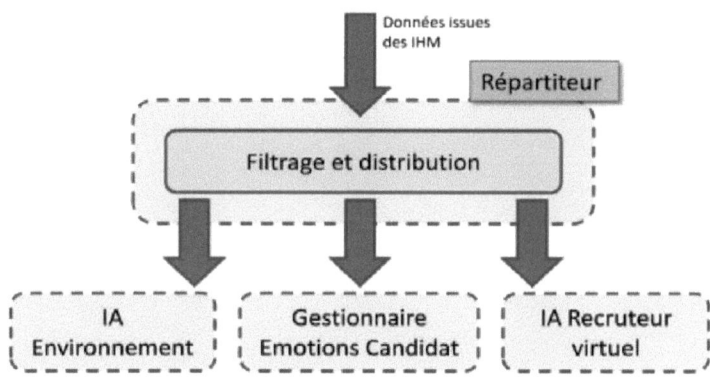

FIGURE 6.6 – Architecture de répartiteur des données.

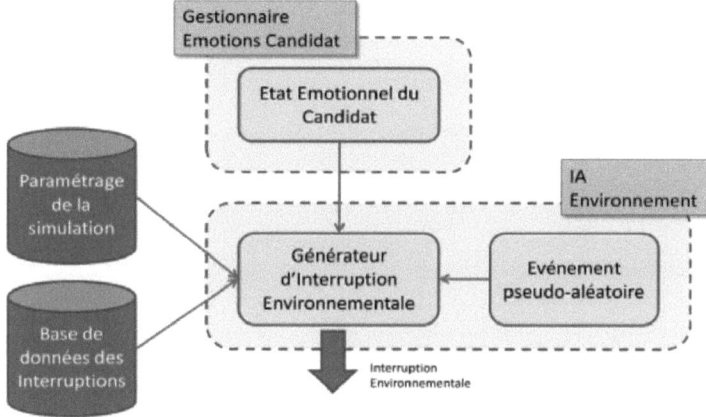

FIGURE 6.7 – Architecture de l'*IA Environnement*.

Ce composant du moteur d'IA a pour but d'interpréter les informations que reçoit le recruteur virtuel, que celles-ci viennent du candidat ou de l'*IA Environnement*, et d'y répondre par ce que l'on nomme une *Emission* (une animation, un énoncé verbal, etc.). La Figure 6.8 décrit les divers modules composant l'*IA recruteur virtuel* :

Le module *caractéristique du recruteur virtuel* contient la liste exhaustive des modèles de caractéristiques comportementales du recruteur virtuel (ACA). Ces modèles sont définis par un ensemble de traits de personnalité associés à des propriétés comportementales. Plusieurs modèles de comportement intégrés se basent sur une description de personnalité regroupant quelques facteurs psychologiques.

Le module *Gestionnaire de Dialogue* permet d'interpréter le contenu des informations divulguées oralement (ou le cas échéant au clavier) par le candidat. Le module *Gestionnaire d'Emissions* prend la décision finale en recherchant dans la base des émissions, celle

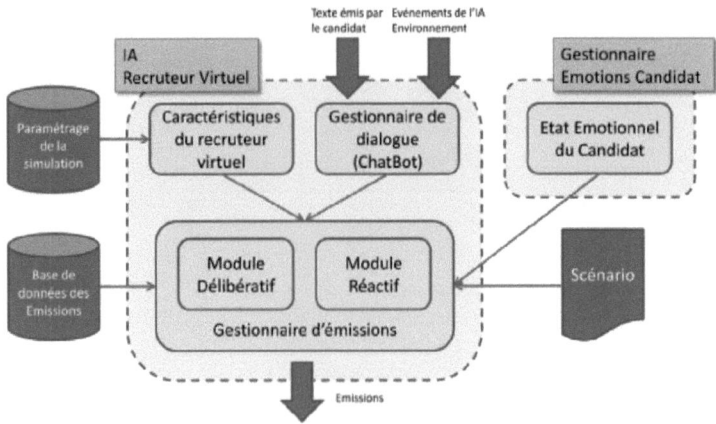

FIGURE 6.8 – Architecture de l'*IA Recruteur Virtuel*.

qui correspond le plus à la situation actuelle.

On distingue deux types d'émissions :

– les émissions *délibérées*, modulées par le comportement du recruteur, mais qui suivent un scénario pré-établi,

– les émissions *réactives*, se déclenchant lorsque le recruteur perçoit un état émotionnel relatif au candidat.

Le choix de l'émission délibérée s'effectue en recherchant dans la base des émissions celle qui correspond à la thématique courante (position dans le scénario), et en appliquant un second filtre sur la liste des émissions retournées, qui est fonction du triplet des caractéristiques du recruteur virtuel (émission la plus proche). Autrement dit, avec le système proposé, illustré à la Figure 6.9, les émissions peuvent être différentes pour chaque recruteur et avec un même scénario, afin de l'inciter à s'entraîner plusieurs fois.

En conséquence, une émission *délibérée* est "*taggée*" dans la base des émissions avec : (i) la thématique ou la sous-thématique du scénario, et (ii) le triplet des *caractéristiques* de base de l'ACA.

Une émission *réactive* est définie comme une émission se déclenchant lorsqu'une composante de vecteur émotionnel est superieur à un seuil donné (par exemple, un stress > 90%) (Fig. 6.10). L'émission sélectionnée sera alors (optionnellement) définie en fonction d'une ou plusieurs caractéristiques de l'ACA. Ce type d'émission permet de rendre la simulation plus vivante et d'accentuer la sensation d'immersion mentale du candidat vis-à-vis de la simulation, en montrant à ce dernier que le recruteur prend en compte son état émotionnel.

En conséquence, une émission *réactive* devra être "*taggée*" dans la base des émissions avec : (i) une ou plusieurs valeurs d'émotions, et (ii) une ou plusieurs plages de *caracté-*

Modélisations émotionnelles et comportementales 117

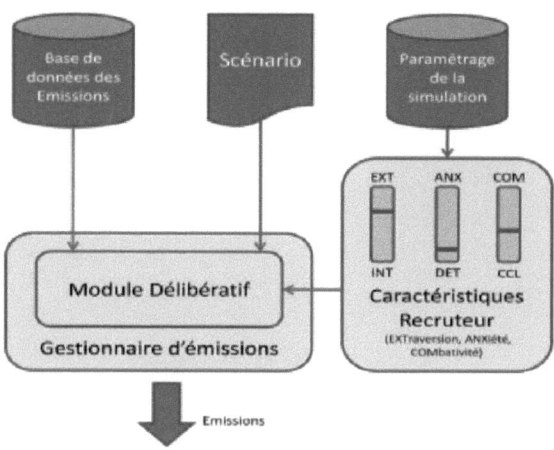

FIGURE 6.9 – Module de *Gestionnaire d'Emission* : émissions *délibérées*.

ristiques concernat le recruteur virtuel.

d) Le module *agrégateur*

Ce module, illustré à la Figure 6.11, a pour but de générer les scripts interprétés par le moteur de rendu (rendu graphique, audio, etc.), à partir des informations fournies par les composantes *IA Environnement* (*Interruptions Environnementales*) et *IA Recruteur Virtuel* (émissions). Le script généré contient l'ensemble des animations que le recruteur doit effectuer, les phrases qu'il doit dire, les expressions faciales qu'il doit avoir, les animations de l'environnement et les sons à jouer.

6.3.4 Le moteur de rendu

Le moteur de rendu assure l'affichage de la scène, l'animation de l'ACA, et la génération des sons renforçant l'immersion du candidat. Il a pour tâche :

- d'afficher les interfaces graphiques,
- d'effectuer le rendu de la scène 3D, et d'animer le recruteur virtuel (ACA),
- l'Environnement (événements d'ambiance et Interruptions Environnementales),
- de restituer, sous forme audio, les injonctions du recruteur virtuel et les
- diverses interruptions environnementales.

6.4 Modélisations émotionnelles et comportementales

6.4.1 Modèle émotionnel du candidat

Lors de la simulation, l'état émotionnel du candidat est défini selon plusieurs modèles de référence. D'une part, nous utilisons le modèle défini par l'approche discrète d'Ekman, permettant la détection en temps réel d'émotions primaires (joie, colère, peur, dégoût, tristesse et surprise). D'autre part, nous nous intéressons également à des caractéristiques

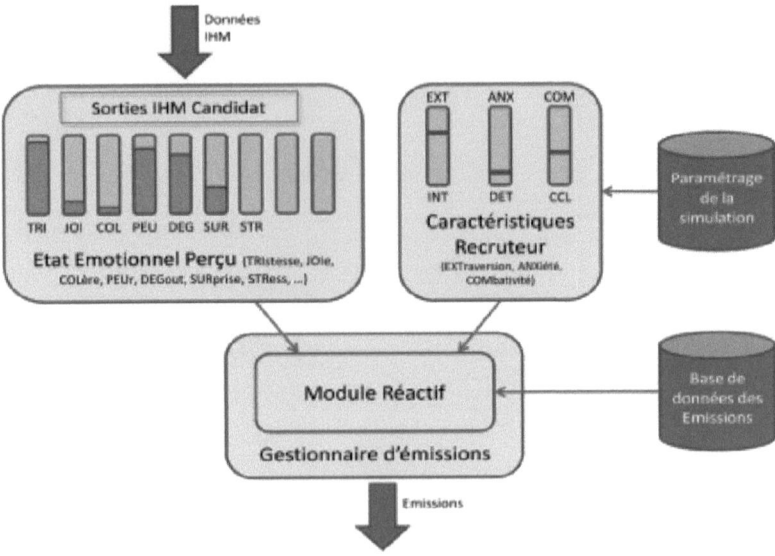

FIGURE 6.10 – Gestionnaire d'émissions : émissions *réactives*.

émotionnelles et comportementales propres au contexte de l'entretien d'embauche. Ainsi, la reconnaissance d'émotions secondaires a également été intégrée dans la plate-forme. Dans ce cadre, le modèle proposé par Izard [87] semble pertinent car il permet d'introduire la notion d'intérêt. Stratton [192] propose également d'analyser l'état d'excitation comme étant une émotion pertinente dans le contexte de l'entretien d'embauche. Oatley et Johnson-Laird [137] proposent d'inclure l'anxiété comme étant une émotion pertinente dans sa forme aggravée, à savoir le stress. Enfin, la théorie de Schachter et Singer [172] introduit le mépris comme une émotion secondaire intéressante.

En définitive, le modèle émotionnel retenu est composé des caractéristiques émotionnelles suivantes (i) émotions primaires : joie, peur, dégoût, surprise, tristesse et colère, et (ii) émotions secondaires : intérêt/excitation, anxiété/stress et mépris.

6.4.2 Modèle de personnalité de l'ACA

Lors d'une simulation, le candidat est confronté à un Agent Conversationnel Animé ayant une apparence physique humaine et pourvu d'un modèle comportemental défini lors du paramétrage de la simulation. Le contenu de son discours est géré par le module *moteur d'IA* qui, après analyse du comportement et des émotions du candidat, enverra les scripts d'émissions qui seront joués au fur et à mesure de la simulation.

Les caractéristiques comportementales de l'ACA s'inspirent du modèle PerfECHO développé par l'entreprise PerformanSe [2]. Ainsi, lors d'une simulation, le comportement

---

2. http://www.performanse.fr/

Modélisations émotionnelles et comportementales 119

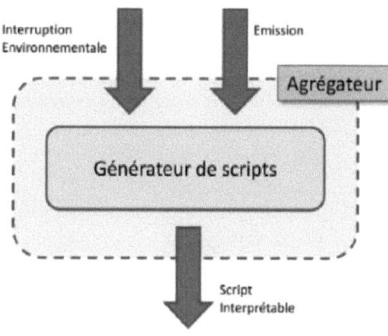

FIGURE 6.11 – Architecture de l'agrégateur.

de l'agent est régi par l'un des 9 modèles de recruteurs suivants : discret, pondéré, envahissant, réactif concentré, timoré, opposant personnel, sympathique inquiet, impatient ou volubile (la description de chaque modèle est donnée dans le Tableau 6.1).

Chaque modèle de personnalité est représenté par un vecteur comportant trois facteurs : Extraversion / Introversion (EXT), Anxiété / Détente (ANX), Combativité / Conciliation (COM).

Dans le simulateur, nous proposons de représenter chaque facteur par une variable dont la valeur varie dans l'intervalle $[-1, 1]$. Le modèle de personnalité d'un recruteur virtuel R est alors représenté par un vecteur $P_R \in ([-1, 1])^j$ où chaque $P_R^{(j)}$ donne la valeur du facteur j (EXT, ANX et COM). Par exemple, un agent discret est une personne discrète et réservée, ayant des réactions calmes et réfléchies. Il a un vecteur de personnalité $R_{discret} = \{P_{EXT}, P_{ANX}, P_{COM}\} = \{-0.8, -0.8, -0.8\}$.

Une étude a été réalisée afin de définir le niveau de réalisme du rendu relatif à la modélisation et au texturing du personnage 3D, représentant le recruteur virtuel (ACA). Trois ethnies (caucasienne, asiatique, et africaine) ont été introduites et peuvent être sélectionnées (le choix d'une ethnie défini la couleur de peau et les traits du visage du recruteur virtuel). Chaque recruteur est pourvu d'animations gestuelles, faciales, avec synchronisation labiale.

6.4.3 Description des environnements virtuels

La simulation consiste en un échange d'une durée définie entre l'utilisateur (candidat) et l'agent conversationnel animé (recruteur) dans un environnement virtuel. Divers types d'environnements ont été proposés et développés : une *salle de réunion*, un *bureau de PME*, et un *café bar* (Fig. 6.14).

Le *Moteur d'Intelligence Artificielle*, comme nous l'avons conçu, a pour vocation de restituer l'échange candidat-recruteur suivant les conditions les plus réalistes possibles. L'idée est de pouvoir, à la fois, rendre la simulation réaliste, mais également de chercher à provoquer des émotions chez le candidat. Dans cet esprit, l'*IA Environnement* doit, comme indiqué précédemment, générer des interruptions dans le scénario de base et sur-

combinaisons de base	Profil comportemental
EXT- ANX-COM-	*Discret* : personne discrète et réservée ayant des réactions calmes et réfléchies
EXT0 ANX0 COM0	*Pondéré* : personne qui s'exprime et agit avec régularité et de manière tempérée
EXT+ ANX+COM+	*Envahissant* : personne qui occupe l'espace et dont les réactions peuvent être vives
EXT- ANX+COM+	*Réactif concentré* : personne discrète qui réagit vivement, soit par un silence prolongé, soit par des attitudes hostiles
EXT-ANX+COM-	*Timoré* : personne craignant de se mettre en avant
EXT-ANX-COM+	*Opposant personnel* : personne à qui il faut laisser l'initiative du contact au risque de créer son opposition
EXT+ ANX+COM-	*Sympathique inquiet* : personne chaleureuse sensible au regard d'autrui
EXT+ ANX-COM+	*Impatient* : personne vive et surprenante car insaisissable
EXT+ ANX-COM-	*Volubile* : personne dont l'expression verbale est spontanée, chaleureuse, détendue, diplomate

TABLE 6.1 – Description des 9 modèles de personnalité typés de recruteurs, inspirés du modèle PerfECHO de PerformanSe.

prendre le candidat afin de provoquer chez lui des pics émotionnels.

6.4.4 Interactions comportementales candidat/recruteur

La simulation est dirigiste dans le sens où l'ACA est chargé d'animer le dialogue comme dans le cas d'un entretien réel. Pour ce faire, pour une simulation donnée, nous associons à un agent, un scénario écrit, qui définit le déroulement de la simulation (Fig. 6.12).

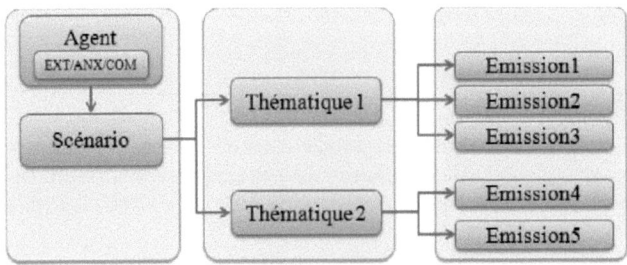

FIGURE 6.12 – Structure de données représentant le déroulement d'une simulation.

Pour l'agent conversationnel (recruteur), le scénario est vu comme une règle de simulation ("Rule"). Un scénario est généralement associé à plusieurs sous-thématiques (on parle, lorsque cette association est effective, de "*chapitre de scénario*"), chaque sous-thématique possédant une liste d'émissions. Ces émissions sont marquées à l'aide d'un ensemble de valeurs correspondant aux caractéristiques comportementales de l'ACA, aux caractéristiques émotionnelles du candidat ou à une interruption dite "*environnementale*". De plus, une règle de simulation permet de définir les niveaux de priorité entre les types d'émissions, de la plus importante à la moins importante :

1. Emission due à une interruption environnementale,
2. Emission déclenchée par la détection un pic émotionnel (candidat),
3. Emission déclenchée par le déroulement du scénario.

L'établissement de cette règle de décision permet de s'assurer du bon fonctionnement du scénario. En outre, l'agent doit réagir à un grand nombre de stimuli, et en fonction de ceux-ci, adapter sa manière d'interagir et de dialoguer avec le candidat. Afin de simplifier la modélisation de l'intelligence artificielle de l'agent, et pour garantir son évolutivité, cette modélisation est représenté sous forme d'une machine à états. Chaque état se comporte comme un programme autonome, réagissant à des stimuli qui déclenchent le passage d'un état à un autre.

Lorsque l'agent conversationnel est dans les états "*AgentWaits*", "*AgentListens*" et "*AgentListensMore*", il peut décider d'interrompre le déroulement du scénario, et sélectionner une phrase à émettre vers le candidat, phrase correspondant à sa réaction face à l'état émotionnel du candidat, identifié par notre plate-forme PACE. Il passe alors à l'état "*AgentSpeaksEmotionally*". Une base de données stocke l'ensemble des phrases et des états émotionnels déclencheurs (Fig. 6.13).

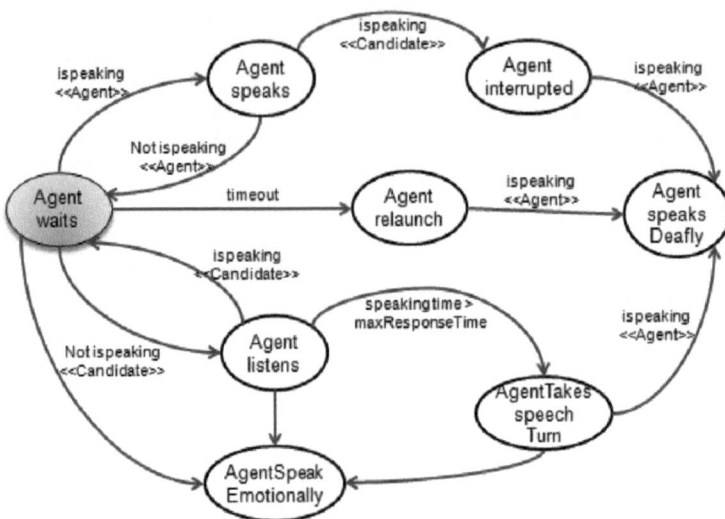

FIGURE 6.13 – Machine à états régissant le comportement de l'agent conversationnel (ACA).

6.5 Evaluation du simulateur

Cette étude expérimentale, réalisée dans le cadre du projet PISE, repose sur une simulation interactive et immersive dans laquelle le sujet (candidat) est impliqué à travers un dialogue avec un Agent conversationnel Animé (ACA). Cette simulation (entretien d'embauche) implique une interaction comportementale qui offre au candidat la possibilité de s'exprimer de manière naturelle et de répondre aux questions posées par l'ACA. Celles-ci correspondent à sept thématiques (phases de la simulation) généralement abordées lors d'un entretien d'embauche : présentation, formation initiale, personnalité, expérience professionnelle, prétentions salariales, perspectives d'évolution dans l'entreprise et conclusion [14].

6.5.1 Objectif

L'objectif de cette étude est de valider : (i) de manière objective (données recueillies via les capteurs utilisés, émotions détectées, données comportementales) et subjective (ergonomie, utilisabilité, acceptabilité, etc.) l'outil expérimental proposé, et (ii) l'intégration et le fonctionnement de la plate-forme d'analyse comportementale et émotionnelle (PACE). Dans cette perspective, nous avons mis en place un protocole expérimental permettant de remplir ces objectifs.

6.5.2 Participants

Au total, 9 sujets de sexe masculin, volontaires, étudiants de l'Université d'Angers et âgés de 22 à 28 ans ont participé à l'expérimentation. Ils avaient une vue normale ou corrigée, et aucun d'entre eux n'était sous traitement médical.

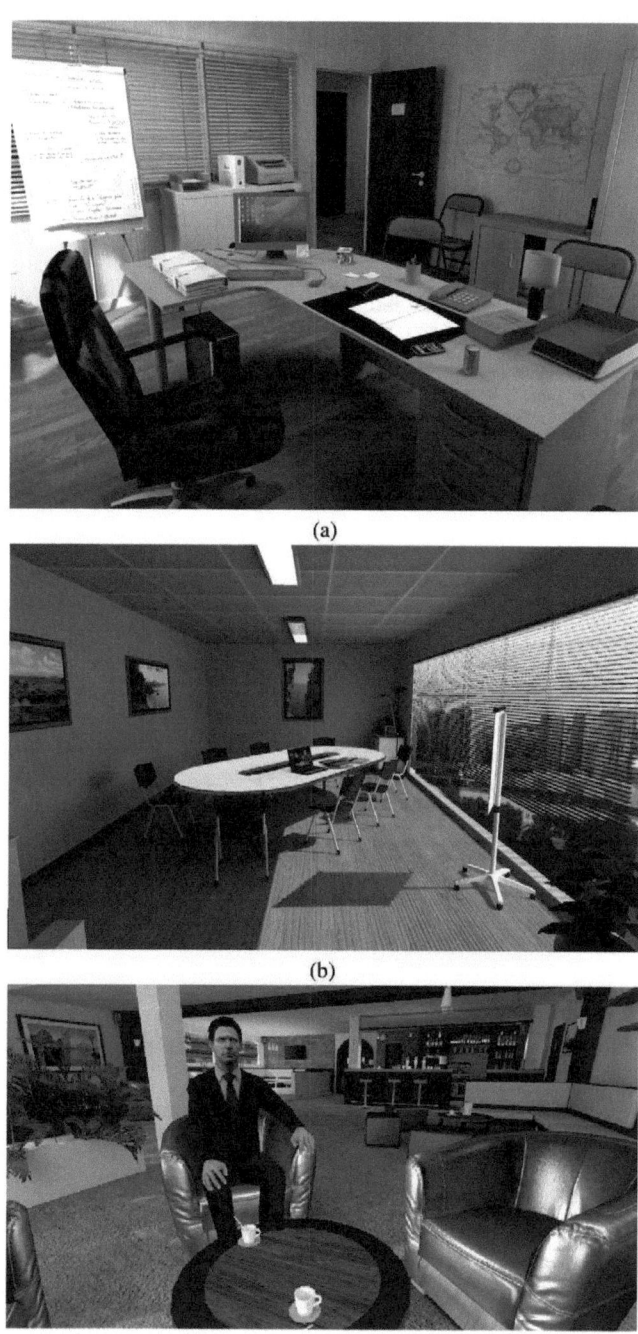

FIGURE 6.14 – Environnements virtuels : (a) bureau de PME, (b) salle de réunion, (c) café-bar

6.5.3 Configuration de la simulation

L'interface de configuration de la simulation est une application web qui permet de créer et d'activer des profils utilisateurs. Elle s'interface avec une base de données de configuration. En effet, nous pouvons créer et paramétrer différentes simulations avec en particulier le choix de différents paramètres, concernant (i) les caractéristiques comportementales de l'ACA parmi le neuf modèles prédéfinis (paragraphe 6.4.2), (ii) le type de scénario (modèle comportemental a deux scénarios) qui permet à configurer le déroulé de la simulation, et (iii) l'un des trois environnements virtuels développés dans le cadre du projet PISE (bureau de PME, salle de réunion et café-bar) (Fig. 6.15). Une fois la configuration réalisée, la simulation peut commencer.

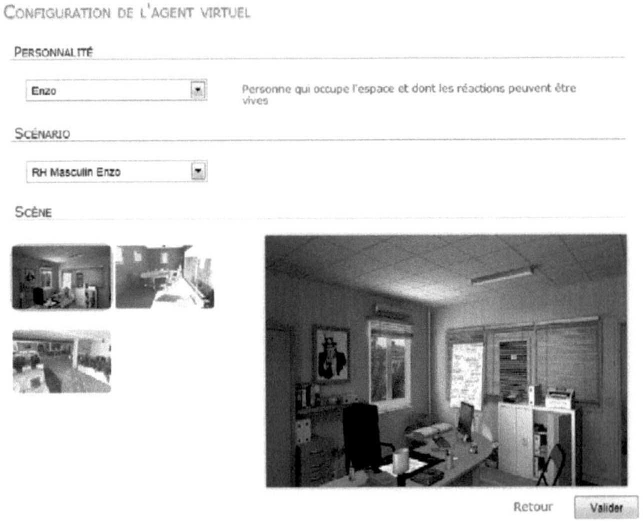

FIGURE 6.15 – Interface de configuration de la simulation : personalité de l'ACA (Enzo), scène (bureau de PME).

6.5.4 Procédure

Chaque candidat a été équipé de différents capteurs et placé devant un écran plasma de 148 cm de diagonale (Fig. 6.16). Avant de réaliser l'expérience, chaque sujet a bénéficié d'une explication orale de la part de l'expérimentateur, et en particulier concernant les 7 phases de l'entretien : présentation, formation initiale, personnalité, expérience professionnelle, prétentions salariales, perspectives d'évolution et conclusion. Les différents capteurs utilisés pour l'acquisition de signaux physiologiques sont : le casque EEG (Epoc), le capteur biofeedback WristOx2, la ceinture de respiration et la webcam. Le sujet devait passer tout d'abord par une phase de vérification de la connexion des différents systèmes d'acquisition et une phase de calibration de l'Epoc (Fig. 6.17). Une fois la simulation lancée, l'ACA, assis dans un fauteuil face au sujet, commence l'entretien. Celui-ci est animé et effectue différents gestes préenregistrés au cours du dialogue. La simulation dure entre 20 à 30 minutes, selon la personnalité choisie de l'ACA. Différentes informations sont enregistrées au cours de la simulation : l'ensemble des signaux détectés, les émotions sélectionnées (via un fichier XML), les questions posées par le recruteur, le temps de parole du candidat ainsi que celui du recruteur.

FIGURE 6.16 – Configuration expérimentale.

A la fin de la simulation, le sujet peut consulter le bilan émotionnel de la simulation (Fig. 6.18). Ce bilan est présenté sous forme de courbes correspondant aux pics émotionnels répartis sur la durée de la simulation. Des lettres sont utilisées pour indiquer les différentes phases de l'entretien. Ainsi, dans l'exemple illustré à la Figure 6.18 (courbe violette) à l'instant 16mn15sec (phase de conclusion - lettre C), le candidat passe par un léger pic émotionnel négatif.

Après accomplissement de la tâche, nous avons donné à chaque sujet un questionnaire (voir annexe B). Les sujets devaient évaluer la nature et l'intensité des émotions ressenties pour chaque phase d'entretien, le comportement de l'ACA (animation, dialogue), le réalisme de l'environnement virtuel ainsi que les aspects liés à l'ergonomie, l'utilisabilité et l'acceptabilité du simulateur. Pour chacune de ces questions, les sujets devaient exprimer leur avis selon une échelle de Likert à sept points.

L'expérimentation s'est déroulée dans un environnement contrôlé, présentant une bonne luminosité, pour une analyse efficace des expressions faciales via la webcam. L'ambiance sonore a réduite au maximum afin de ne pas perturber les sujets pendant l'expérimentation.

6.6 Résultats et discussion

6.6.1 Données objectives

Une analyse de variance (ANOVA) intra-groupes à un facteur de variabilité a été réalisée. La phase de l'entretien est considérée comme variable indépendante, ayant une influence sur l'état émotionnel et le comportemental du candidat. Les émotions (colère,

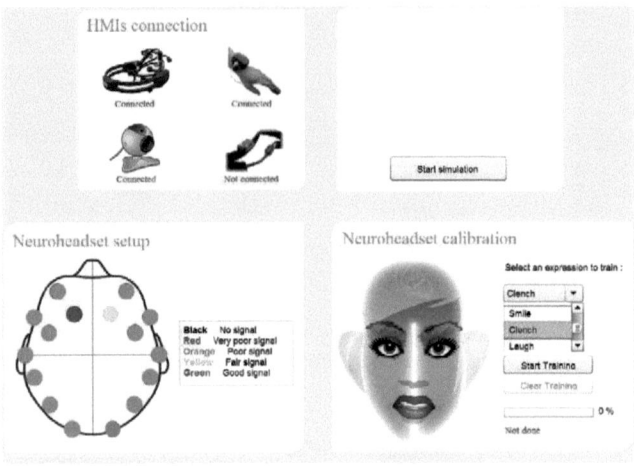

FIGURE 6.17 – Interface de configuration de la simulation (choix des interfaces et calibration).

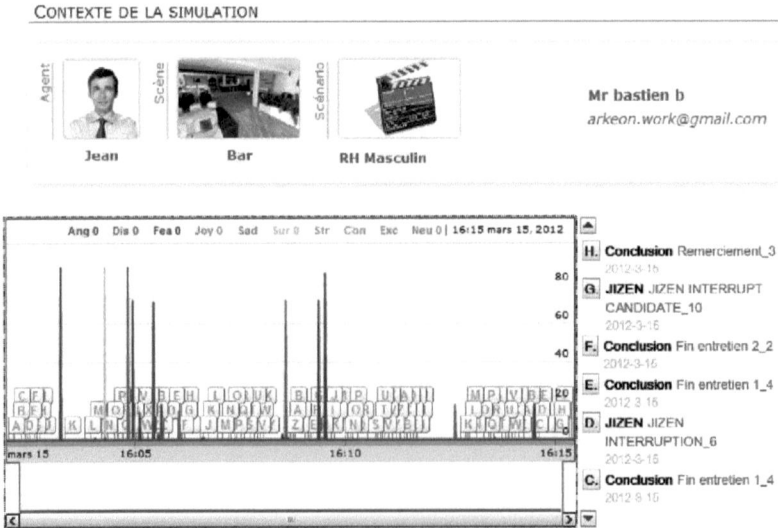

FIGURE 6.18 – Illustration d'un bilan permettant d'analyser les pics émotionnels ressentis par le sujet au cours de la simulation.

Effet	Colère	Dégoût	Peur	Tristesse
Phase	$F_{6,9} = 1,54$ $P > 0,05$	$F_{6,9} = 0,49$ $P > 0,05$	$F_{6,9} = 3,19$ $P < 0,05$	$F_{6,9} = 0,14$ $P > 0,05$

Effet	Joie	Surprise	Stress	Excitation
Phase	$F_{6,9} = 3,27$ $P < 0,05$	$F_{6,9} = 4,72$ $P < 0,05$	$F_{6,9} = 0,12$ $P > 0,05$	$F_{6,9} = 30,64$ $P < 0,05$

TABLE 6.2 – Effet des différentes phases de l'entretien sur les émotions identifiées.

dégoût, surprise, peur, joie, tristesse, stress et excitation) sont considérées comme variables dépendantes.

Le Tableau 6.2 illustre l'effet de la phase de l'entretien sur l'intensité de chaque émotion ressenties par le candidat. Les valeurs F, p montrent que la variable $Phase$ affecte significativement les émotions suivantes : excitation, peur, joie et surprise. Cependant, les résultats montrent qu'il n'y a pas d'effet significatif concernant la colère, le dégoût, la tristesse et le stress. Ainsi, au cours de la simulation, ces émotions n'ont, en moyenne, pas évoluées chez les candidats.

La Figure 6.19 montre les moyennes des quatre émotions (correspondant à l'excitation, la peur, la joie et la surprise) qui ont évoluées pendant l'entretien. Nous avons constaté que chacune de ces émotions variait en fonction de la phase de l'entretien. Ainsi, pour l'excitation, nous avons déterminé une moyenne de 38,1% pour la phase prestations salariales. En ce qui concerne la surprise et la joie, nous avons déterminé des moyennes de 10,8% et 38,1% respectivement. Dans les phases perspectives et conclusion, nous avons observé des moyennes de 74,5% et 77,2% respectivement pour la joie. En ce qui concerne les phases introduction et expérience professionnelle, un sentiment de joie à l'air de prédominer. Nous avons déterminé des valeurs de 41,2% et 44,3%, respectivement. En ce qui concerne les autres phases, et en particulier les phases étude et formation, et personnalité, la peur semble alors dominer (35,4%, et 29,1% respectivement).

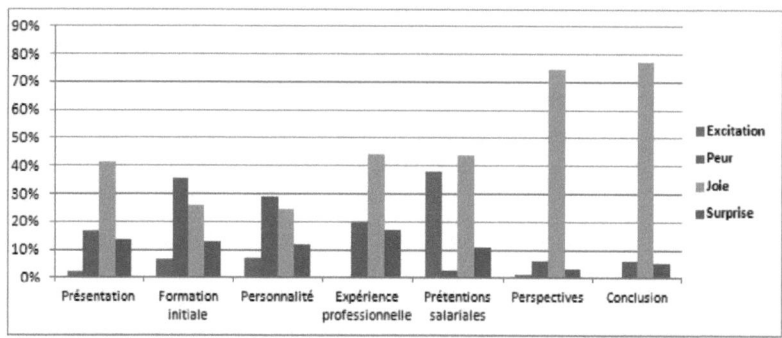

FIGURE 6.19 – Illustration de l'évolution des émotions pendant les phases de l'entretien.

Nous remarquons que les sujets ont été en état de relative excitation durant la phase salaire. Le fait que lors d'un entretien réel, cette phase soit également d'une forte intensité émotionnelle, contribue à valider notre simulateur. En outre, nous constatons que les sujets, en moyenne, terminent l'entretien dans un état émotionnel relativement positif (trois dernières phases de l'entretien). Alors qu'en moyenne, les sujets ont été dans un état émotionnel relativement mitigé (mélange entre la joie et la peur) dans les phases étude et formation, et personnalité.

6.6.2 Données subjectives (questionnaire)

Les données recueillies à partir du questionnaire fournissent des informations complémentaires permettant une analyse plus complète de l'état émotionnel des sujets au cours de la simulation d'entretien. Le questionnaire comprend deux parties. La première partie a pour objectif l'analyse de la perception des utilisateurs concernant les aspects relatifs à l'ergonomie, l'utilisabilité et l'acceptabilité du simulateur. La deuxième partie vise à étudier les émotions ressenties de manière consciente par les sujets au cours de la simulation. Dans chacune de ces deux parties, une liste de questions a été proposée. Pour chacune de ces questions, les sujets devaient répondre selon une échelle de Likert à 7 points.

La fiabilité de notre questionnaire a été vérifiée à l'aide du coefficient alpha de Cronbach. Cet indice statistique donne la corrélation moyenne des réponses à plusieurs questions destinées à mesurer une seule dimension. Sa valeur s'établit entre 0 et 1, et est considérée acceptable lorsque le coefficient alpha est supérieur à $0,7$ [68].

Nous avons calculé les indices de Cronbach α_1 et α_2 pour les deux parties de notre questionnaire. Les deux coefficients sont supérieurs au $0,7$ ($\alpha_1 = 0,75$ et $\alpha_2 = 0,81$), ainsi notre questionnaire est validé.

Partie I : Perception des utilisateurs concernant le simulateur

Nous avons étudié les réponses concernant la première partie du questionnaire proposé aux sujets. Le but est alors d'évaluer les quatre indices suivant : le réalisme de l'environnement viruel (Q1), le comportement de l'ACA (Q2), les aspects ergonomie, utilisabilité et acceptabilité (Q3) et l'intrusivité des capteurs (Q4). La Figure 6.20 présente les résultats obtenus.

Q1 : réalisme de l'environnement virtuel,

Q2 : comportement de l'ACA (animation, dialogue),

Q3 : ergonomie, utilisabilité et acceptabilité du simulateur,

Q4 : intrusivité des capteurs.

En ce qui concerne le réalisme, les sujets ont considéré que l'environnement virtuel proposé été moyennement proche d'un environnement réel (moyenne : 4,2, écart-type : $1,9$). Le comportement de l'agent conversationnel animé (ACA) a été considéré moyennement réaliste (moyenne : $3,8$, écart-type : $1,6$). En effet, celui-ci a été jugé peu réactif au niveau de l'échange verbal et gestuel. Concernant les aspects ergonomie, utilisabilité et acceptabilité du simulateur, les sujets ont considéré que le simulateur été globalement simple d'utilisation et ne posait aucun problème lors du dialogue (moyenne : $4,5$, écart-type : $1,5$). Concernant le dernier point, qui consiste en l'évaluation de l'intrusivité des capteurs utilisés, les sujets ont considéré que les capteurs proposés étaient peu intrusifs et même confortables à utiliser (moyenne : 2, 5, écart-type : 0, 9).

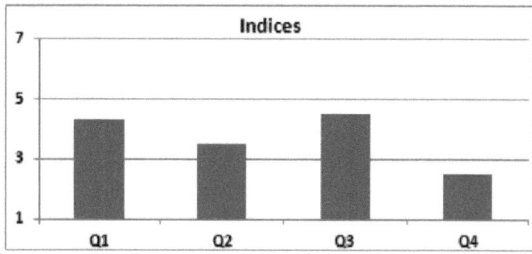

FIGURE 6.20 – La perception des utilisateurs concernant le simulateur : réalisme (Q1), comportement de l'ACA (Q2), ergonomie, utilisabilité, acceptabilité du simulateur (Q3) et intrusivité des capteurs (Q4).

Partie II : Evaluation de l'intensité des émotions ressenties pendant la simulation

Après chaque simulation, les candidats devaient évaluer l'intensité des émotions ressenties pendant chaque phase de l'entretien. Les sujets devaient exprimer, sur une échelle de Likert à 7 points, les émotions ressenties. Les valeurs inférieures à 3, 5 expriment des émotions négatives, les valeurs supérieures à 3, 5 expriment des émotions positives.

La Figure 6.21 illustre le niveau émotionnel moyen ressenti par les sujets au cours de l'entretien. Nous constatons que les candidats ont ressenti des émotions négatives dans la phase formation initiale. Ainsi, Ils ont eu quelques difficultés à s'exprimer sur leur formation initiale ainsi que sur leur personnalité. Les sujets ont ressenti des émotions positives dans la première et les trois dernières phases de l'entretien. Ainsi, les sujets ont plutôt apprécié ces phases de l'entretien, et n'ont eu aucune difficulté concernant leurs prétentions salariales, leurs perspectives professionnelles et la conclusion de l'entretien.

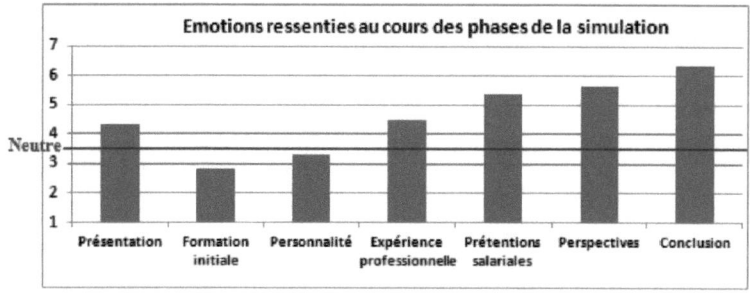

FIGURE 6.21 – Évaluation de la nature et de l'intensité des émotions ressenties pour chaque phase d'entretien.

Deux points importants sont à noter : (i) nous avons observé une évolution des émotions ressenties par les sujets, ce qui démontre une certaine attention et une bonne implication/immersion mentale des sujets, et (ii) des émotions positives ont été ressenties en fin de simulation, ce qui confirme l'appréciation positive de notre simulateur de la part des candidats.

En outre, ces résultats sont en adéquation partielle avec les résultats concernant l'évaluation objective de l'intensité des émotions ressenties pour chaque phase de l'entretien. En effet, il y a une corrélation entre les données objectives et subjectives dans les phases suivantes : formation initiale (état émotionnel négatif), ainsi que dans les trois dernières phases (état émotionnel positif).

6.7 Conclusion

Dans ce chapitre, nous avons présenté le processus de développement de l'architecture du simulateur d'entretien d'embauche (PISE). Après avoir intégré le Framework SAIBA dans l'architecture générale du système, nous avons détaillé les différents modules du simulateur PISE. Ces modules reposent sur deux acteurs principaux : l'agent conversationnel animé et le candidat. En effet, l'ACA a une apparence humaine et a des caractéristiques comportementales. Le candidat est représenté, dans le module d'intelligence artificielle, par un vecteur d'état émotionnel. Pour construire ce vecteur, nous avons intégré la plate-forme d'analyse comportementale et émotionnelle (PACE), et en particulier l'aspect temps-réel de la détection des émotions via l'approche développée. Ensuite, nous avons défini le modèle émotionnel du candidat ainsi que le modèle de personnalité de l'ACA. Puis, nous avons présenté l'interaction comportementale candidat/ACA afin d'obtenir une véritable simulation comportementale reproduisant une interaction sociale dans un univers virtuel.

La procédure expérimentale décrite dans ce chapitre a permis d'évaluer de manière objective et subjective le simulateur PISE. L'étude expérimentale repose sur une simulation interactive et immersive dans laquelle le candidat est impliqué à travers un dialogue avec l'ACA. Nous avons utilisé le casque EEG (Epoc), le capteur biofeedback WristOx2, la ceinture de respiration et la webcam comme outils d'acquisition afin de déterminer l'état émotionnel du candidat. Cette expérimentation avait un double objectif : la validation de manière objective et subjective de notre simulateur, et l'évaluation du fonctionnement de la plate-forme d'analyse comportementale et émotionnelle. Les résultats obtenus permettent de valider partiellement le simulateur.

Conclusion Générale

Principales contributions

Cette thèse a été réalisée dans le cadre d'un projet de recherche labellisé par le pôle "Images et Réseaux", et financé par la DGCIS. Ce projet a pour objectif la conception d'une plate-forme immersive de simulation d'entretien d'embauche (PISE). Notre contribution principale porte sur la conception d'une plate-forme multimodale innovante permettant l'extraction de l'état émotionnel de l'utilisateur en temps réel. La méthodologie proposée implique trois problématiques connexes. La première implique la mise en place de protocoles d'évaluation permettant de déterminer la corrélation entre les états émotionnels ressentis par les sujets et les données recueillies à partir de signaux physiologiques. La deuxième problématique porte sur le développement de la plate-forme logicielle d'analyse comportementale et émotionnelle (PACE). Enfin, la dernière problématique repose sur l'intégration de la plate-forme dans le simulateur PISE. Celle-ci a été validée à travers l'évaluation de l'état émotionnel de participants durant les différentes phases de l'entretien d'embauche.

Nous avons, dans un premier temps, abordé les aspects théoriques et applicatifs de la reconnaissance d'états émotionnels. Nous avons présenté les différentes théories proposées pour la modélisation et la classification des émotions. Après avoir exploré les diverses approches de représentation des émotions pour la modélisation de processus émotionnels, nous avons choisi de représenter les émotions à partir du modèle discret proposé par Ekman (joie, dégoût, surprise, colère, tristesse et peur). L'objectif était de permettre une simulation comportementale et émotionnelle entre un humain et un agent conversationnel animé (ACA). Dans ce contexte, nous avons choisi de privilégier l'approche multimodale.

Le rôle et les aspects émotionnels multimodaux ont été soulignés par l'analyse des différentes méthodes de fusion (fusion au niveau : signaux, caractéristiques, décisionnel). Par la suite, nous avons focalisé nos travaux sur l'acquisition et le traitement des signaux physiologiques (EEG, EMG, ECG, etc.) en utilisant différents méthodes de classifications (SVM, Naïve Bayésienne, régression logistique). Nous avons également eu recours à des analyses de variance (ANOVA).

Ensuite, nous avons présenté une approche concernant la reconnaissance automatique des émotions, fondée sur l'acquisition et le traitement de signaux physiologiques. Pour cela, nous avons utilisé le casque Epoc pour les signaux bas-niveau (EEG) et de haut-niveau (données expressives et affectives). Nous avons également utilisé un capteur biofeedback (WristOx2) pour l'enregistrement du rythme cardiaque et une ceinture de respiration pour l'enregistrement du volume respiratoire. L'objectif était de développer différentes expérimentations permettant d'établir une relation entre les signaux enregistrés et les processus émotionnels. Pour valider cette approche, nous avons proposé un protocole d'évaluation émotionnelle basé sur deux techniques d'induction de stimuli : des images IAPS et des séquences vidéo.

La première expérimentation avait pour objectif d'analyser et de calibrer les sorties des capteurs Epoc (données haut-niveau) et WristOx2 (rythme cardiaque), lors d'une stimulation émotionnelle statique, via le système d'images affectives IAPS. Pour valider l'approche proposée, nous avons appliqué la méthode d'analyse statistique descriptive basée sur les vecteurs d'indicateurs pertinents et l'analyse de variance à un facteur (ANOVA). La qualité des résultats subjectifs et objectifs obtenus est liée à la technique d'induction utilisée. L'un des principaux avantages du protocole d'induction via les images IAPS est de mieux distinguer certaines émotions (joie, dégoût, colère et tristesse). Les résultats de cette expérimentation montrent une bonne corrélation entre les signaux physiologiques associés aux données expressives de haut-niveau (Epoc) et les données issues du capteur biofeedback, et l'état émotionnel du sujet. Cependant, ces résultats montrent que l'induction d'émotions via des images IAPS n'est pas suffisante certains états émotionnels comme la peur et la surprise.

Afin d'améliorer la reconnaissance d'émotions via l'utilisation de signaux physiologiques, nous avons mené une deuxième expérimentation dont l'objectif était de surmonter les limites de l'utilisation de la technique d'induction basée sur les images IAPS. Ainsi, nous avons utilisé une stimulation dynamique impliquant les séquences vidéo de Schaefer. Le but était alors d'analyser l'évolution des émotions des sujets lors de situations plus réalistes (mouvements et bandes sonores). Dans cette expérimentation, nous avons analysé les données de haut-niveau du casque Epoc, les données bas-niveau (signaux EEG) ainsi que les signaux périphériques (rythme cardiaque et volume respiratoire). L'analyse de ces données repose sur l'utilisation de trois méthodes de classification (SVM, Naïve Bayésienne, régression logistique). Nous avons remarqué la pertinence des signaux EEG pour la reconnaissance de certaines émotions (joie et dégoût) et la pertinence des signaux périphériques pour l'évaluation d'autres émotions (peur et colère). En effet, certaines caractéristiques d'émotions peuvent être obtenues par l'utilisation de l'un des signaux périphériques physiologiques VR ou ECG, ou les signaux EEG.

A partir des résultats de ces expérimentations, nous avons développé une méthodologie qui a permis d'extraire les émotions en temps-réel, à partir des signaux acquis, via les différentes modalités. Cette méthodologie repose sur la création et l'intégration de modèles mathématiques émotionnels.

Notre contribution a reposé ainsi sur le développement d'une plate-forme multimodale d'acquisition et de traitement temps-réel de signaux physiologiques (PACE). Celle-ci se fonde sur les résultats expérimentaux que nous avons obtenus et sur une méthodologie originale impliquant différents modèles mathématiques (*RL, RNL, Empiric*, et *Dummy*). La plate-forme peut être considérée comme un middleware modulaire et générique permettant de mesurer, en temps réel, l'état émotionnel de l'utilisateur via l'estimation d'un vecteur d'état. Afin d'évaluer cette plate-forme, une expérimentation a été menée pour étudier l'effet de séquences des vidéos sur l'état émotionnel de sujets humains. Les résultats obtenus ont montré que l'utilisation de l'approche multimodale pour la reconnaissance des émotions a donné de meilleurs résultats par rapport à l'utilisation de l'approche uni-modale.

Enfin, nous avons intégré la plate-forme PACE au simulateur PISE, afin de l'évaluer et de la valider dans ces conditions finales d'utilisation. En ce qui concerne l'évaluation objective et subjective des émotions engendrées au cours de la simulation comportementale, différents points importants sont à noter. Nous avons observé une évolution des émotions ressenties au cours des différentes phases de la simulation, ce qui démontre une bonne immersion mentale des participants ainsi que la capacité de la plate-forme à identifier leur état émotionnel. Les résultats montrent que des émotions positives ont été ressenties lors des trois phases finales de la simulation, ce qui suggère une bonne appréciation de la part des participants et un bon niveau de réalisme pour le simulateur. Les bons résultats obtenus valident également les modalités et interfaces proposées pour la simulation.

Perspectives de recherches

Tout au long de ce travail, nous avons identifié les enjeux liés à l'informatique affective. Nos approches présentent des résultats satisfaisants. Cependant, il reste de nombreux points à améliorer et perspectives de recherche à développer. Ils concernent (i) l'amélioration de la reconnaissance des états émotionnels par l'intégration d'autres signaux, et l'optimisation des modèles mathématiques proposés, (ii) l'intégration dans la plate-forme de signaux relatifs au comportement de l'utilisateur (mouvements, gestuelle, regard, etc.), (iii) la prise en compte de la personnalité, de l'expressivité et de l'émotivité intrinsèques de l'utilisateur, (iv) et enfin l'injection en temps réel du vecteur émotionnel, construit par notre plate-forme d'analyse comportementale et émotionnelle, à partir des données issues des capteurs, dans le module comportemental de l'agent conversationnel animé (ACA).

En ce qui concerne les signaux physiologiques, comme il l'a été démontré au cours de notre travail, ils représentent la modalité la plus robuste pour la reconnaissance d'états émotionnels. Cependant, il a y encore quelques questions qui doivent être étudiées afin d'optimiser l'extraction, le traitement et l'intégration des signaux. L'ajout d'autres capteurs physiologiques, comme un capteur de conductivité dermale et un capteur de température cutanée, peuvent en particulier rendre la reconnaissance des émotions plus robuste.

Concernant l'analyse comportementale de l'utilisateur, la plate-forme développée peut facilement intégrer des capteurs de mouvements corporels tels que la Kinect^{TM}, ainsi qu'un système de capture de mouvements oculaire. Dans ce contexte, il sera nécessaire d'ajouter à la plate-forme un module permettant d'analyser les comportements (gestuelle, soutien du regard, etc.) et les émotions spécifiquement véhiculées par ces signaux.

En ce qui concerne le troisième point, de nombreux travaux en sciences humaines et sociales [211] ont montrés que la personnalité influence non seulement le comportement des individus, mais aussi leurs émotions. Par exemple, une personnalité extravertie a tendance à ressentir plus fortement les émotions positives (joie, etc.). Ainsi, l'intégration de paramètres intrinsèques relatifs à l'utilisateur devra être considérée avec la plus grande attention.

Enfin, le caractère interactif du dialogue entre un utilisateur et un agent conversationnel animé est indispensable au réalisme de toute simulation comportementale et affective. L'approche développée a pris pleinement en compte cet impératif (création et envoi d'un vecteur d'état émotionnel en temps réel). Cependant, le vecteur d'état n'est actuellement pas utilisé pour faire évoluer le comportement et l'état émotionnel de l'agent conversationnel. Ainsi, si la plate-forme détecte un pic émotionnel (stress, etc.) l'agent ne le prend pas en compte. Nous avons donc également comme perspective à moyen terme, l'ajout d'un module comportemental et émotionnel dans la partie IA de l'agent conversationnel. Ce module fera évoluer en temps réel le comportement de l'agent.

Les travaux développés dans le cadre de cette thèse ouvrent la voie à de nouvelles possibilités dans différents domaines applicatifs, et contribuent à la démocratisation de l'usage de nouvelles interfaces homme-machine et techniques multimodales en informatique affective.

Formulaire de consentement

Titre de la recherche : **Protocole d'expérimentation dans le cadre du projet PISE**

Chercheur : Paul RICHARD

Direction de recherche / encadrement scientifique : LISA

Renseignement aux participants

Objectifs de la recherche

Ce projet vise à étudier les émotions ressenties lors du visionnage de vidéos. Les vidéos présentées sont issues de la banque de données de Film stimulus, fournie par University of Louvain (Belgium). Le Film stimulus regroupe un ensemble des vidéos inductrices d'émotions.

Participation à la recherche

La participation à cette recherche consiste à être équipée par le chercheur de capteurs non invasifs. Les capteurs utilisés dans le cadre de cette recherche sont le neurocasque Emotiv EPOC et le capteur biofeedback Nonin Oximeter (permettant de mesurer le rythme cardiaque) et une ceinture de respiration. A l'issue de cette installation, le participant visionnera une suite de vidéos. Pour chacune d'entre elles, il s'agira de choisir parmi quatre émotions, celles qui ont été ressenties et de jauger l'intensité de chacune d'entre elles.

Confidentialité

Les renseignements donnés par les participants sont confidentiels et seront anonymés.

Avantages et inconvénients

La participation à une recherche est toujours une expérience particulière. Vous découvrirez la mise en place d'un protocole de recherche. Par ailleurs, votre participation permet de contribuer à l'avancement des connaissances sur les émotions.

Droit de retrait

Votre participation est entièrement volontaire. Vous êtes libre de vous retirer en tout temps sur simple avis verbal, sans préjudice et sans devoir justifier votre décision. Si vous décidez de vous retirer de la recherche, vous pouvez communiquer avec le chercheur présent. Les renseignements recueillis seront alors détruits.

Consentement

Je déclare avoir pris connaissance des informations ci-dessus, avoir obtenu les réponses à mes questions sur ma participation à la recherche et comprendre le but, la nature, les avantages, les risques et les inconvénients de cette recherche. Après réflexion et un délai raisonnable, je consens à participer à cette étude. Je sais que je peux me retirer en tout temps, sur simple avis verbal, sans préjudice.

Je consens à ce que les données anonymées recueillies dans le cadre de cette étude soient utilisées pour des projets de recherche subséquents, conditionnellement à leur approbation éthique et dans le respect des mêmes principes de confidentialité et de protection des informations.

Oui   non

Nom du participant :   Prénom :   Date :

Signature :

Je déclare avoir expliqué le but, la nature, les avantages, les risques et les inconvénients de cette recherche et avoir répondu au meilleur de ma connaissance aux questions posées.

Nom du chercheur :   Prénom :   Date :

Signature :

B

Questionnaire

1. Jouez-vous aux jeux vidéo ?   NON   OUI
2. Avez-vous déjà réalisé des entretiens ?   NON   OUI
3. Dans quelle mesure l'expérience que vous avez vécue dans l'environnement virtuel ressemblait-elle à celle de l'environnement réel ?

   |————|————|————|————|————|————|————|
   Pas ressemblant   Modérément ressemblant   Très ressemblant

4. Dans quelle mesure l'agent conversationnel animé était-il réactif ?

   |————|————|————|————|————|————|————|
   Pas réactif   Modérément réactif   Complètement réactif

5. Dans quelle mesure le dialogue avec l'agent conversationnel animé était-il réel ?

   |————|————|————|————|————|————|————|
   Pas réactif   Modérément réactif   Complètement réactif

6. Dans quelle mesure la simulation d'entretien ressemblait-elle à celle de l'entretien réel ?

   |————|————|————|————|————|————|————|
   Pas ressemblant   Modérément ressemblant   Très ressemblant

7. Intrusivité des capteurs ?

   |————|————|————|————|————|————|————|
   Pas de tous   Un peu   Beaucoup

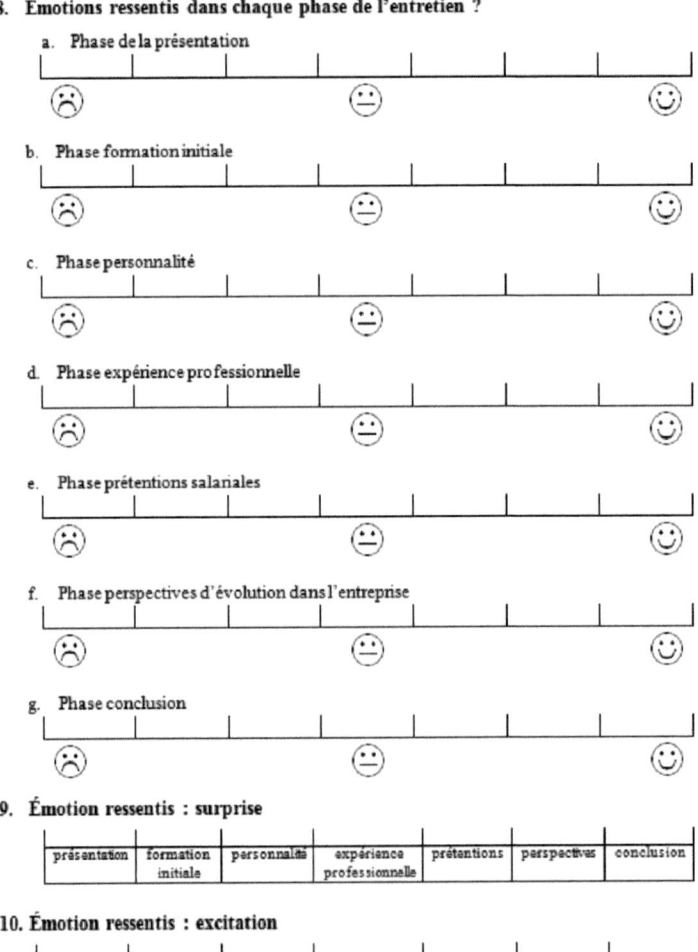

Liste des images IAPS utilisées

Description	Numéro de l'image IAPS	Valence	Arousal	Description	Numéro de l'image IAPS	Valence	Arousal
Watermelon	7325	7,48(1,66)	3,77(2,07)	Tornado	5972	3,67(2,67)	6,31(2,26)
Kittens	1463	7,45(1,76)	4,79(2,19)	Snake	1110	3,84(1,89)	5,96(2,16)
Girls	2091	7,68(1,43)	4,51(2,28)	Snake	1052	3,50(1,87)	6,52(2,23)
Children	2341	7,38(1,59)	4,11(2,31)	Dog	1301	3,70(1,66)	5,77(2,18)
Porpoise	1920	7,83(1,29)	4,21(2,49)	Dog	1302	4,38(1,64)	5,89(1,79)
Picnic	2560	6,02(1,55)	3,42(2,02)	Tornado	5970	4,31(1,64)	4,65(2,61)
Child	2655	6,62(1,47)	4,15(1,99)	Snake	1113	3,26(1,63)	6,38(2,13)
Women	1340	7,63(1,52)	5,25(2,24)	Shark	1930	3,56(1,90)	6,71(1,91)
Baby	2070	8,50(1,28)	4,84(2,97)	DentalExam	3280	3,62(1,63)	5,08(2,28)
Clowns	2092	6,28(1,90)	4,32(2,29)	Bear	1321	4,32(1,87)	6,64(1,89)
VolcanoSkier	8192	5,88(1,40)	6,46(1,90)	MeatSlicer	7361	3,10(1,73)	5,09(2,48)
Tiger	1726	4,34(2,13)	6,32(2,14)	SlicedHand	9405	1,83(1,17)	6,08(2,40)
Snake	1022	4,26(2,04)	6,02(1,97)	BloodyKiss	2352.2	2,41(1,59)	5,78(1,94)
Volcano	5920	5,16(1,92)	6,23(2,08)	Garbage	9290	3,06(1,63)	4,33(2,27)
Biking/train	8475	4,85(1,85)	6,52(1,91)	FliesOnPie	7360	3,11(1,79)	5,51(2,23)
Lava	5940	4,79(1,82)	6,42(1,63)	Cigarettes	9830	2,42(1,88)	4,92(2,57)
RockClimber	8160	5,54(1,95)	6,90(1,62)	Dirty	9300	2,26(1,76)	6,00(2,41)
Skyscraper	7640	4,69(1,37)	5,86(2,39)	Corpse	9490	3,60(1,72)	5,57(2,13)
Snake	1114	4,03(2,16)	6,33(2,17)	Vomit	9320	3,07(1,96)	4,50(2,52)
Shark	1931	4,00(2,28)	6,80(2,02)	RoachOnPizz	7380	2,31(1,26)	6,22(2,29)
Attack	6560	2,16(1,41)	6,53(2,42)	Handicapped	9415	2,58(2,14)	5,32(2,37)
Guns	6830	2,82(1,81)	6,21(2,23)	DisabledChild	3300	2,74(1,56)	4,55(2,06)
Soldier	6212	2,19(1,49)	6,01(2,44)	Police	6838	2,45(1,44)	5,80(2,09)
Attack	6360	2,23(1,73)	6,33(2,51)	Boys	9530	3,65(1,92)	4,74(2,36)
Skinhead	9800	2,04(1,57)	6,05(2,71)	Hospital	2205	1,65(1,05)	4,65(2,04)
KKKrally	9810	2,09(1,78)	6,62(2,26)	Man	2490	2,74(1,51)	4,06(1,77)
Attack	3500	2,50(1,24)	6,80(2,04)	GrievingFem	2141	2,44(1,64)	5,00(2,03)
Attack	6540	2,53(1,84)	6,51(2,27)	ElderlyWoma	2590	3,26(1,92)	3,93(1,94)
Attack	6550	3,39(2,63)	6,98(2,13)	Girl	2276	3,17(1,56)	4,02(1,67)
Attack	6313	2,43(1,42)	6,54(2,11)	Ruins	9470	3,62(1,18)	4,53(1,68)

Représentation des données dans un fichier XML

La Figure D.1 montre un exemple de fichier XML correspondant à la description d'une modalité de type capteur EEG (casque Epoc). Ce fichier est automatiquement chargé au démarrage de l'application.

```xml
<?xml version="1.0" encoding="ISO-8859-1" ?>
<PeripheralDevice>
    <Name>Epoc</Name>
    <SignalsDevices>
        <SignalDevice>Frustration</SignalDevice>
        <SignalDevice>LongExcitement</SignalDevice>
        <SignalDevice>Smile</SignalDevice>
        <SignalDevice>Laugh</SignalDevice>
        <SignalDevice>Clench</SignalDevice>
        <SignalDevice>LeftSmirk</SignalDevice>
        <SignalDevice>FurrowBrow </SignalDevice>
        <SignalDevice>RaiseBrow</SignalDevice>
    </SignalsDevices>
</PeripheralDevice>
```

FIGURE D.1 – Exemple de fichier XML correspondant aux expressions faciales identifies via la suite affective de l'Epoc.

La Figure D.2 illustre l'agencement des données stockées pour un modèle de signal. Le premier correspond à la description d'un des signaux issus du casque Epoc, le second correspond à l'un des signaux du capteur cardiaque WristOx2. Ces fichiers sont automatiquement chargés par la librairie au démarrage de l'application.

Nous fournissons un exemple de modèle de périphérique (Fig. D.3), qui expose la possibilité de favoriser un signal d'un périphérique par rapport à un autre.

La Figure D.4 illustre ce format en exposant le fichier de configuration du modèle de fusion que nous avons utilisé dans la phase expérimentale utilisant le système PACE.

Comme nous l'avons indiqué, le profil de simulation peut être sauvegardé dans un fichier XML. A titre d'exemple, La Figure D.5 présente le profil que nous avons utilisé

(a)
```xml
<?xml version="1.0" encoding="ISO-8859-1" ?>
<SignalModel>
  <Name>Epoc_Clench_Empiric</Name>
  <PeripheralDevice>Epoc</PeripheralDevice>
  <SignalDevice>Clench</SignalDevice>
  <SignalSolver>SignalSolverCorrelationEmpiric</SignalSolver>
  <Emotions>
    <Emotion type="Disgust">
       <SignalModelParameter>80</SignalModelParameter>
       <SignalModelParameter>20</SignalModelParameter>
    </Emotion>
    <Emotion type="Fear">
       <SignalModelParameter>50</SignalModelParameter>
       <SignalModelParameter>15</SignalModelParameter>
    </Emotion>
```

(b)
```xml
<?xml version="1.0" encoding="ISO-8859-1" ?>
<SignalModel>
  <Name>WristOx2_Pulse_ChangeRNL</Name>
  <PeripheralDevice>WristOx2</PeripheralDevice>
  <SignalDevice>Pulse</SignalDevice>
  <SignalSolver>SignalSolverCorrelationChangeNL</SignalSolver>
  <Emotions>
    <Emotion type="Disgust">
       <SignalModelParameter>-0.01</SignalModelParameter>
       <SignalModelParameter>-0.22</SignalModelParameter>
       <SignalModelParameter>0.47</SignalModelParameter>
    </Emotion>
    <Emotion type="Fear">
       <SignalModelParameter>-0.106</SignalModelParameter>
       <SignalModelParameter>2.5</SignalModelParameter>
       <SignalModelParameter>-3.3</SignalModelParameter>
    </Emotion>
```

FIGURE D.2 – Exemple de deux fichiers XML correspondant à la description d'un des signaux issus du (a) casque Epoc et (b) capteur cardiaque WristOx2.

lors des phases de test du système PACE.

```xml
<?xml version="1.0" encoding="ISO-8859-1" ?>
<PeripheralModel>
  <Name>Epoc_Empiric</Name>
  <PeripheralDevice>Epoc</PeripheralDevice>
  <PeripheralSolver>PeripheralSolverEmpiric</PeripheralSolver>
  <SignalsDevices>
    <SignalDevice type="Clench">
      <Emotions>
        <Emotion type="Disgust">
          <PeripheralSolverParameter>1</PeripheralSolverParameter>
        </Emotion>
        <Emotion type="Fear">
          <PeripheralSolverParameter>0.6</PeripheralSolverParameter>
        </Emotion>
        <Emotion type="Surprise">
          <PeripheralSolverParameter>0.3</PeripheralSolverParameter>
        </Emotion>
      </Emotions>
    </SignalDevice>
    <SignalDevice type="Frustration">
      <Emotions>
        <Emotion type="Anger">
          <PeripheralSolverParameter>0.4</PeripheralSolverParameter>
        </Emotion>
```

FIGURE D.3 – Exemple d'un fichiers XML correspondant à un modèle de périphérique (casque Epoc).

```xml
<?xml version="1.0" encoding="ISO-8859-1" ?>
<FusionModel>
  <Name>FusionDecision</Name>
  <FusionSolver>FusionSolverDecision</FusionSolver>
  <PeripheralsDevices>
    <PeripheralDevice type="WristOx2">
      <Emotions>
        <Emotion type="Joy">
          <FusionSolverParameter>0.06</FusionSolverParameter>
        </Emotion>
        <Emotion type="Fear">
          <FusionSolverParameter>0.7</FusionSolverParameter>
        </Emotion>
      </Emotions>
    </PeripheralDevice>
    <PeripheralDevice type="Epoc">
      <Emotions>
        <Emotion type="Joy">
          <FusionSolverParameter>0.24</FusionSolverParameter>
        </Emotion>
        <Emotion type="Fear">
          <FusionSolverParameter>0.3</FusionSolverParameter>
        </Emotion>
      </Emotions>
    </PeripheralDevice>
  </PeripheralsDevices>
</FusionModel>
```

FIGURE D.4 – Exemple d'un fichiers XML correspondant un modèle de fusion globale.

```xml
<?xml version="1.0" encoding="ISO-8859-1" ?>
<BehaviorSimulationProfile>
  <Name>My simulation test</Name>
  <FusionModel>FusionDecision</FusionModel>
  <PeripheralModels>
    <PeripheralModel>WristOx2_Empiric</PeripheralModel>
    <PeripheralModel>Epoc_Empiric</PeripheralModel>
    <PeripheralModel>EmotionDetector_Empiric</PeripheralModel>
  </PeripheralModels>
  <SignalModels>
    <SignalModel>WristOx2_Pulse_ChangeRNL</SignalModel>
    <SignalModel>Epoc_Frustration_Empiric</SignalModel>
    <SignalModel>Epoc_Clench_Empiric</SignalModel>
    <SignalModel>Epoc_Laugh_Dummy</SignalModel>
    <SignalModel>Epoc_LeftSmirk_Empiric</SignalModel>
    <SignalModel>Epoc_LongExcitement_Dummy</SignalModel>
```

FIGURE D.5 – Exemple d'un fichiers XML correspondant à un profil de simulation.

Bibliographie

[1] B. Abboud, F. Davoine, and M. Dang. Facial expression recognition and synthesis based on appearance model. *Signal Processing : Image Communication*, 19 :723–740, 2004. 21

[2] F. Abdat. *Reconnaissance automatique des émotions par données multimodales : expressions faciales et signaux physiologiques*. PhD thesis, Université de Metz, Juin 2010. 22, 167

[3] F. Abdat, C. Maaoui, and A. Pruski. Human-computer interaction using emotion recognition from facial expression. In *Computer Modeling and Simulation, UKSIM European Symposium on*, pages 196–201, Los Alamitos, CA, USA, 2011. IEEE Computer Society. 24

[4] P. Allain and E. Francois. Epreuve de reconnaissance d'émotions en situation dynamique. Technical report, Laboratoire de Psychologie, University of Angers, France, 2010. 56, 104, 105

[5] O. AlZoubi, R.A. Calvo, and R.H. Stevens. Classification of eeg for emotion recognition : An adaptive approach. In *Proceedings of the 22nd Australasian Joint Conference on Advances in Artificial Intelligence*, pages 52–61, Berlin, Heidelberg, 2009. Springer-Verlag. 28

[6] J. Andreassi. *Psychophysiology : Human Behavior & Physiological Response*. awrence Erlbaum Associates, fourth edition ed. edition, 2000. 44, 167

[7] M. Armatte. Le statut changeant de la corrélation en économétrie (1910-1944). *Revue économique*, 52(3) :617–631, 2001. 96

[8] M. Arnold. *Emotion and personality*. Columbia University Press New York, 1960. 9, 11

[9] J.N. Bailenson, E.D. Pontikakis, I.B. Mauss, J.J. Gross, M.E. Jabon, C.A.C. Hutcherson, and C. Nassand O. John. Real-time classification of evoked emotions using facial feature tracking and physiological responses. *Int. J. Hum.-Comput. Stud.*, 66(5) :303–317, May 2008. 28

[10] P. Bard. A diencephalic mechanism for the expression of rage with special reference to the sympathetic nervous system. *m J Psychol*, 84 :490–515, 1928. 42

[11] C. Bartneck. Integrating the occ model of emotions in embodied characters. In *Proceedings of the Workshop on Virtual Conversational Characters : Applications, Methods, and Research Challenges, Melbourne.*, 2002. 17

[12] A. Batliner, R. Huber, and J. Spilker. The recognition of emotion. pages 122–130. Spoken Language Processing, 2000. 24

[13] J. Berkson. Application of the logistic function to bio-assay. *J Am Stat Assoc - Journal of the American Statistical Association*, 39(227) :357–65, 1944. 51

[14] V. Billaudeau, L. Diot, A. Trenvouez, and A. Didry. *Le recrutement : quelles pratiques actuelles ? : Résultats d'enquête auprès des professionnels du recrutement.* France, 2012. 122

[15] C. M. Bishop. *Pattern recognition and machine learning.* Springer, 2006. 54

[16] M. J. Black and Y. Yacoob. Tracking and recognizing rigid and non-rigid facial motions using local parametric model of image motion. pages 374–381. the International Conference on Computer Vision, IEEE Computer Society, Cambridge, MA, 1995. 22

[17] J. Bouchet. *Ingénierie de l'interaction multimodale en entrée Approche à composants ICARE.* PhD thesis, Université Joseph Fourier, Grenoble I, 2006. 30, 167

[18] M. Bradley and P.J. Lang. *The International Affective Picture System (IAPS) in the Study of Emotion and Attention.* 2007. 28, 62

[19] M.M. Bradley, B.N. Cuthbert, and .J. Lang. Picture media and emotion : effects of a sustained affective context. *Psychophysiology*, 33(6) :662–670, 1996. 46

[20] M.M. Bradley and .J. Lang. Affective reactions to acoustic stimuli. *Psychophysiology*, 37 :204–215, 2000. 46

[21] P. Broca. Anatomie comparée des circonvolutions cérébrales. le grand lobe limbique et la scissure limbique dans la série des mammifères. *Revue d'Anthropologie*, 1 :385–498, 1878. 42

[22] K.A. Brownley, B.E. Hurwitz, and N. Schneiderman. *Cardiovascular Psychophysiology*, pages 224–264. Cambridge University Press., 2nd edition edition, 2000. 45

[23] S. Buisine, B. Hartmann, M. Mancini, and C. Pelachaud. Conception et evaluation d'un modèle d'expressivité pour les gestes des agents conversationnels. In *Revue en Intelligence Artificielle RIA, Special Edition Interaction Emotionnelle*, pages 621–663, 2006. 20

[24] C. Busso, Z. Deng, S. Yildirim, M. Bulut, C. Lee, A. Kazemzadeh, S. Lee, U. Neumann, and S. Narayanan. Analysis of emotion recognition using facial expressions, speech and multimodal information. In *ICMI '04 : Proceedings of the 6th international conference on Multimodal interfaces*, pages 205–211, New York, NY, USA, 2004. ACM. 2, 29, 37

[25] J. Cacioppo and L. Tassimary. Inferring psychological significance from physiological signals. *American Psychologist*, 45 :16–28, 1990. 43

[26] R. Caloz, F.J. Bonn, C. Collet, and G. Rochon. *Précis de télédétection.* PUQ 2001, 2001. 52

[27] R.A. Calvo, I. Brown, and S. Scheding. Effect of experimental factors on the recognition of affective mental states through physiological measures. In *Proceedings of the 22nd Australasian Joint Conference on Advances in Artificial Intelligence*, pages 62–70, Berlin, Heidelberg, 2009. Springer-Verlag. 28

[28] R.A. Calvo and S. D'Mello. Affect detection : An interdisciplinary review of models, methods, and their applications. *IEEE Transaction on Affective Computing*, 1 :18–37, 2010. 2, 23, 24, 25, 165

[29] A. Camurri, S. Hashimoto, M. Ricchetti, A. Ricci, K. Suzuki, R. Trocca, and G. Volpe. Eyesweb : Toward gesture and affect recognition in interactive dance and music systems. *Comput. Music J.*, 24(1) :57–69, April 2000. 35

[30] W.B. Cannon. Pseudoaffective medulliadrenal secretion. *Am J Physiol*, 72 :283–294, 1925. 42

[31] W.B. Cannon. The james-lange theory of emotion : A critical experiment and an alternative theory. *Am J Psychol*, 39 :10–124, 1927. 42

[32] H. S. Carvalho, W. B. Heinzelman, A. L. Murphy, and C. J. Coelho. A general data fusion architecture. In *in Proceedings of the sixth international conference of information fusion*, pages 1465–1472, 2003. 31

[33] J. Cassell, H. Vilhjalmsson, and T. Bickmore. Beat : the behavior expression animation toolkit. In *SIGGRAPH '01 : Proceedings of the 28th annual conference on Computer graphics and interactive techniques*, pages 477–486. Computer Graphics Proceedings, 2001. 26

[34] G. Chanel. *Emotion assessment for affective-computing based on brain and peripheral signals*. PhD thesis, University of Geneva, Switzerland, 2009. 42, 167

[35] G. Chanel, K. Ansari-Asl, and T. Pun. Valence-arousal evaluation using physiological signals in an emotion recall paradigm. In *Systems, Man and Cybernetics, 2007. ISIC. IEEE International Conference on*, pages 2662–2667, Montreal, Que, 2007. IEEE International Conference on. 55

[36] G. Chanel, J. J. M. Kierkels, M Soleymani, and T. Pun. Short-term emotion assessment in a recall paradigm. *Int. J. Hum.-Comput. Stud*, 67(8,) :607–627, 2009. 28, 62

[37] L.S. Chen, H. Tao, T.S. Huang, T. Miyasato, and R. Nakatsu. Emotion recognition from audiovisual information. In *IEEE Workshop on Multimedia Signal Processing*, pages 83–88, 1998. 29

[38] A. Choi and W. Woo. Physiological sensing and feature extraction for emotion recognition by exploiting acupuncture spots. *Lecture Notes in Computer Science (Affective Computing and Intelligent Interaction)*, 3784 :590–597, 2005. 28

[39] Z. Chuang and C. Wu. Multi-modal emotion recognition from speech and text. *Computational Linguistics and Chinese Language Processing*, 9(2) :45–62, 2004. 32

[40] S. Chung. *L'expression et la perception de l'émotion extraite de la parole spontanée : évidences du coréen et de l'anglais*. PhD thesis, phonétique, Université PARIS III-Sorbonne Nouvelle : Institut de Linguistique et Phonétique Générales et Appliquées, Paris, 2000. 23

[41] I. Cohen, F. Cozman, N. Sebe, M. Cirelo, and T.S. Huang. Semi-supervised learning of classifiers : Theory, algorithms, and their applications to human-computer interaction. *IEEE Trans. Pattern Analysis and Machine Intelligence*, 26(12) :1553–1567, 2004. 24

[42] R. Cooper, J.W. Osselton, and J.C. Shaw. *EEG Technology*. 2nd ed. butterworths, london. edition, 1969. 40

[43] R. Cowie, E. Douglas-Cowie, N. Tsapatsoulis, G. Votsis, S. Kollias, W. Fellenz, and J.G. Taylor. Emotion recognition in human-computer interaction. *Signal Processing Magazine, IEEE*. 24, 54

[44] D.R. Cox. Two further applications of a model for binary regression. *Biometrika*, 45 :562–565, 1958. 51

[45] J. Grafman et T. Zalla D. Sander. The human amygdala : an evolved system for relevance detection. *Rev Neurosci*, 14(4) :303–316, 2003. 42

[46] A. Damasio. *L'Erreur de Descartes. La raison des émotions.* Odile Jacob, 1994. 1, 9

[47] T. Danisman. Rapport technique, 2012. 105

[48] T. Danisman, I. M. Bilasco, N. Ihaddadene, and C. Djeraba. Automatic facial feature detection for facial expression recognition. In *VISAPP (2)'10*, pages 407–412. INSTICC Press, 2010. 84

[49] C. Darwin. *The expression of emotion in man and animal.* University of Chicago Press (reprinted in 1965), Chicago, 1872. 8, 9, 26, 165

[50] M.E. Dawson, A.M. Schell, and D.L. Filion. The electrodermal system. *Handbook of Psychophysiology second edition Cambridge University*, pages 200–223, 2000. 44

[51] H. B. Deng, L. W. Jin, L. X Zhen, and J. C. Huang. A new facial expression recognition method based on local gabor filter bank and pca plus lda. *International Journal of Information Technology*, 11(11) :86–96, 2005. 32

[52] L. Devillers and L. Vidrascu. Real-life emotions detection with lexical and paralinguistic cues on human-human call center dialogs. In *INTERSPEECH - ICSLP, Ninth International Conference on Spoken Language Processing*, Pittsburgh, PA, USA, 2006. ISCA. 26

[53] E. Douglas-Cowie, R. Cowie, and M. Schroder. Speech and emotion, 2003. 25

[54] P. Ekman. *Basic emotions*, pages 301–320. Sussex U.K. : John Wiley and Sons, Ltd, New York, 1999. 14

[55] P. Ekman. Darwin, deception, and facial expression. *Annals of the New York Academy of Sciences*, 1000 :205–221, 2003. 43

[56] P. Ekman and R. J. Davidson. Voluntary smiling changes regional brain activity. *Psychological Science*, 4(5) :342–345, 1993. 43

[57] P. Ekman and W.V. Friesen. *Facial Action Coding System : A Technique for Measurement of Facial Movement.* Consulting Psychologists Press Palo Alto, California, 1978. 22, 23, 167

[58] P. Ekman and W.V. Friesen. What emotion categories or dimensions can observers judge from facial behavior. In *Emotion in the human face (2nd ed.)*, New York : Cambridge University Press, 1982. 15, 16

[59] P. Ekman, W.V. Friesen, and P. Ellsworth. *Emotion in the human face : guidelines for research and an integration of findings.* Pergamon Press, New York, 1972. 8, 9

[60] P. Ekman, R.W. Levenson, and W.V. Friesen. Autonomic nervous system activity distinguishes between emotions. *Science*, 221(4616) :1208–1210, 1983. 46

[61] K. Rana El and R. Peter. Real-time inference of complex mental states from facial expressions and head gestures. In *Proceedings of the 2004 Conference on Computer Vision and Pattern Recognition Workshop (CVPRW'04) Volume 10*, pages 154–154, Washington, DC, USA, 2004. IEEE Computer Society. 24

[62] IA. Essa and A.P. Pentland. Coding, analysis, interpretation, and recognition of facial expressions. *IEEE Computer Society Washington, DC, USA*. 23

[63] T. Ezzat, G. Geiger, and T. Poggio. Trainable videorealistic speech animation. In *ACM Transactions on Graphics*, pages 388–398, San Antonio, Texas, 2002. Appeared in Proceedings of SIGGRAPH. 21

[64] M. C. Pfaltz F. H. Wilhelm and P. Grossman. Continuous electronic data capture of physiology, behavior and experience in real life : towards ecological momentary assessment of emotion. *Interacting with Computers*, 18(2) :171–186, 2006. 47

[65] B. Fasel, F. Monay, and D. Gatica-Perez. Latent semantic analysis of facial action codes for automatic facial expression recognition. In *Proc. Sixth ACM Int'l Workshop Multimedia Information Retrieval (MIR '04)*, pages 181–188, 2004. 24

[66] R. Fernandez and R. W. Picard. Modeling drivers' speech under stress. *Speech Commun.*, 40(1-2) :145–159, apr 2003. 26

[67] C. Féré. Note sur les modifications de la resistance electrique sous l'influence des excitations sensorielles et des emotions. *Compt. Rend. Soc. Biol.*, 5 :217– 219, 1888. 44

[68] D. George and P. Mallery. *SPSS for Windows step by step : A simple guide and reference.* Boston : Allyn & Bacon, 4th ed. edition, 2003. 128

[69] W. S. Gosset. The probable error of a mean. 6(1) :1–25, Mars 1908. 96

[70] J. Gratch. *Building emotional agents, Rapport technique cmu-cs-92-143.* The fourth international conference on Autonomous agents, New York, NY, USA. ACM Press, 2000. 17

[71] J.A. Gray. The neuropsychology of anxiety - an inquiry into the functions of the septo-hippocampal system, 1982. 15

[72] P. Greenspan. *Emotions & reasons : an inquiry into emotional justification.* Routledge, 1988. 9

[73] J.J. Gross and L.F. Barrett. Emotion generation and emotion regulation : One or two depends on your point of view. *Emotion Review*, 3(1) :8–16, January 2011. 11, 167

[74] H. Gunes and M. Piccardi. Affect recognition from face and body : Early fusion versus late fusion. In *Proc. IEEE Int'l Conf. Systems, Man, and Cybernetics (SMC'05)*, pages 3437–3443, Australia, 2005. 24

[75] M. Gurban. *Multimodal Feature Extraction and Fusion for Audio-visuel Speech Recognition.* PhD thesis, these doctorale en informatique, communications et information, Ecole polytechnique federale de lausanne Suisse, 2009. 32

[76] A.C. Guyton and J.E. Hall. *Textbook of medical physiology 11th edition.* Elsevier Inc., 2006. 46

[77] A. Haag, S. Goronzya nd P. Schaich, and J. Williams. Emotion recognition using bio-sensors : First steps towards an automatic system. In *Affective Dialogue Systems*, pages 36–48. Springer Berlin / Heidelberg, 2004. 28, 55

[78] H. Hamdi, P. Richard, A. Suteau, and Ph. Alain. Emotion assessment for affective computing based on physiological responses. In *WCCI 2012 IEEE World Congress on Computational Intelligence*, pages 89–96, Brisbane, Australia, 2012. 55

[79] Z. Hammal, L. Couvreur, A. Caplier, and M. Rombaut. Facial expressions classification : A new approach based on transferable belief model. In *International Juornal of Approximate Reasoning*, volume 46, pages 542–567, 2007. 23

[80] Z. Hammal and C. Massot. Holistic and feature-based information towards dynamic multi-expressions recognition. In *VISAPP 2010. International Conference on Computer Vision Theory and Applications*, volume 2, pages 300–309, 2010. 23

[81] B. Hartmann, M. Mancini, and C. Pelachaud. Formational parameters and adaptive prototype instantiation for mpeg-4 compliant gesture synthesis. Proceedings of Computer Animation Geneva. 27

[82] J. Healey and R.W. Picard. Smartcar : Detecting driver stress. In *In Proceedings of ICPR'00*, pages 218–221, Barcelona, Spain, 2000. 27, 44, 47

[83] J. A. Healey and R. W. Picard. Detecting stress during real-world driving tasks using physiological sensors. *IEEE Transactions on Intelligent Transportation Systems*, 2(6) :156–166, 2005. 28

[84] A. Heraz and C. Frasson. Predicting the three major dimensions of the learner's emotions from brainwaves. *World Academy of Science, Eng. and Technology*, 25 :323–329, 2007. 28

[85] B. Herbelin, P. Benzaki, F. Riquier, O. Renault, and D. Thalmann. Using physiological measures for emotional assessment : a computer-aided tool for cognitive and behavioural therapy. In *ICDVRAT*, pages 307–314, Oxford, England, 2004. the 5th International Conference on Disability. 47, 55

[86] T. S. Huang, L. S. Chen, H. Tao, T. Miyasato, and R. Nakatsu. Bimodal emotion recognition by man and machine. In *ATR Workshop on Virtual Communication Environments*, 1998. 31

[87] C. E Izard. *The face of emotion*. Appleton-Century-Crofts, New York, 1971. 15, 16, 118

[88] N.J. Kim J. Wagner and E. Andre. From physiological signals to emotions : Implementing and comparing selected methods for feature extraction and classification. In *ICME*, pages 940–943, Amsterdam, 2005. IEEE Int Conf. 28

[89] A. Jaimes and N. Sebe. Multimodal human-computer interaction : A survey. *Comput. Vis. Image Underst*, 108(1-2) :116–134, 2007. 20

[90] W. James. What is an emotion ?, 1884. 9, 15

[91] H.H. Jasper. The ten-twenty electrode system of the international federation in electroencephalography and clinical neurophysiology. *EEG Journal*, 1958. 40

[92] P. Teissier et P. Escudier J.L. Schwartz. Traitement automatique du langage parlé - 2 : reconnaissance de la parole, chapitre la parole multimodale. pages 141–178, Hermes, Paris, 2002. 31, 32

[93] K. Kahler, J. Haber, and H. Seidel. Geometry-based muscle modeling for facial animation. In *No description on Graphics interface*, pages 37–46, Canada, 2001. Canadian Information Processing Society Toronto, Ont. 21

[94] A. Kapoor, S. Mota, and R.W. Picard. Towards a learning companion that recognizes affect emotional and intelligent ii : The tangled knot of social cognition, 2001. 27

[95] K. Karpouzis, A. Raouzaiou, and St. Kollias. *'Moving' avatars : Emotion Synthesis in Virtual Worlds*, volume 2, pages 503–507. Lawrence Erlbaum Associates, Inc., 2003. 20

[96] C. D. Katsis, N. Katertsidis, G. Ganiatsas, and D. I. Fotiadis. Toward emotion recognition in car-racing drivers : A biosignal processing approach. *IEEE Transactions on Systems, Man, and Cybernetics-Part A : Systems and Humans*, 38(3) :502–512, 2008. 28

[97] Z. Khalili and M.H. Moradi. Emotion recognition system using brain and peripheral signals : using correlation dimension to improve the results of eeg. In *Proceedings of the 2009 international joint conference on Neural Networks*, pages 1571–1575, Piscataway, NJ, USA, 2009. IEEE Press. 28

[98] R. Khosrowabadi, H.C. Quek, A. Wahab, and K.K. Ang. Eeg-based emotion recognition using self-organizing map for boundary detection. In *Proceedings of the 2010 20th International Conference on Pattern Recognition*, pages 4242–4245, Washington, DC, USA, 2010. IEEE Computer Society. 28

[99] J. Kim. Bimodal emotion recognition using speech and physiological changes. Technical report, 2007. 64

[100] J. Kim and E. André. Emotion recognition based on physiological changes in music listening. *IEEE Transactions on Pattern Analysis and Machine Intelligence*, 30(12) :2067–2083, 2008. 28

[101] K. Kim, S. Bang, and S. Kim. Emotion recognition system using short-term monitoring of physiological signals. *Medical and Biological Eng. and Computing*, 42(3) :419–427, May 2004. 28, 47

[102] J. L. Lagrange and L. Poinsot. *Traité de la résolution des équations numériques de tous les degrés*. 1806. 51

[103] R.D. Lane, E.M. Reiman, M.M. Bradley, P.J. Lang, G.L. Ahern, R.J. Davidson, and G.E. Schwartz. euroanatomical correlates of pleasant and unpleasant emotions, neuropsychologia. *Neuropsychologia*, 35(11) :1437–1444, Nov 1997. 43

[104] P. Lang, M. Bradley, and B. Cuthbert. International affective picture system (iaps) : Affective ratings of pictures and instruction manual. Technical Report A-6, Gainesville, Florida, US - University of Florida, 2005. 55, 62

[105] P. J. Lang, M. K. Greenwald, M. M. Bradley, and A. O. Hamm. Looking at pictures : affective, facial, visceral, and behavioral reactions. *Psychophysiology*, 30(3) :261–273, 1993. 44, 46

[106] R. Lazarus. *Emotion and Adaptation*. Oxford University Press, New York, 1991. 9, 18, 19, 167

[107] R. Lazarus and S. Folkman. *Stress, Appraisal, and Coping*. Springer Publishing Compan, 1984. 11, 19

[108] Shrikanth S. Lee, Chul Min Narayanan. Toward detecting emotions in spoken dialogs. *IEEE Transactions on Speech and Audio Processing*, 13(2) :293–303, 2005. 24, 26

[109] E. Leon, G. Clarke, V. Callaghan, and F. Sepulveda. A user-independent real-time emotion recognition system for software agents in domestic environments. *Engineering Applications of Artificial Intelligence*, 20(3) :337–345, April 2007. 28

[110] R.W. Levenson. Emotion and the autonomic nervous system : a prospectus for research on autonomic specificity. In H.L. Wagner, editor, *Social Psychophysiology and Emotion : Theory and Clinical Applications*, pages 17–42. John Wiley & Sons, 1988. 54, 64

[111] C. Lisetti and F. Nasoz. Using noninvasive wearable computers to recognize human emotions from physiological signals. *EURASIP J. Appl. Signal Process*, 2004 :1672–1687, 2004. 9, 27, 47

[112] C.L. Lisetti and F. Nasoz. Maui : Multimodal affective user interface. In *The ACM Multimedia International Conference*, pages 161–170, New York, NY, USA, 2002. ACM SIGGRAPH. 2, 34, 35, 37, 167

[113] Diane J. Litman and Kate Forbes-Riley. Predicting student emotions in computer-human tutoring dialogues. In *Proceedings of the 42nd Annual Meeting on Association for Computational Linguistics*, pages 351–358, Stroudsburg, PA, USA, 2004. Association for Computational Linguistics. 26

[114] G.C. Littlewort, M.S. Bartlett, and K. Lee. Faces of pain :automated measurement of spontaneous facial expressions of genuine and posed pain. In *Proc. Ninth ACM Int'l Conf. Multimodal Interfaces (ICMI '07)*, pages 15–21, 2007. 24

[115] C. Liu, K. Conn, N. Sarkar, and W. Stone. Physiology-based affect recognition for computer-assisted intervention of children with autism spectrum disorder. *Int. J. Hum.-Comput. Stud.*, 66(16) :662–677, September 2008. 28

[116] C. Liu, P. Rani, and N. Sarkar. Human-robot interaction using affective cues. In *15th IEEE International Symposium on Robot and Human Interactive Communication (RO-MAN06)*, pages 285–290, Hatfield, UK, 2006. IEEE Computer Society. 28

[117] A. Luneski and P.D. Bamidis. Towards an emotion specification method : Representing emotional physiological signals. *Computer-Based Medical Systems, IEEE Symposium on*, 0 :363–370, 2007. 89

[118] S.L. Lynn. *The Sociology of Affect and Emotion*, pages 118–48. Boston : Allyn & Bacon, 1995. 78

[119] S. B. Marian, L. Gwen, F. Mark, L. Claudia, F. Ian, and M. Javier. Fully automatic facial action recognition in spontaneous behavior. In *Proceedings of the 7th International Conference on Automatic Face and Gesture Recognition*, pages 223–230, Washington, DC, USA, 2006. IEEE Computer Society. 24

[120] S. Marsella and J. Gratch. Modeling the interplay of emotions and plans in multi-agent simulations. page 109. 23rd Annual Conference of the Cognitive Science Society, Edinburgh,Scotland, 2001. 17

[121] A. MARTIN. Fusion de classifieurs pour la classification d'images sonar. *Revue Nationale des Technologies de l'Information E5*, pages 259–268, 2005. 33

[122] K. Mase. Recognition of facial expression from optical flow. *IEICE transactions*, 74(10) :3473–3483, 1991. 22

[123] W. McDougall. An introduction to social psychology, 1926. 15

[124] R.A. McFarland. Relationship of skin temperature changes to the emotions accompanying music. *Applied Psychophysiology and Biofeedback*, 10(3) :255–267, 1985. 46

[125] P.D. McLean. Some psychiatric implications of physiological studies on frontotemporal portions of the limbic system (visceral brain). *Electroencephal. Clin. Neurophysiol*, 4 :407–418, 1952. 42

[126] J.A. Mikels, B.L. Fredrickson, G.R. Larkin, C.M. Lindberg, S.J. Maglio, and P.A. Reuter-Lorenz. Emotional category data on images from the international affective picture system. *Behavioural Research Methods*, 37(4) :636–630, nov 2005. 55, 62, 68, 71

[127] J.S. Morris, C.D. Frith, D.I. Perrett, D. Rowland, A.W. Young, A.J. Calder, and R.J. Dolan. A differential neural response in the human amygdala to fearful and happy facial expressions. *Nature*, 383 :812–815, 1996. 42

[128] O.H. Mower. Learning theory and behavior, 1960. 15

[129] O.H. Mowrer. *Learning theory and behavior*. Wiley, New York, 1960. 14

[130] C. Muhl, A.-M. Brouwer, N. van Wouwe, E.L. van den Broek, F. Nijboer, and D.K.J. Heylen. Modality-specific affective responses and their implications for affective bci. In G.R. Muller-Putz, R. Scherer, M. Billinger, A. Kreilinger, V. Kaiser, and C. Neuper, editors, *Proceedings of the Fifth International Brain-Computer Interface Conference 2011*, pages 120–123, Graz, Austria, 2011. Verlag der Technischen Universitat. 28, 55

[131] C. Muhl, E.L. van den Broek, A.-M. Brouwer, F. Nijboer, N. Wouwe, and D.K.J. Heylen. Multi-modal affect induction for affective brain-computer interfaces. In S. D'Mello, A. Graesser, B. Schuller, and J. C. Martin, editors, *Proceedings of the 4th International Conference on Affective Computing and Intelligent Interaction (ACII 2011), Part I*, volume 6974, pages 235–245. Springer Berlin / Heidelberg, 2011. 28

[132] R. I. Murray and J. L. Arnott. Synthesizing emotions in speech : Is it time to get excited. In *in Proc. International Conf. on Spoken Language Processing*, pages 1816–1819, Philadelphia, USA, 1996. 24, 25, 165

[133] F. Nasoz, K. Alvarez, L. Lisetti, and N. Finkelstein. Emotion recognition from physiological signals using wireless sensors for presence technologies. *Cogn. Technol. Work*, 6(11) :4–14, February 2004. 28

[134] D. Nie, X. W. Wang, L. C. Shi, and B. L. Lu. Eeg-based emotion recognition during watching movie. In *IEEE EMBS Conference on Neural Engineering*, pages 667–670, Cancun, Mexico, 2011. IEEE Computer Society. 28

[135] Laurence Nigay and Joëlle Coutaz. Espaces conceptuels pour l'interaction multimédia et multimodale. *TSI, spécial Multimédia et Collecticiel, AFCET & Hermes Publ.*, 15(9) :1195–1225, 1996. 30

[136] A. Schaefer F. Nils, X. Sanchez, and P. Philippot. A multi-criteria assessment of emotional films. Technical report, University of Louvain, Belguim, 2007. 56, 72, 73, 74

[137] K. Oatley and P.N. Johnson-Laird. Towards a cognitive theory of emotions. cognition & emotion, 1987. 15, 118

[138] A. Ortony, G. Clore, and A. Collins. The cognitive structure of emotions. page Cambridge University Press, Dallas, TX, USA, 1988. 9, 14, 17, 167

[139] A. Ortony and W. Turner. What's basic about basic emotions. In *Psychological Review*, pages 315–331, 1990. 14

[140] N. Naqvi P. Rainville, A. Bechara and A. R. Damasio. Basic emotions are associated with distinct patterns of cardiorespiratory activity. *International Journal of Psychophysiology*, 61(1) :5–18, 2006. 46, 47

[141] J.L. Armony J. Driver et R.J. Dolan P. Vuilleumier, M.P. Richardson. Distant influences of amygdala lesion on visual cortical activation during emotional face processing. *Nat Neurosci*, 7(11) :1271–1278, 2004. 42

[142] M. Paleari, B. Huet, and B. Duffy. Sammi : semantic affect-enhanced multimedia indexing. In *Proceedings of the semantic and digital media technologies 2nd international conference on Semantic Multimedia*, pages 300–303, Berlin, Heidelberg, 2007. Springer-Verlag. 2, 34, 36, 167

[143] M. Paleari and C.L. Lisetti. Toward multimodal fusion of affective cues. In *Proceedings of the 1st ACM international workshop on Human-Centered Multimedia*, pages 99–108, New York, NY, USA, 2006. ACM. 31, 34

[144] J. Panksepp. Toward a general psycho-biological theory of emotions. *Behavioral and Brain Sciences*, 5(3) :407–422, 1982. 15

[145] M. Pantic and I. Patras. Dynamics of facial expression : Recognition of facial actions and their temporal segments from face profile image sequences. *IEEE Trans. Systems, Man, and Cybernetics, Part B*, 36 :433–449, 2006. 24

[146] M. Pantic and L.J.M. Rothkrantz. Toward an affect-sensitive multimodal human-computer interaction. volume 91, pages 1370–1390. Proceedings of the IEEE, 2003. 2, 24, 29, 32

[147] M. Pantic, N. Sebe, J.F. Cohn, and T. Huang. Affective multimodal human-computer interaction. In *ACM Int'l Conf. on Multimedia 2005*, pages 669–676, 2005. 20

[148] F. Parke. A parametric model for human faces. page 109. The University of Utah, 1974. 21

[149] S. Pasquariello and C. Pelachaud. Greta : A simple facial animation engine. In *Proceedings of the 6th Online World Conference on Soft Computing in Industrial Applications, Session on Soft Computing for Intelligent 3D Agents*, 2001. 20

[150] P.C. Petrantonakis and L. J. Hadjileontiadis. Emotion recognition from eeg using higher order crossings. *Trans. Info. Tech. Biomed*, 14(2) :186–197, 2010. 28

[151] R. Pfeifer, S. Kaiser, and T. Wehrle. Artificial intelligence models of emotions. In *Cognitive Perspectives on Emotion and Motivation*, volume 44, pages 287–320, 1988. 1

[152] R.W. Picard. *Affective Computing, rapport interne du MIT Media Lab*. Massachusetts Institute of Technology, Cambridge, USA, 1997. 1, 12, 13, 20, 167

[153] R.W. Picard, E. Vyzas, and J. Healey. Toward machine emotional intelligence : Analysis of affective physiological state. *IEEE Transactions on Pattern Analysis and Machine Intelligence*, 23(10) :1175–1191, 2001. 27, 28, 47, 165

[154] J.P. Pinel. *Biopsychology. Allyn and Bacon*. 2004. 27

[155] R. Plutchik. A general psychoevolutionary theory of emotion. In *Emotion : Theory, research, and experience*, pages 3–33, New York : Academic, 1980. 15

[156] F. Provost and T. Fawcett. Analysis and visualisation of classifier performance : Comparison under imprecise class and cost distributions. In *In Proc. third internat. Conf. on Knowledge Discovery and Data Mining, KDD-97*, pages 43–48, Menlo Park, CA. AAAI Press, 1997. 52

[157] F. Provost and T. Fawcett. Robust classification systems for imprecise environments. In *In Proc. AAAI-98*, pages 706–713, Menlo Park, CA. AAAI Press, 1998. 52

[158] D. Purves, G. J. Augustine, D. Fitzpatrick, and L. C. Katz. *Neuroscience*. Traduction de la 1ère édition américaine par j.-m. coquery edition, 1997. 45, 46

[159] P. E. Hart R. O. Duda and D. G. Stork. *Pattern Classification*. Wiley Interscience, second ed edition, 2001. 54

[160] P. Rani, C. Liu, N. Sarkar, and E. Vanman. An empirical study of machine learning techniques for affect recognition in human-robot interaction. *Pattern Analysis & Applications*, 9(1) :58–69, 2006. 28

[161] W.S.N. reilly and J. Bates. *Building emotional agents, Rapport technique cmu-cs-92-143*. Carnegie Mellon University, 1992. 17

[162] Descarte Rene. *The Passions of the Soul*, volume 1, pages 325–404. Englewood Cliffs, New Jersey : Prentice-Hall, Cambridge University Press, 1649. 9

[163] L.M. Romanski and J.E. LeDoux. Equipotentiality of thalamo-amygdala and thalamocortico-amygdala circuits in auditory fear conditioning. *J Neurosci*, 12(11) :4501–4509, 1992. 42

[164] I.J. Roseman. Cognitive aspects of emotion and emotional behavior. *87th Annual Convention of the American Psychological Association*, 1979. 18

[165] I.J. Roseman. Appraisal determinants of emotions : Constructing a more accurate and comprehensive theory. *Cognition & Emotion*, 10(3) :241–278, 1996. 19, 167

[166] J. Rottenberg, R. D. Ray, and J. J. Gross. Emotion elicitation using films. *ser. Series in affective science*, 9(1) :9–28, 2007. 28

[167] D. Roy and A. Pentland. Automatic spoken affect classification and analysis. automatic face and gesture recognition. In *Proceedings of the 2nd International Conference on Automatic Face and Gesture Recognition (FG '96)*, pages 363–367, Washington, DC, USA, October 1996. IEEE Computer Society. 25

[168] A. Russell. Affective space is bipolar. *Personality and Social Psychology*, 37 :345–356, 1979. 15, 16, 167

[169] Sébastien Saint-Aimé. *Conception et réalisation d'un robot compagnon expressif basé sur un modèle calculatoire des émotions*. PhD thesis, 'Université de Bretagne Sud, Juillet 2010. 8

[170] T. Sakata, S. Watanuki, H. Sakamoto, T. Sumi, and Y.K. Kim. Objective evaluation of kansei by a complementary use of physiological indexes, brain wave and facial xpressions for user oriented designs. In *Proceedings of the 10th Qmod conference, Quality Management and Organisational Development : Our Dreams of Excellence*, Helsingborg, Sweden, 2007. 28, 78

[171] G. Saporta. *Probabilités, analyse de données et statistique*. Paris, editions technip edition, 1990. 51

[172] S. Schachter and J.E. Singer. Cognitive, social, and physiological determinants of emotional state. 69(5) :379–399, 1962. 118

[173] K. R. Scherer. *On the nature and function of emotion : A component process approach.*, chapter 14, pages 293–317. Lawrence Erlbaum, Hillsdale, NJ, 1984. 9, 10

[174] K. R. Scherer. What are emotions ? and how can they be measured ? *Social Science Information*, 44(4) :695–729, December 2005. 9

[175] K. R. Scherer. *The component process model : a blueprint for a comprehensive computational model of emotion*. 2010. 10, 167

[176] K.R. Scherer. *Emotion. in Introduction to Social Psychology : A European perspective*, pages 151–191. Blackwell, Oxford, 2000. 8, 14, 15, 17, 34

[177] K.R. Scherer. Vocal communication of emotion : A review of research paradigms. *Speech Communication*, 40(7-8) :227–256, 2003. 24

[178] B. Schuller, G. Rigoll, and M. Lang. Speech emotion recognition combining acoustic features and linguistic information in a hybrid support vector machine-belief network architecture. *IEEE International Conference on Acoustics, Speech, and Signal Processing*, 1(1) :I–577–80, May 2004. 24

[179] B. Schuller, J. Stadermann, and G. Rigoll. Affect-robust speech recognition by dynamic emotional adaptation. In *Invited for Proc. Speech Prosody 2006, Special Session Prosody in Automatic Speech Recognition, ISCA*, Dresden, Germany, 2006. 26

[180] B. Schuller, R.J. Villar, G. Rigoll, and M. Lang. Meta-classifiers in acoustic and linguistic feature fusion-based affect recognition. pages 325–328, 2005. 26

[181] N. Sebe, I. Cohen, and T.S. Huang. *Multimodal Emotion Recognition*. World Scientific, 2005. 2, 29

[182] F. SHARBROUGH, G. E. CHATRIAN, R. P. LESSER, H. Ludersand, M. NUWER, and T. W. PICTON. American electroencephalographic society guidelines for standard electrode position nomenclature. *J. Clin. Neurophysiol*, 8 :200–202, 1991. 40, 41, 167

[183] R. Sharma, V.I. Pavlovic, and T.S. Huang. Toward multimodal human-computer interface. *roceedings of the IEEE*, 86(5) :853–869, 1998. 29, 30, 32, 167

[184] S. A. Shields. *From the Heart : Gender and the Social Meaning of Emotion*. New York : Cambridge University Press, 2002. 78

[185] B.G. Silverman. More realistic human behavior models for agents in virtual worlds : Emotion, stress, and value ontologies. Draft technical report, Philadelphia : U of Penn/ACASA, 2001. 17

[186] R. W. Simon and E. N. Leda. Gender and emotion in the united states : Do men and women differ in self-reports of feelings and expressive behavior ? *American Journal of Sociology*, 109 :1137–76, 2004. 78

[187] A. Sloman and M. Croucher. *Why robots will have emotions*. Originally appeared in Proceedings IJCAI 1981, Vancouver, Sussex University as Cognitive Science, 1981. 1

[188] M. Soleymani, J.Lichtenauer, T. Pun, and M. Pantic. A multi-modal affective database for affect recognition and implicit tagging. *IEEE Transactions on Affective Computing, Special Issue on Naturalistic Affect Resources for System Building and Evaluation*, 1(99) :PP, August 2011. 28

[189] P. Somol, P. Pudil, and J. Novovicová et P. Paclík. Adaptive floating search methods in feature selection. *Pattern Recognition Letters*, 20(11-13) :1157–1163, Novembre 1999. 32

[190] R. Sprengelmeyer, M. Rausch, U.T. Eysel, and H. Przuntek. Neural structures associated with recognition of facial expressions of basic emotions. *Proceedings of the Royal Society of London. Series B.*, 265 :1927–1931, 1998. 42

[191] G. Stemmler, M. Heldmann, C.A. Pauls, and T. Scherer. Constraints for emotion specificity in fear and anger : the context counts. *Psychophysiology*, 38 :275–291, 2001. 43

[192] G.M. Stratton. Cattle, and excitement from blood. 30(5) :380–387, 1923. 118

[193] A. B. Dubois H. Folgering G. K. Fritz A. Harver H. Kotses P. M. Lehrer C. Ring A. Steptoe T. Ritz, B. Dahme and K. P. van de Woestijne. Guidelines for mechanical lung function measurements in psychophysiology. *Psychophysiology*, 39(5) :546–567, september 2002. 46, 47

[194] K. Takahashi. Remarks on emotion recognition from bio-potential signals. In *2nd Int. Conf. Autonomous Robots Agents*, pages 186–191. Citeseer, 2004. 28, 47, 78

[195] P. A. Thoits. The sociology of emotions. *Annual Review of Sociology*, 61 :837–57, 1989. 78

[196] Y. Tian, T. Kanade, and J. Cohn. Recognizing lower face action units for facial expression analysis. pages 484–490. Proceedings of the 4th IEEE International Conference on Automatic Face and Gesture Recognition (FG'00), 2000. 23, 24

[197] S. S. Tomkins. *Affect Imagery Consciousness : Volume I, The Positive Affect*. Springer, London : Tavistoc, 1962. 21

[198] S.S. Tomkins. *Approaches to emotion, chapter Affect Theory*, pages 163–195. Erlbaum, Hillsdale, NJ, 1984. 16

[199] Y. Tong, W. Liao, and Q. Ji. Facial action unit recognition by exploiting their dynamics and semantic relationships. *IEEE Trans. Pattern Analysis and Machine Intelligence*, 29(10) :1683–1699, 2007. 24

[200] Khiet P. Truong and David A. van Leeuwen. Automatic discrimination between laughter and speech. *Speech Commun.*, 49(2) :144–158, feb 2007. 26

[201] M.F. Valstar, H. Gunes, and M. Pantic. How to distinguish posed from spontaneous smiles using geometric features. In *Proc. Ninth ACM Int'l Conf. Multimodal Interfaces (ICMI'07)*, pages 38–45, New York, NY, USA, 2007. ACM. 24

[202] Egon L. van den Broek and Joyce H.D.M. Westerink. Guidelines for affective signal processing (asp) : from lab to life. In *Proceedings of the 3rd International Conference on Affective Computing and Intelligent Interaction and Workshops, ACII 2009*, pages 704–709, Amsterdam, 2009. IEEE Computer Society. 28, 165

[203] V.N. Vapnik. An overview of statistical learning theory. *IEEE Trans. Neural Network*, 10 :988–999, 1999. 48

[204] H. Vilhjalmsson, N. Cantelmo, J. Cassell, N.E. Chafai, M. Kipp, S. Kopp, M. Mancini, S. Marsella, A. N. Marshall, C. Pelachaud, Z Ruttkay, K.R. Thorisson, H. Welbergen van, and R.J. Werf van der. The behavior markup language : Recent developments and challenges. In *Intelligent Virtual Agents*, pages 99–111, Berlin, 2007. Springer. 111, 169

[205] O. Villon. *Modeling affective evaluation of multimedia contents : user models to associate subjective experience, physiological expression and contents description*. PhD thesis, Thesis, 10 2007. 27

[206] P. Vuilleumier. How brains beware : neural mechanisms of emotional attention. *Trends Cogn Sci*, 12(9) :585–594, 2005. 42

[207] E. Vyzas and R.W. Picard. Affective pattern classification. In *Proc. AAAI Fall Symp. Series : Emotional and Intelligent : The Tangled Knot of Cognition*, pages 176–182, 1998. 48

[208] J. Wagner, E. Andre, and F. Jung. Smart sensor integration : A framework for multimodal emotion recognition in real-time. In *Affective Computing and Intelligent Interaction*, pages 1–8, 2009. 2, 35, 36, 167

[209] H. Wang, F. Azuaje, B. Jung, and N. Black. A markup language for electrocardiogram data acquisition and analysis (ecgml). *BMC Medical Informatics and Decision Making*, 3(1) :4, 2003. 89

[210] J. Wang, L. Yin, X. Wei, and Y. Sun. 3d facial expression recognition based on primitive surface feature distribution. *Proc. IEEE Int'l Conf. Computer Vision and Pattern Recognition (CVPR'06)*, 2 :1399–1406, 2006. 24

[211] D. Watson and L. A. Clark. On traits and temperaments : General and specific factors of emotional experience and their relation to the five-factor model. *Journal of Personality*, 60 :441–476, 1992. 133

[212] D. Westen. *Pensée, cerveau et culture*. De Boeck, 2000. 9

[213] C.M. Whissell. *The dictionary of affect in language*. 1989. 14

[214] M. Wolff. Apports de l'analyse géométrique des données pour la modélisation de l'activité. In *In J.C. Sperandio & M. Wolff (Eds.), Formalismes de modélisation pour l'analyse du travail et l'ergonomie*, pages 195–227, Paris : Presses Universitaires de France, 2003. 32

[215] M. Wolff and W. Visser. Méthodes et outils pour l'analyse des verbalisations : Une contribution à l'analyse du modèle de l'interlocuteur dans la description d'itinéraires. In *Activités, 2*, pages 99–118, 2005. 32

[216] L. Xiangyang, J. Qiang, and M. Senior. Active affective state detection and user assistance with dynamic bayesian networks. In *Transactions on Systems, Man , and Cybernetics - Part A :Systems and Humans*, pages 93–105. IEEE Transactions on Systems, 2005. 2, 29

[217] Y. Yacoob and L. Davis. Computing spatio-temporal representations of human faces. pages 70–75, MD, USA, 1994. University of Maryland at College Park College Park. 22

[218] G. N. Yannakakis and J. Hallam. Entertainment modeling through physiology in physical play. *International Journal of Human-Computer Studies*, 66(10) :741–755, 2008. 28

[219] S. K. Yoo, C. K. Lee, J. Y. Park, N. H. Kim, B. C. Lee, and K. S. Jeong. Neural network based emotion estimation using heart rate variability and skin resistance. *Lecture Notes in Computer Science (Advances in Natural Computation)*, 3612 :818–824, 2005. 28, 45

[220] Y. Yoshitomi, Sung-Ill Kim, T. Kawano, and T. Kilazoe. Effect of sensor fusion for recognition of emotional states using voice, face image and thermal image of face. In *9th IEEE International Workshop on Human Interactive Communication*, pages 178–183, RO-MAN 2000, 2000. 34

[221] C. Yu, P. M. Aoki, and A. Woodruff. Detecting user engagement in everyday conversations. In *Proceedings of 8 th International Conference on Spoken Language Processing*, pages 1329–1332, Jeju Island, Korea, 2004. 15

[222] Z. Zeng, Y. Hu, M. Liu, Y. Fu, and T.S. Huang. Training combination strategy of multi-stream fused hidden markov model for audio-visual affect recognition. In *Proceedings of the 14th annual ACM international conference on Multimedia*, pages 65–68, New York, NY, USA, 2006. ACM. 24

[223] Z. Zeng, J.Tu, M. Lu, T. S. Huang, B. Pianfetti, D. Roth, and S. Levinson. Audio-visuel affect recognition. *IEEE Transactions on Multimedia*, 9(2) :424–42, February 2007. 33

[224] Z. Zeng, M. Pantic, G. I. Roisman, and T.S. Huang. A survey of affect recognition methods : Audio, visual, and spontaneous expressions. *IEEE transactions on pattern analysis and machine intelligence*, 31(1) :39–58, 2009. 2, 15, 20, 23, 24, 25, 165

[225] J. Zhai and A. Barreto. Stress detection in computer users through noninvasive monitoring of physiological signals. *Biomedical Science Instrumentation*, 42 :495–500, 2006. 28

[226] H. Zhang. The optimality of naive bayes. In *In Proceedings of the Seventeenth Florida Artificial Intelligence Research Society Conference*, pages 562–567, Florida, USA, 2004. The AAAI Press. 51

[227] Q. Zhi, M. N. Kaynak, K. Sengupta, A. D. Cheok, and C. C. Ko. Hmm modeling for audio-visual speech recognition. In *In Proceedings of the IEEE International Conference on Multimedia and Expo (ICME '01)*, page 136, 2001. 31, 32

Table des matières

1	**Introduction Générale**	**1**
2	**Etat de l'art sur la modélisation et la reconnaissance des émotions**	**7**
	2.1 Introduction	7
	2.2 Notions sur les émotions	8
	2.2.1 Définition	8
	2.2.2 Théories des émotions	9
	2.2.3 Représentation des émotions	14
	2.2.4 Modélisation d'émotions	17
	2.3 Systèmes de reconnaissance d'émotions	20
	2.3.1 Introduction	20
	2.3.2 Canaux de communication émotionnels	20
	2.4 Approche multimodale et reconnaissance d'émotions	28
	2.4.1 Introduction	28
	2.4.2 Définition d'une modalité	30
	2.4.3 Fusion au niveau signal	31
	2.4.4 Fusion au niveau caractéristiques	31
	2.4.5 Fusion au niveau décisionnel	32
	2.4.6 Travaux sur la reconnaissance multimodale des émotions	34
	2.4.7 Synthèse	36
	2.5 Conclusion	37
3	**Enregistrement et traitement de signaux physiologiques**	**39**
	3.1 Introduction	39
	3.2 Activité physiologique et induction émotionnelle	39
	3.2.1 Le système nerveux central	40
	3.2.2 Système Nerveux Périphérique	43
	3.2.3 Activité electro-myographique (EMG)	43
	3.2.4 Activité électrodermale	43
	3.2.5 Fréquence cardiaque (ECG)	45
	3.2.6 Température cutanée (SKT)	46
	3.2.7 Fréquence respiratoire (FR)	46
	3.3 Acquisition et traitement de signaux physiologiques	47
	3.3.1 Extraction et caractérisation de l'activité physiologique	47
	3.3.2 Méthodes de classification	48
	3.3.3 Mesure d'évaluation des performances d'un classifieur	52
	3.4 Évaluation de l'émotion via les signaux physiologiques	53
	3.4.1 Critères d'évaluations	53
	3.4.2 Techniques d'induction standardisées	54

	3.5	Conclusion	56
4	**Reconnaissance d'émotions à partir de signaux physiologiques**	**57**
	4.1	Introduction	57
	4.2	Acquisition et traitement de signaux physiologiques	57
		4.2.1 Casque EEG	58
		4.2.2 Capteur des signaux Electro-Cardiogrammes (ECG)	59
		4.2.3 Capteur de respiration	59
	4.3	Évaluation d'images émotionnelles (IAPS) et analyse de réponses physiologiques	60
		4.3.1 Objectifs	60
		4.3.2 Conception expérimentale	62
	4.4	Résultats et discussion	68
		4.4.1 Classification subjective	68
		4.4.2 Données objectives	68
		4.4.3 Synthèse	72
	4.5	Évaluation de séquences de films et analyse de réponses physiologiques	72
		4.5.1 Méthode	72
	4.6	Résultats	74
		4.6.1 Classification subjective des vidéos	74
		4.6.2 Données objectives	75
		4.6.3 Synthèse	82
	4.7	Extraction des modèles mathématiques	82
		4.7.1 Description des modèles	82
		4.7.2 Identification des modèles	83
		4.7.3 Paramètres de fusion locaux et globaux	84
	4.8	Conclusion	85
5	**Plate-forme d'analyse comportementale et émotionnelle**	**87**
	5.1	Introduction	87
	5.2	Approche proposée	88
		5.2.1 Architecture générale	88
		5.2.2 Annotation de l'information	88
		5.2.3 Module *Human*	90
		5.2.4 Module *Sensors*	91
		5.2.5 Le module *Analyser*	93
		5.2.6 Modèle architectural et communication inter-modules	101
	5.3	Validation de la plate-forme PACE	104
		5.3.1 Objectif	104
		5.3.2 Protocole expérimental	104
		5.3.3 Résultats et analyse	105
	5.4	Conclusion	107
6	**Description et évaluation du simulateur d'entretien d'embauche**	**109**
	6.1	Introduction	109
	6.2	Objectifs et méthodologie	109
	6.3	Architecture logicielle et matérielle	111
		6.3.1 Le module *Game logic*	112
		6.3.2 Module d'analyse comportementale et émotionnelle (PACE)	112
		6.3.3 Moteur d'intelligence artificielle (MIA)	113

		6.3.4	Le moteur de rendu 117
	6.4	Modélisations émotionnelles et comportementales 117
		6.4.1	Modèle émotionnel du candidat 117
		6.4.2	Modèle de personnalité de l'ACA 118
		6.4.3	Description des environnements virtuels 119
		6.4.4	Interactions comportementales candidat/recruteur 120
	6.5	Evaluation du simulateur 122
		6.5.1	Objectif 122
		6.5.2	Participants 122
		6.5.3	Configuration de la simulation 124
		6.5.4	Procédure 124
	6.6	Résultats et discussion 125
		6.6.1	Données objectives 125
		6.6.2	Données subjectives (questionnaire) 128
	6.7	Conclusion 130

7 Conclusion Générale   **131**

A Formulaire de consentement   **135**

B Questionnaire   **137**

C Liste des images IAPS utilisées   **139**

D Représentation des données dans un fichier XML   **141**

Liste des tableaux

2.1	Principales définitions des émotions.	9
2.2	Liste des émotions basiques selon différents auteurs.	15
2.3	Comparaison des méthodes de reconnaissance d'expressions faciales, (inspiré de [224, 28]).	24
2.4	Reconnaissance des émotions à partir d'expressions vocales [132].	25
2.5	Comparaison des algorithmes de reconnaissance des émotions concernant l'analyse vocale.	26
2.6	Mouvements corporels liés à des états émotionnels [49].	26
2.7	Comparaison des algorithmes de reconnaissance des signaux physiologiques (inspiré de Picard et al. [153] et Egon et al. [202]).	28
3.1	Matrice de confusion	52
4.1	Caractéristiques des images IAPS utilisées pour l'induction d'émotions.	63
4.2	Caractéristiques extraites à partir des signaux physiologiques.	68
4.3	Matrice de confusion obtenue après la classification des données subjectives.	68
4.4	Effet de l'émotion (E) sur les signaux expressifs fournis par l'Epoc.	69
4.5	Caractéristiques extraites à partir des données recueillies.	74
4.6	Matrice de confusion obtenue suite à une classification des séquences vidéo.	74
4.7	Taux de reconnaissance des émotions pour les données EEG pour chaque classifieur.	78
4.8	Précision des émotions pour les données EEG pour chaque classifieur.	79
4.9	Matrice de confusion des émotions pour le classifieur SVM.	80
4.10	Matrice de confusion des émotions pour le classifieur naïve bayésienne.	80
4.11	Matrice de confusion des émotions pour le classifieur régression logistique.	80
4.12	Taux de reconnaissance des émotions pour les données enregistrées par des signaux périphériques pour chaque classifieur.	80
4.13	Précision des émotions pour les signaux périphériques avec les trois classifieurs.	81
4.14	Taux de reconnaissance des émotions pour les données expressives pour chaque classifieur.	81
4.15	Précision des émotions pour les données expressives de l'Epoc.	81
4.16	Exemple du modèle *Empiric* correspondant au signal *Clench* de l'Epoc.	84
4.17	Liste des paramètres pour la fusion locale.	85
4.18	Liste des paramètres pour la fusion globale.	85
4.19	Comparaison des algorithmes de reconnaissance des signaux physiologiques.	86
5.1	Normalisation et sérialisation du module *Human*.	91
5.2	Normalisation et sérialisation de module *Sensors*.	92

5.3	Normalisation et sérialisation de module *SignalLevel*.	95
5.4	Normalisation et sérialisation du modèle de la modalité.	99
5.5	Normalisation et sérialisation du modèle de fusion.	102
5.6	Normalisation et sérialisation d'un profil de simulation.	103
5.7	Matrice de confusion obtenue après la classification des données subjectives.	105
5.8	Précision des émotions pour les données de la plate-forme pour chaque classifieur.	106
6.1	Description des 9 modèles de personnalité typés de recruteurs, inspirés du modèle PerfECHO de PerformanSe.	120
6.2	Effet des différentes phases de l'entretien sur les émotions identifiées. . . .	127

Table des figures

2.1 Classification des approches selon les dimensions des composants émotionnels (lignes) et des phases de l'évaluation cognitive (colonnes) [175]. . . 10
2.2 Continuum proposé des théories relatives à la classification des émotions (Gross et Feldman-Barrett 2011 [73]). 11
2.3 Métaphore de la cloche. (a) : stimuli émotionnels de différentes intensités. (b) : réponses émotionnelles résultantes, et (c) : somme des réponses émotionnelles [152]. 13
2.4 Sigmoïde représentant la génération d'une émotion et son intensité en fonction de l'intensité du stimulus [152]. 13
2.5 Modèle bidimensionnel de valence-activation [168] : (a) étiquettes avec des points, (b) étiquettes avec des zones. 16
2.6 Typologie de la théorie d'Ortony et al. [138] (OCC). 17
2.7 Structure du système d'émotions proposé par Roseman [165]. 19
2.8 Modèle du Coping selon Lazarus [106]. 19
2.9 Canaux de communication émotionnelle et capteurs associés 21
2.10 Muscles faciaux et leur contrôle nerveux [2]. 22
2.11 Exemples d'Action Units [57] 23
2.12 Illustration de la détection multimodale des émotions. 29
2.13 Trois niveaux de fusion multimodale [183] : a) niveau signal ; b) niveau caractéristique et c) niveau décisionnel. 30
2.14 Illustration de la *modalité d'interaction* proposée par Bouchet [17]. . . . 30
2.15 Le paradigme *MAUI* proposé par Lisetti [112]. 35
2.16 Architecture du système SAMMI [142] 36
2.17 Le paradigme SSI [208]. 36

3.1 Architecture du système nerveux humain. 40
3.2 Système international de placement des électrodes : a) vue de gauche, b) vue de dessus, c) localisation et nomenclature des électrodes selon la société américaine d'électro-encéphalographie [182]. 41
3.3 Illustration de la structure principale du système limbique [34]. 42
3.4 Placement des électrodes pour l'enregistrement de signaux EMG des muscles du visage [6]. 44
3.5 Exemple de signal représentant les variations de résistance de la peau (a), caractérisation d'une réponse électrodermale (b). 45
3.6 Illustration du classifieur SVM : les cercles et les croix représentent respectivement les réponses positives et négatives ; les lignes représentent les surfaces de décision. 49
3.7 Exemples d'images IAPS et de manifestations émotionnelles associées. . 55

4.1 Processus d'extration et de traitement des signaux et des émotions. 58

4.2	(a) Casque EEG Epoc de la société Emotiv, (b) Positionnement des 14 électrodes.	59
4.3	Exemple d'enregistrements des signaux EEG de l'Epoc.	60
4.4	Exemple d'implantation du capteur ECG WristOx2.	60
4.5	Exemple d'évolution du rythme cardiaque en fonction du temps.	61
4.6	Ceinture de respiration développée par la société TEA.	61
4.7	Exemple d'évolution du volume respiratoire en fonction du temps.	61
4.8	Configuration expérimentale proposée.	64
4.9	Interface permettant de calibrer la suite expressive et vérifier l'acquisition des signaux par l'ensemble des électrodes du casque Epoc et la bonne connexion des différentes interfaces utilisées.	65
4.10	Échelle de Likert pour le recueille des informations subjectives concernant l'évaluation émotionnelle des images IAPS sur l'échelle d'Ekman.	65
4.11	Illustration de la procédure expérimentale.	66
4.12	Illustration de la plate-forme développée sous OpenSpace3D pour la configuration des stimuli.	66
4.13	Histogramme de corrélation de données expressives de haut-niveau du casque Epoc (suite Emotive).	69
4.14	Influence des différents catégories d'images IAPS sur (a) la frustration et (b) l'excitation.	70
4.15	Évaluation relative de la fréquence cardiaque pour (a) la joie, (b) la surprise, (c) la colère/peur et (d) le dégoût/tristesse.	71
4.16	Signaux physiologiques (FC et VR) correspondant aux quatre émotions.	75
4.17	Signaux EEG correspondant aux quatre émotions.	76
4.18	Signaux EEG correspondant aux quatre émotions.	77
4.19	Taux de reconnaissance des émotions pour les sujets 1, 2 et 5 par région du cerveau avec le classifieur régression logistique.	79
5.1	Schéma simplifié de la plate-forme PACE.	87
5.2	Les différents modules de la plate-forme PACE.	89
5.3	Architecture détaillée du module Human.	91
5.4	Exemple d'un fichier XML correspondant à un profil de simulation.	92
5.5	Architecture détaillée du module *Sensors*.	93
5.6	Architecture détaillée du module *Analyser*.	94
5.7	Illustration les différents composants utilisés dans la première phase d'analyse et de traitement des données.	95
5.8	Exemple pratique d'utilisation du solveur RNL : (a) modalités et signaux sélectionnés, (b) exemple de fichier XML correspondant à le un modèle du signal, et (c) les deux courbes correspondant à ces deux modèles.	97
5.9	Modèle conceptuel de la fusion et du lissage local des signaux.	99
5.10	Exemple de fichier XML correspondant au modèle correspondant à la modalité P_k.	100
5.11	Modèle conceptuel de la fusion et du lissage global des modalités.	102
5.12	Modèle conceptuel de la plate-forme PACE incluant les trois modules : *Human*, *Sensors* et *analyser*.	103
5.13	Configuration expérimentale : le sujet est équipé du casque Epoc et capteur WristOx2 et une webcam.	104
5.14	Taux de reconnaissance des émotions pour les données de la plate-forme et pour chaque classifieur.	106

TABLE DES FIGURES

6.1 Illustration du simulateur PISE. 110
6.2 Concept de base du FrameWork SAIBA [204]. 111
6.3 Architecture générale du simulateur PISE. 112
6.4 Exemple d'agencement de PlugIts dans OpenSpace3D. 112
6.5 Architecture générale du MIA. 113
6.6 Architecture de répartiteur des données. 115
6.7 Architecture de l'*IA Environnement*. 115
6.8 Architecture de l'*IA Recruteur Virtuel*. 116
6.9 Module de *Gestionnaire d'Emission* : émissions *délibérées*. 117
6.10 Gestionnaire d'émissions : émissions *réactives*. 118
6.11 Architecture de l'agrégateur. 119
6.12 Structure de données représentant le déroulement d'une simulation. . . 120
6.13 Machine à états régissant le comportement de l'agent conversationnel (ACA). 122
6.14 Environnements virtuels : (a) bureau de PME, (b) salle de réunion, (c) café-bar 123
6.15 Interface de configuration de la simulation : personalité de l'ACA (Enzo), scène (bureau de PME). 124
6.16 Configuration expérimentale. 125
6.17 Interface de configuration de la simulation (choix des interfaces et calibration). 126
6.18 Illustration d'un bilan permettant d'analyser les pics émotionnels ressentis par le sujet au cours de la simulation. 126
6.19 Illustration de l'évolution des émotions pendant les phases de l'entretien. . 127
6.20 La perception des utilisateurs concernant le simulateur : réalisme (Q1), comportement de l'ACA (Q2), ergonomie, utilisabilité, acceptabilité du simulateur (Q3) et intrusivité des capteurs (Q4). 129
6.21 Évaluation de la nature et de l'intensité des émotions ressenties pour chaque phase d'entretien. 129

D.1 Exemple de fichier XML correspondant aux expressions faciales identifiés via la suite affective de l'Epoc. 141
D.2 Exemple de deux fichiers XML correspondant à la description d'un des signaux issus du (a) casque Epoc et (b) capteur cardiaque WristOx2. . . 142
D.3 Exemple d'un fichiers XML correspondant à un modèle de périphérique (casque Epoc). 143
D.4 Exemple d'un fichiers XML correspondant un modèle de fusion globale. . 143
D.5 Exemple d'un fichiers XML correspondant à un profil de simulation. . . . 144

Thèse de Doctorat

Hamza Hamdi

Plate-forme multimodale pour la reconnaissance d'émotions via l'analyse de signaux physiologiques :
Application à la simulation d'entretiens d'embauche

Résumé

La reconnaissance des émotions est un aspect important de l'informatique affective dont l'un des objectifs est l'étude et le développement d'interactions comportementales et émotionnelles entre humains et agents conversationnels animés. Dans ce contexte, un point également important concerne les dispositifs d'acquisition et les outils de traitement des signaux, conduisant à une estimation de l'état émotionnel de l'utilisateur.

Le travail présenté dans ce manuscrit repose sur le développement d'une plate-forme multimodale d'acquisition et de traitement de signaux physiologiques (PACE). Cette plate-forme peut être considérée comme un middleware modulaire et générique permettant de mesurer, en temps réel, l'état émotionnel de l'utilisateur via l'estimation d'un vecteur d'état. Elle s'intègre dans le cadre de la mise en place d'un simulateur innovant destiné à la simulation d'entretiens d'embauche (Projet PISE : Plate-forme Immersive de Simulation d'Entretien). Cet outil permettra aux personnes en phase d'insertion ou de réinsertion, une meilleure gestion de leurs compétences comportementales et émotionnelles. L'approche que nous avons développée se fonde sur les résultats expérimentaux obtenus et sur une méthodologie originale impliquant différents modèles mathématiques. Différents protocoles expérimentaux, basés sur deux techniques d'induction de stimuli (images IAPS et séquences vidéo de Schaeffer) ont été proposés. Ils permettent la détermination de la corrélation entre les états émotionnels et les signaux physiologiques (EEG, ECG, etc.) issus des capteurs proposés. Trois méthodes de classification (SVM, naïve bayésienne, régression logistique) ont été comparées sur plusieurs critères d'évaluation. Nous avons proposé, à partir des résultats obtenus, une méthodologie permettant l'extraction en temps réel des émotions via les modèles proposés.

Une étude expérimentale a également été menée avec pour objectif de valider la plate-forme PACE via la reconnaissance d'états émotionnels lors de séquences vidéo développées à l'Université d'Angers. L'approche multimodale proposée a donné de meilleurs résultats que les approches uni-modales précédentes. Enfin, notre plate-forme a été intégrée au simulateur PISE, et évaluée de manière subjective et objective lors de simulations d'entretiens. Les résultats ont permis de valider partiellement le simulateur.

Mots clés

reconnaissances des émotions, signaux physiologiques, classification, multi-modalité, interaction affective, temps réel.

Abstract

Emotion recognition of is an important aspect of affective computing which the main objective is the study and the development of emotional and behavioral interactions between human beings and interactive conversational agents. In this context, it is important to point out the use of both input devices and tools for signal processing, which lead us to the estimation of the user's emotional state.

The work presented in this manuscript describes the development of a multimodal platform for the acquisition and the processing of physiological signals. This platform can be considered as a modular and generic middleware allowing to measure, in real time, the emotional state of the user via the estimation of a state vector. The platform is being developed in the context of the PISE project that aims at the development of a job interviews simulator. This simulator allows students or job seekers to train to master their emotional and behavioral skills.

The proposed approach is based on experimental results and associated with an original methodology involving different mathematical models. Different experimental protocols based on two techniques of induction of stimuli (IAPS pictures and video clips of Schaeffer) where proposed. They allow the determination of the correlation between the emotional states and the physiological signals (EEG, ECG, etc.). Three classification methods (SVM, naive Bayes, logistic regression) were used and compared on several criteria of evaluation. We proposed, from the experimental results, a methodology allowing the real-time extraction of the emotions via the proposed models.

An experimental study was conducted with the aim to validate the multimodal platform through the recognition of emotional states from video sequences developed at the University of Angers. The proposed multimodal approach gave better results than the previous uni-modal approaches. Finally, our platform was integrated into the job interview simulator and evaluated through both subjective and objective collected data. The results allowed to partially validating our approach and the simulator.

Key Words

emotions recognition, physiological signals, classification, multi-modality, affective interaction, real-time.

Oui, je veux morebooks!

i want morebooks!

Buy your books fast and straightforward online - at one of world's fastest growing online book stores! Environmentally sound due to Print-on-Demand technologies.

Buy your books online at
www.get-morebooks.com

Achetez vos livres en ligne, vite et bien, sur l'une des librairies en ligne les plus performantes au monde!
En protégeant nos ressources et notre environnement grâce à l'impression à la demande.

La librairie en ligne pour acheter plus vite
www.morebooks.fr

 VDM Verlagsservicegesellschaft mbH
Heinrich-Böcking-Str. 6-8   Telefon: +49 681 3720 174   info@vdm-vsg.de
D - 66121 Saarbrücken   Telefax: +49 681 3720 1749   www.vdm-vsg.de

Printed by Books on Demand GmbH, Norderstedt / Germany